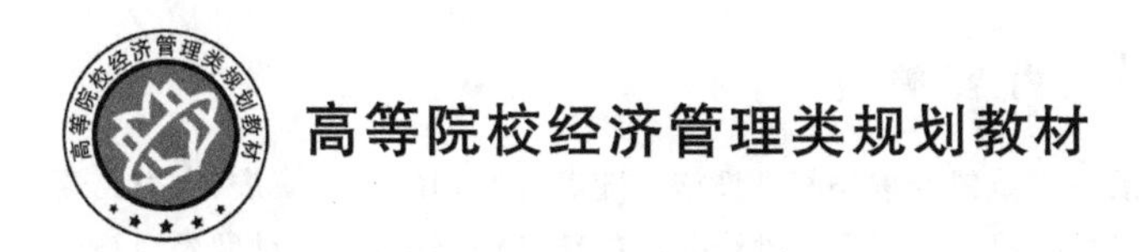

互联网经济学

主　编　马晓飞

北京邮电大学出版社
www.buptpress.com

内容简介

当今世界，互联网已成为经济社会发展不可或缺的重要基础设施。随着互联网的代际演进，人类已逐渐步入第三代互联网——“元宇宙”时代。同时，以互联网为基础演化出的新经济形态，正在对世界经济产生深远影响。中国经济也已进入一个以信息通信技术驱动和科技创新为主要特点的新阶段。

本书是一本崭新的研究互联网经济活动及其规律的交叉学科教材，融合了理论经济学、应用经济学、公共管理学、计算机科学等学科的相关内容，侧重于对互联网经济学的技术基础、网络外部性、互联网市场的运行与结构、互联网经济下的市场竞争策略、互联网商业模式、互联网经济下的市场效率和互联网经济环境下的政府职能等理论知识及其内在规律的深层次探讨。

本书可作为高等院校公共事业管理、大数据管理与应用、金融科技、电子商务等专业的教材，也可作为相关教学科研人员及互联网行业从业者的参考书。

图书在版编目(CIP)数据

互联网经济学 / 马晓飞主编. -- 北京：北京邮电大学出版社，2023.6

ISBN 978-7-5635-6934-2

Ⅰ.①互… Ⅱ.①马… Ⅲ.①网络经济 Ⅳ.①F49

中国国家版本馆 CIP 数据核字(2023)第 112145 号

策划编辑：彭　楠　**责任编辑：**王晓丹　耿　欢　**责任校对：**张会良　**封面设计：**七星博纳

出版发行：北京邮电大学出版社
社　　址：北京市海淀区西土城路 10 号
邮政编码：100876
发 行 部：电话：010-62282185　传真：010-62283578
E-mail：publish@bupt.edu.cn
经　　销：各地新华书店
印　　刷：北京虎彩文化传播有限公司
开　　本：787 mm×1 092 mm　1/16
印　　张：11.75
字　　数：294 千字
版　　次：2023 年 6 月第 1 版
印　　次：2023 年 6 月第 1 次印刷

ISBN 978-7-5635-6934-2　　定价：36.00 元

前　言

2009 年，我进入中国人民大学经济学院攻读网络经济学专业博士学位，从此便与网络经济学结下了不解之缘。现在看来，这应该也是本书得以形成的开端。

当时所学的网络经济学专业的内涵更加丰富，其网络之意为 network 而非 internet，研究对象覆盖了计算机网络、交通网络、电信网络、广播网络等公共事业网络，以及银行和货币网络、社交网络、语言网络等实体或虚拟的网络。网络型产业都可以纳入网络经济学的研究范畴。然而，相比于传统的网络型产业，在以计算机网络为主体的互联网产业中出现了更多、更显著的传统经济理论难以解释的新经济现象。

同样是在 2009 年，工业和信息化部在年初为中国移动、中国电信和中国联通发放了第三代移动通信牌照，这标志着我国正式进入移动互联网时代。此后短短十几年，互联网技术的发展一日千里，高歌猛进。物联网、工业互联网、智联网、区块链、算力网络、元宇宙等各种新兴技术推动着互联网从最初的信息网络向价值网络转变，从二维网络向立体网络转变，从线上线下界限分明向虚实融合转变。

互联网技术重构了分工协作模式下的基础设施、生产资料、生产工具和合作方式，企业的边界也因此被重新定义，科层组织也正在被逐渐瓦解。人类社会基于互联网及其相关的信息技术，已从工业社会百万人量级的协作生产体系演进到数千万、数亿人的合作体系：基于互联网的大规模、多角色、实时互动协作机制已经兴起。互联网经济正是以技术、数据、知识等为主导生产要素，通过经济组织方式创新，优化生产、分配、交换、消费和社会服务管理全过程，提升经济运行效率与质量的新型经济形态。

但是，无论互联网技术如何演进，本质上都是链接技术的进步；而经济活动本质上就是各个微观经济主体之间通过生产、分配、交换、消费等互动产生的价值链接，可以被进一步看作物质、资金、信息以及之上承载的价值的流动。互联网提升了这些流动的效率，扩大了流动的范围，降低了流动的成本，增加了流动的收益，巩固了流动运营者的市场势力。伴随着互联网技术的演进，虽然各种新现象、新模式如雨后春笋般蓬勃兴起，但看起来似乎都是有经济规律可循的。所以，如何建立经济学知识和互联网经济实践之间的链接，从实践和经济学理论宝库的链接中提炼出适用的理论并有所发展，进一步用理论指导实践，是本书编写的初衷。

本书共分八章。第一章主要介绍了互联网经济学的主要特征、发展脉络、研究内容和研究方法等;第二章主要介绍了互联网经济学的技术基础:泛链接、云计算、智能化;第三章主要围绕网络外部性和正反馈展开,揭示互联网经济现象的本质规律;第四章主要介绍了互联网市场的运行与结构;第五章主要介绍了互联网经济下的市场竞争策略,如差异化与定价策略、战略锁定策略等;第六章主要阐述了各类互联网商业模式的特点以及我国互联网商业模式的发展历程;第七章主要介绍了互联网经济下的市场效率;第八章主要介绍了互联网经济环境下的政府职能。

本书的具体写作分工如下:马晓飞制定了本书的写作大纲,负责各章内容的写作指导以及第一章、第二章、第三章和第五章的编写,并对全书进行了统稿和修改;俞茂环负责第四章的编写;李朔萌负责第六章的编写;卢奕同负责第七章的编写;艾力彼热·艾力肯负责第八章的编写;张晓媛负责每章案例、本章小结及思考题的编写;艾力彼热·艾力肯、张晓媛、黄雪慧、杨晨、司扬琛、阿拉法特·力提甫按编辑意见对全书内容进行了校对和修订。

本书的编写工作得到了北京邮电大学特别是经济管理学院的大力支持,编者认真听取了教材匿名评审专家和学校教材评审委员会专家的宝贵意见。在写作过程中,本书借鉴并吸收了国内外许多专家学者的研究成果;在出版过程中,本书得到了北京邮电大学出版社的大力协助。在此一并致以最诚挚的谢意。

由于编者水平有限,书中难免有疏漏欠缺之处,恳请广大读者批评指正。

主编　马晓飞

2023年元旦于北京·中关村

目　　录

第一章 互联网经济学概览

早在四十多年前，美国著名未来学家阿尔文·托夫勒(Alvin Toffler)在其里程碑著作《第三次浪潮》中断言：计算机网络的建立与普及将彻底地改变人类的生存和生活模式，谁能控制和掌握网络，谁就是人类命运的主宰。换句话说，谁掌握了信息，控制了网络，谁就拥有了整个世界。

近二十年，从信息经济到数字经济的演进已是大势所趋，这种趋势以互联网的广泛链接为核心基础。各类信息系统通过产生和运用海量数据资源，同时结合各类信息技术，打破了千行百业的壁垒和传统规则，进而实现了融合创新。在以上过程中，各类信息系统对经济发展的辐射作用愈发明显，自身也呈现爆发式增长态势。世界银行指出：随着互联网的广泛应用，我们正身处人类有史以来最伟大的信息技术革命进程中，充分利用这一变革契机发挥数字红利，建设更为泛化与包容的世界将成为可能。

本章将简要介绍互联网经济的主要特征、发展脉络、研究内容和研究方法。

第一节 主要特征

当前，互联网产业展现出巨大的发展活力和韧性，已成为世界应对新挑战、建设新经济的重要力量。

中国互联网络信息中心发布的第49次《中国互联网络发展状况统计报告》显示：截至2021年12月，我国网民规模达10.32亿人，互联网普及率达73%。工业互联网和5G在国民经济重点行业的融合创新应用不断深入。2020年以来，新冠疫情在全球范围内爆发与蔓延，给全球社会经济带来了巨大冲击。互联网在复工复产、经济复苏、社会运转中发挥了重要作用，依托互联网开展的数字经济成了对冲疫情影响、重塑经济体系和提升治理能力的重要力量。

在5G/6G、人工智能、大数据等新技术的助推下，未来互联网渗透率将进一步提升，互联网连接的重心也将从“人”转向“物”。在此背景下，依赖互联网广泛链接而形成的许多商品和服务会具有一些共同的特征，并与无须网络链接的传统商品和服务具有明显的区别。互联网经济的主要特征如下。

一、互补性和基于标准的兼容性

计算机离开软件或显示器就无法正常工作，手机没有SIM卡就不能正常使用，航空公司不加入某一特定订票系统就不能正常售票，智能机械不接入特定的工业互联网平台就无法正常生产,智能手环不与特定品牌的手机连接就无法使用全部功能等。所有这些类似的例子,与面包离开牛奶和其他食品仍可食用的例子不同,本书分析的市场所提供的产品必须与其他产品(硬件或软件)一起消费。在经济学文献中,该类产品和服务被称为互补性产品和服务。"互补性"意味着:该类市场的消费者会购买系统产品或加入某个厂商的产品生态(如计算机和软件、手机和 SIM 卡、智能机械和工业互联网平台、智能手环及特定品牌的手机),而不是仅选择单个产品。消费者购买由硬件和软件构成的系统或互补性产品这一事实,使得厂商根据彼此之间的竞争情况制定各种战略。那么,厂商能否通过使自己的产品与竞争对手的产品相匹配而受益呢?这就引出了和互补性相关的兼容性。

兼容性是指从技术角度讲,为了生产这些互补性产品,厂商们必须基于一定的标准。例如:SIM 卡必须和手机支持的移动通信制式标准、SIM 卡插槽规格一致,否则无法正常使用;每台计算机背后的平行接口输出电压必须与其连接的打印机所要求的输入电压相同;软件要在特定的操作系统下才能运行;两个信息系统之间只有数据接口标准一致,数据才能在两个系统间自由流动。这意味着厂商要基于同样的标准生产互补性产品,只有这样才能实现兼容。

互补性和基于标准的兼容性已经成为影响互联网产品和服务市场的关键。企业大多深谙此道,并利用这两种特征来吸引客户。

二、消费的外部性

互联网经济中产品和服务的消费的外部性特征更加显著。我们不妨问一下自己:是否会注册一个没人使用的社交软件呢?答案当然是否定的。没有人可以社交,光有软件又有什么用呢?当知道别人都不使用电子邮件时,你还会再使用它吗?当知道别人都不使用传真机时,你还会再购买传真机吗?这些例子说明,商品的效用会受到消费相似或兼容产品的人数的影响。注意,消费的外部性在食品、办公桌椅等产品的市场上并不存在,因为这类产品的消费情况不会对该类产品的其他消费者造成影响。上述情况表现了外部性的一种特殊类型——消费的外部性。

三、锁定性

互联网经济的产品和服务普遍具有很高的转换成本,且用户可能会因此被锁定。例如:学习、掌握一种操作系统(如 Windows、Macintosh、Linux、UNIX、Android、iOS 等)需要花费一定的时间(时间的长短取决于用户水平的高低)。一个既定事实是:转换操作系统对用户来说相当麻烦。对某些用户来说,转换操作系统和学习一门新语言一样困难。在上述情况下,我们说用户被"锁定"了。锁定的程度可通过计算转换到另一种服务或采用一项新技术的成本而得出,因为这些成本决定了在给定技术条件下用户被锁定的程度。我们把这些成本称为转换成本。

当转换成本存在时,一旦其值达到临界点且产品开始销售,我们就说该厂商已积累了"用户基数",即锁定在该厂商技术下的消费者人数。例如,中国电信的用户基数就是订购其通信服务或宽带服务的消费者人数，转换成本包括转换到其他公司（如中国移动或中国联通）的相应服务时所花费的时间和引起的麻烦。

四、显著的规模经济性

互联网经济的产品和服务具有非常显著的规模经济性，即生产第一件产品需要投入巨大的沉没成本（不能回收的成本），而生产第二件、第三件、第四件乃至更多产品的生产成本却微乎其微。例如，开发 WPS 办公软件或者微信、钉钉等社交软件可能需要几千个小时的编程和长时间的人力资源投入，然而在互联网上分发软件的成本几乎为零。套用经济学的术语就是：当固定沉没成本非常高，且边际成本几乎可以忽略不计时，总成本函数趋于稳定，则平均成本函数就会随着产品销售数量的增加而急剧下降。在这种情况下，竞争性均衡不存在，互联网经济市场的特点通常表现为市场由拥有大多数份额的主导者主宰。

由于互联网经济市场不可能像竞争性市场那样运转，我们无法用竞争性市场的价格接受者假设来解释它，因此，本书的目的之一就是要建立一种简单理论来解释非竞争性市场上的厂商行为。

第二节　发展脉络

互联网经济学的发展可分为 3 个阶段：萌芽阶段（20 世纪 50 年代至 20 世纪 80 年代初）、奠基与发展阶段（20 世纪 80 年代中期至 20 世纪 90 年代中期）、应用与拓展阶段（20 世纪 90 年代末至今）。

一、萌芽阶段

萌芽阶段的理论成果较少，但我们可以从中发现目前互联网经济学的理论雏形，这些理论成果主要来自罗尔夫斯（Rolfs）等人。

1974 年，罗尔夫斯研究了通信行业的“消费外部经济”，分析了通信服务的倒 U 形需求特征，证明了多重均衡的存在性，并讨论了市场扩张中的启动（Start-up）和临界容量（Critical Mass）问题。由此可见，罗尔夫斯已涉及网络外部性这一基础性议题。

在该阶段，也有部分国外学者对具有双边性质的一类市场进行了研究，1985 年，加布里埃拉·德芒格（Gabrielle Demange）和大卫·盖尔（David Gale）最早对双边市场进行了界定。

二、奠基与发展阶段

从 20 世纪 80 年代中期开始，互联网经济学研究进入理论奠基与发展阶段。一方面，美国等发达国家开始预见高科技经济尤其是 IT 经济的广阔发展前景，实业界和学术界都对这一新型经济给予了很多的关注。另一方面，博弈论和产业组织理论的日趋成熟，既丰富了网络经济学研究的方法论，又完善了其理论基础。

这一时期的互联网经济学研究是从网络外部性等核心概念出发,围绕市场需求、竞争、兼容性和标准化等问题展开的,其中的主要贡献者包括迈克尔·卡茨(Michael Katz)、卡尔·夏皮罗(Carl Shapiro)、约瑟夫·法雷尔(Joseph Farrell)、加思·塞隆纳(Garth Saloner)、布莱恩·阿瑟(Brian Arthur)、斯坦·利博维茨(Stan Liebowitz)、史蒂芬·马格里斯(Stephen Margolis)、保罗·大卫(Paul David)以及尼古拉斯·伊科诺米德斯(Nicholas Economides)等人。

1985年,迈克尔·卡茨和卡尔·夏皮罗在《美国经济评论》上发表了《网络外部性、竞争与兼容性》一文,文中正式定义了"网络外部性"这一概念,并且将其分为直接网络外部性和间接网络外部性两种类型,这一研究成果在网络经济学研究中具有开创性意义。同年,约瑟夫·法雷尔和加思·塞隆纳进一步明确定义了上述两种网络外部性。

紧接着,最为活跃的研究者尼古拉斯·伊科诺米德斯开始涉足网络经济学研究领域,其初期理论成果基本汇集在《网络经济学》这篇经典文献中。该文献分析了双向网络和单向网络的区别,探讨了网络外部性的来源——网络组件的互补性,并明确指出间接网络外部性来自单向网络,直接网络外部性来自消费者之间的相互作用。

1985年,保罗·大卫从QWERT键盘案例出发,指出了"锁定"的重要性。之后,布莱恩·阿瑟不仅发展了"锁定"的内容,还在从规模递增角度研究技术演进时提出了著名的"路径依赖"思想:强调历史事件偶然性对技术发展路径的影响。此后,制度经济学家开始将该思想引入制度变迁研究中,确立了其在经济研究中的地位。另外,布莱恩·阿瑟还对网络经济学中的另一重要概念——正反馈进行了系统论述。

之后,斯坦·利博维茨和史蒂芬·马格里斯也对理论完善做出了贡献。他们批评了学术界不区分网络外部性和网络效应的做法。尽管迈克尔·卡茨和卡尔·夏皮罗在1994年对其作出了解释,但是直至今日,学者们仍未在这两个概念的理解和使用上达成共识。斯坦·利博维茨和史蒂芬·马格里斯对保罗·大卫关于键盘案例的一些分析也提出了批评,还设计了实验加以佐证。

在理论基础奠定之后,学者们开始研究网络外部性下的市场运行规律,主要着力点是市场需求、技术变革、兼容性和标准化、产品系统的竞争等。

(一) 市场需求

网络外部性下的市场需求研究最早来源于对电信行业的分析。迈克尔·卡茨、卡尔·夏皮罗、约瑟夫·法雷尔和加思·塞隆纳等考虑了消费者的理性预期,完成了研究对象从电信网络向一般网络的转变。泰勒(Taylor)于1994年提出电信市场在高负荷时可能存在负的外部性——拥塞效应。在表达了临界容量与市场结构无关的观点后,尼古拉斯·伊科诺米德斯沿着卡茨和夏皮罗的理性预期假设,对需求曲线进行了演绎、推导,并最终得出了经典的成果。

(二) 技术变革

约瑟夫·法雷尔和加思·塞隆纳首次提出"过度惰性"和"过度冲量"这两个概念后,从标准化和安装基础的角度对技术变革进行研究,他们认为标准化和巨大的安装基础有可能导致次优技术占领市场。迈克尔·卡茨和卡尔·夏皮罗从主创性技术的角度对网络外部性条件下的技术变革问题进行了探讨。之后,有学者利用网络分析诠释了约瑟夫·熊彼特

(Joseph Alois Schumpete)关于离散技术变革的观点。

(三) 兼容性和标准化

迈克尔·卡茨和卡尔·夏皮罗构建了静态和动态两种寡头模型,研究了私人动机和公共动机对厂商兼容决策的影响。法雷尔和塞隆纳最早强调了标准的战略意义,之后讨论了决定标准的3种制度:委员会制度、市场制度以及两者的混合制度。1992年,法雷尔和塞隆纳提出转换器可以实现部分兼容,但是会降低市场产出量。1996年,杰伊·皮尔·乔伊(Jay Pil Choi)提出:使用转换器会阻碍原技术向新技术或者非兼容技术的转变,因为转换器提高了原技术的价值。此外,还有学者于2001年讨论了国际层面的标准认证。

(四) 产品系统的竞争

马图特斯(Matutes)和雷吉巴奥(Regibaeu)于1988年研究了互补性产品组件情形下的均衡状况及社会福利水平,证明了在相互兼容情形下,虽然消费者剩余降低了,但厂商利润和社会福利水平都会提高。尼古拉斯·伊科诺米德斯和塞洛普于1992年将古诺模型推广为多品牌兼容性组件的情形,讨论了互补性组件的竞争和融合行为。他们认为:该分析方法同样适用于非网络外部性行业。迈克尔·卡茨和卡尔·夏皮罗于1994年再次发表了一篇经典文献——《系统竞争和网络效应》,考察了网络外部性下产品系统的竞争,指出了预期、协调和兼容性是系统竞争的三大核心问题。同时,他们还对20世纪80年代有关网络经济学的研究做了总结。

在理论发展阶段,许多学者对网络效应的存在和影响进行了检验。此阶段的主要研究对象分为硬件市场(如传真机、DVD机等)和软件市场(如电子表格程序、Lotus文件等)。

三、应用与拓展阶段

进入20世纪90年代末期,互联网经济学研究开始进入应用与拓展阶段,主要研究热点包括数字产品、网络产业、双边市场理论、社会关系、公共政策等。

卡尔·夏皮罗和哈尔·R. 范里安(Hal R. Varian)合著的《信息规则:网络经济的策略指导》是这段时期的重要著作。在该书中,两位作者表达了"技术会变,经济规律不会变"的思想,进而成功地将传统经济学理论运用到了网络经济学研究中。该书对锁定、正反馈、标准化、兼容等问题进行了进一步的分析和阐述,尤其是信息产品定价及其版权问题,正式开启了应用与拓展阶段关于互联网经济学的研究。该书关于"信息产品沉没成本巨大,边际成本接近零"的结论奠定了互联网信息产品分析的理论基础。在这个阶段,互联网经济学的研究重点开始由基础设施的供给方逐渐转向需求方;而瑞典学者则一度提出"经济网络"的研究思想,并分析了网络中各个节点在网间的竞争和协同。

20世纪90年代末,学者们开始研究双边市场(Two-sided Markets,TSMs)理论,主要贡献者有罗切特(Rochet)、梯若尔(Tirole)、阿姆斯特朗(Armstrong)等。罗切特于2001年初步定义了双边市场,并且指出网络外部性是双边市场存在的原因。后来,经过多位学者的研究,双边市场的概念逐渐明确。在此之后,互联网经济学的研究重点逐渐转向双边市场的特征和分类、市场的价格和效率以及企业的行为和策略等。目前,双边市场理论研究体系已经基本形成。

在互联网经济学中主要研究的公共政策包括反垄断政策、知识产权保护政策、标准政策以及普遍服务政策等。2015 年，莱姆利(Lemley)和麦高恩(McGowan)提出：反托拉斯法、知识产权法、电信法、互联网法、公司法以及合同法都应该因为网络效应的存在而变动，他们还系统地研究了网络效应对公共政策的影响并提出了相关建议。2016 年，学者们分析了网络型产业的多种特征(包括网络效应、利润非均、互补性市场的杠杆作用等)以及反托拉斯法、管制政策的作用机制。另外，还有一些经济学家对市场效率、价格管制、定价策略及进入、退出壁垒等进行了深入研究。

第三节　研究内容和研究方法

互联网经济学的主要研究内容包括 4 个方面：考察互联网经济中消费者和生产者行为的变化；考察互联网经济的市场结构与运行规律；评价相关产业的绩效及其对社会福利的影响；分析、制定互联网经济下的公共政策。

在开展上述研究之前，我们必须要了解如何进行互联网经济学的研究。一般在研究一个经济系统的时候，首先要化繁为简，将一个复杂系统拆分为若干个子系统；然后将这些子系统组成一个分析框架，而且各个子系统之间要保持系统内部的逻辑一致性，避免出现前后矛盾的情况。一般而言，经济分析分为 4 个层次，如图 1-1 所示。

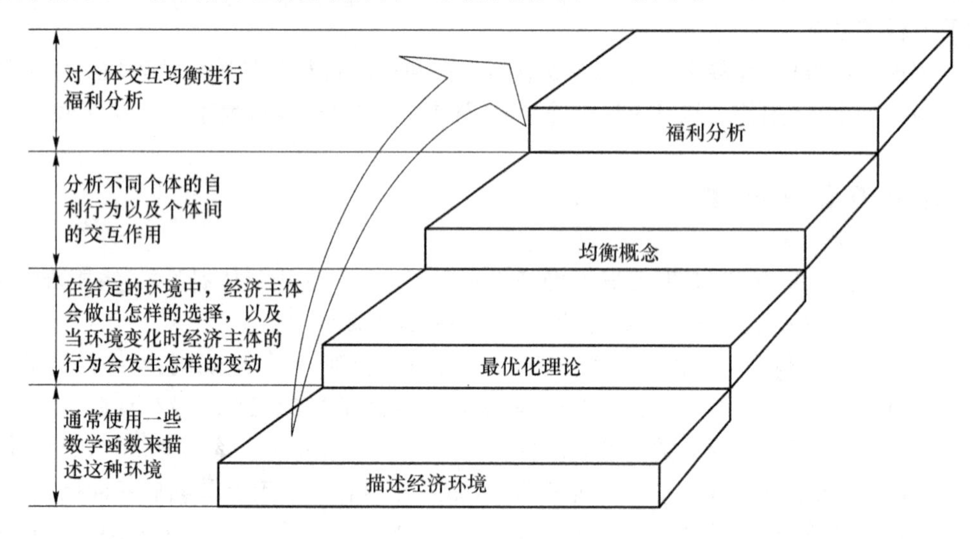

图 1-1　经济分析的 4 个层次

第一个层次是描述人们做决策时的经济环境。例如：用效用函数来描述人们偏好的满足程度；用成本函数和预算约束描述生产条件。

第二个层次是基于理性人假设和经济人假设，用数学中的最优化理论(求极值)分析经济主体的自利行为。也就是说：在给定的环境中，我们要分析经济主体会做出怎样的选择，以及当环境变化时经济主体的行为会发生怎样的变动。

第三个层次是利用均衡概念分析不同个体的自利行为以及个体间的交互作用，从而分析个体作用的结果(列等式)。

第四个层次是与价值判断有关的所谓的福利分析。基于福利经济学的分析方法，通过对个体交互均衡进行福利分析，可以看出个体、某个经济范围或整个社会的福利变化情况，并据此变化情况判断其是否对全社会有利，如果不利，需要分析如何改进。

因为仅靠某一种研究方法很难满足上述4个层次经济分析的需要，所以互联网经济学的研究方法不是一种或一类单一的方法，而是一个研究方法的集合，主要包括静态分析法与动态分析法、实证方法与规范方法、统计分析法和比较分析法、博弈分析法和网络分析法。

（一）静态分析法与动态分析法

静态分析考察的是研究对象在某一时点上的现象和本质问题（横截面积分析），而动态分析则是在静态分析的基础上加入了时间因素，研究的是随着时间的推移，经济所显示的各种发展、演化的规律（时间序列分析）。互联网经济学的相关问题常常以静态分析为起点，再逐渐延伸到动态分析。此研究方法体现了动静结合的分析逻辑。例如，在市场结构部分，不仅要考虑某一时点所观察到的市场结构布局，还应把市场结构的演变放到一个动态的环境中进行分析。又如，在竞争策略部分，我们不仅要探讨厂商的静态定价方法，还要研究更为重要的动态定价策略；不仅要分析厂商兼容的动因和影响，还要探究兼容策略的应用。这些都体现了动静结合的分析逻辑。

（二）实证方法与规范方法

实证方法和规范方法是现代西方经济学最基本的两种研究方法。实证方法主要对经济现象进行描述和解释，回答经济现象“是什么”的问题，而规范方法则致力于回答“应该怎样”的问题。实证方法从可观察或可直接感知而无须证明的事实出发，对有关现实世界的假说进行检验，目的不是判断其正确性，而是要检验其适用的范围。规范方法则从个人和社会两个角度出发，对“什么是理想的经济状态”进行带有主观性的价值判断。在互联网经济学的研究中，往往要把这两种方法有机结合起来。

在市场结构和厂商竞争策略的研究中，我们使用了所谓的“思想验证”方法，即首先对基本经济环境做出一些合理的假设，其次运用严格的逻辑推理得到均衡的结果，最后将这些结果与我们观察到的现实经济现象进行对比，这里就运用了经济学中的实证方法。同时，在对标准政策、反垄断政策、知识产权保护政策等公共政策的分析中，我们也大量运用了规范方法，并探讨了“应该怎样解决”的现实经济问题。

（三）统计分析法与比较分析法

对于某一互联网产品或服务市场的观察，都限于特定的区域和时间条件，我们不能将其表现出来的经济现象作为互联网经济运行的一般规律。从统计学的角度看，这仅是某一个体的特征，所以我们必须要选取较多的样本，即要分析具有网络特征的众多行业中的同一经济过程，并在此基础上总结出具有代表性的一般规律，从而使结论建立在科学的基础上。在互联网经济学中，许多研究成果都是通过大量的统计分析得来的，对于一些凭借猜想得来的研究成果，我们需要用统计分析的方法判断它的真伪。在研究互联网经济这一新经济形态时，比较分析法不可或缺。通过比较，我们可以找到互联网经济和传统经济的主要区别（从产品到市场，从消费者、厂商到整个行业，从经济效益到社会福利的评价标准都存在显著不同）。比较分析法是认识互联网经济及其运行规律的重要方法。另外，各国政府在进行互联网经济公共政策的选择时，会做出不同的决策，通过比较，我们可得出一些相关的结论或可参照的经验，这对发展我国的网络经济是非常有益的。

（四）博弈分析法和网络分析法

互联网经济学中各个经济主体之间交互频繁，消费者的决策行为会受到其他消费者的影响。寡头垄断、不完全竞争市场定价、企业兼并、反垄断规制，这些都是经济学中较早运用博弈论的研究领域。博弈分析法是研究互联网经济学的方法之一，它对使用者的数学功底要求很高，所以目前未被广泛采用。互联网经济学模型存在许多相互影响和相互依赖的变量。例如：互联网产品或服务的用户规模会影响消费者决策；反之，消费者的决策又影响了互联网产品或服务的用户规模。所以，在运用该方法时，不仅要研究个体决策行为，还要研究各利益相关方之间的交互以及均衡作用。另外，在互联网经济学中，我们还经常会用到考察多利益相关方之间相互作用的网络分析法。

经典案例：蚂蚁集团的互联网金融之路

蚂蚁集团起步于2004年诞生的支付宝。蚂蚁集团通过科技创新，助力合作伙伴，为消费者和小微企业提供普惠便捷的数字生活及数字金融服务；持续开放产品与技术，助力企业的数字化升级与协作；在全球范围内广泛开展合作，服务当地商家和消费者，实现“全球收”、“全球付”和“全球汇”。2013年3月，支付宝的母公司宣布将以其为主体筹建小微金融服务集团，小微金融成为蚂蚁金服的前身。2020年7月，蚂蚁金服正式更名为蚂蚁集团。

一、蚂蚁集团的发展历史

（一）2004—2012年

2004—2011年，蚂蚁集团主要的产品是支付宝。支付宝的出现与淘宝网有着密不可分的关系，当时的淘宝网一经推出，便凭着商家免费入驻吸引了许多人向其咨询业务。淘宝网当时的交易分两种方式：一种是同城见面交易，这种方法没有安全疑虑；另一种是远程汇款后发货，这种方法无法让汇款方信任。当时淘宝网负责人为了解决这个问题，参考当时国内外的支付工具，进而推出了“担保支付”：买家将钱汇给淘宝网，卖家看到钱后发货，买家收货后确认，淘宝网把钱汇给卖家。这个方法着实解决了买卖双方的信任问题，之后研发团队按照这个思路设计出了支付宝。

2004年，支付宝从淘宝网拆分独立，并成立浙江支付宝网络科技有限公司。

2005年，支付宝提出“你敢用、我敢赔”的承诺和免费模式，彻底打开第三方支付市场，吸引商户入驻。

2009年，支付宝推出手机支付服务，包含水、电、煤、通信等缴费。此时的支付宝用户已达到 2 亿人，市场份额达到 50%，交易额接近 2 900 亿元。

2010 年，支付宝面临支付成功率的问题，消费者使用 PC 网银支付货款要跳转多次页面才能付款成功，其中任一环节出现问题都将造成交易失败。随后，支付宝将考核指标从业务市场份额和营收改为支付成功率和活跃用户数，并且推出了“快捷支付功能”，即用户将支付宝绑定银行卡，此后的交易只需输入支付宝密码，无须跳转多次页面即可支付成功。

2011 年，支付宝经过几番波折终于取得国内第一张“支付业务许可证”（业内又称“支付牌照”），当时的浙江支付宝网络科技有限公司属于阿里巴巴集团全资子公司，而雅虎和软银分别持有 39%和 29.3%的股份。为了让支付宝及时取得许可证，阿里巴巴集团将支付宝股权从全资子公司转移至另外一家独立于阿里巴巴集团的中国内资公司——浙江阿里巴巴电子商务有限公司。在这之后，阿里巴巴集团、雅虎和软银针对支付宝股权转让一事签订协议，浙江阿里巴巴电子商务有限公司承诺在上市时给予阿里巴巴集团一次性的现金回报，回报金额为支付宝上市总值的 37.5%，不低于 20 亿美元且不高于 60 亿美元。2011 年 7 月，支付宝宣布推出全新的手机支付产品——条码支付，首次通过在线支付技术进入线下市场。

2012 年 5 月，支付宝获得了基金第三方支付牌照。

（二）2013—2017 年

2013—2017 年，蚂蚁集团从支付宝产品逐渐向金融服务扩张。

2013—2014 年，支付宝实行“ALLIN 无线”战略，此刻它不再是一个缴费 App。与此同时，支付宝与天弘基金合作推出货币基金产品“余额宝”，主打不论金额多少，人们都可以替自己理财。余额宝上线后，支付宝用户数迅速突破 18 万，一个月的时间，余额宝的投资金额突破 100 亿元，半年后突破 1 000 亿元，创下惊人纪录。之后，支付宝出资 11.8 亿元认购天弘基金 51%的注册资本，成为天弘基金的大股东。2014 年，由于余额宝的成功，浙江阿里巴巴电子商务有限公司更名为浙江蚂蚁小微金融服务集团有限公司（蚂蚁金服），开始涉及更广泛的金融领域。

2015—2017 年，除了生活圈中的购票和公共事业缴费业务外，蚂蚁金服开始踏入广阔的金融服务和投资领域。在金融服务方面，蚂蚁金服提供支付、投资理财、保险、微贷等服务，并且通过成立互联网银行（网商银行），向金融机构提供金融云服务。在投资方面，蚂蚁金服进行了 60 多笔投资，其投资领域涉及文化、交通、教育和房产等。此外，在 2017 年的双十一，支付宝的交易峰值是每秒成交 8.59 万笔，已超过 VISA 的每秒 5.6 万笔的纪录，这时的蚂蚁金服已经成为普惠金融所需的金融平台。

（三）2018 年至今

2018 年至今，蚂蚁金服的发展方向由金融服务转向科技服务，并与阿里巴巴集团和雄安签署战略合作协议，侧重于“BASIC”战略，聚焦于 Blockchain（区块链）、AI（人工智能）、Security（安全）、IoT（物联网）和 Cloudcomputing（云计算）。2020 年，蚂蚁金服将“浙江蚂蚁小微金融服务股份有限公司”正式更名为“蚂蚁科技集团股份有限公司”，并宣布了上市计划。

二、蚂蚁集团的业务

支付宝是蚂蚁集团业务中的根,可以说没有支付宝就没有今天的蚂蚁集团,蚂蚁集团董事长兼 CEO 井贤栋曾说过:中国每10个支付宝用户,其中就有8个使用了蚂蚁金服的至少3种服务,有4个使用了5种服务。支付宝所提供的服务已深入用户生活,包括支付、财富管理、小微信贷、保险和信用等。

(一)支付业务

通过"技术输出+合作伙伴"模式,支付宝的用户已超过13亿人,活跃用户超过6.5亿人,约为 Papal 的3倍。在中国,支付宝约占据55%的市场份额。

(二)财富管理业务

蚂蚁集团与基金管理公司、保险公司等金融机构合作,通过理财平台"蚂蚁财富"提供货币市场基金、固定收益产品和股票投资产品等综合理财产品。自2013年货币市场基金余额宝推出以来,蚂蚁集团的财富管理平台已经吸引了6亿多用户,且约有90家基金公司入驻。

(三)小微信贷业务

蚂蚁集团通过与银行和其他贷款机构合作,为消费者和小微经营者提供小额且期限灵活的消费信贷服务,主要分为针对企业贷款的网商银行以及针对个人的花呗和借呗。针对个人的花呗类似于信用卡,都是先消费再还款。借呗类似于信用卡取现,芝麻信用达到一定分数方可使用。

(四)保险业务

蚂蚁集团与100多家保险机构合作,推出了2 000多款保险产品,主要包括健康险、意外险、人寿险、车险、运费险等。蚂蚁保险不但打破了地域代理人等限制,还推出了有别于传统保险的相互保。该保险上线9个月,成员数量已突破8 000万,是继水滴互助后第二个突破8 000万用户的平台。

(五)信用业务

蚂蚁集团旗下的芝麻信用成立于2015年,该机构可为每个支付宝用户建立信用评分体系,其数据来源主要是阿里生态中的电商数据、互联网金融数据以及用户自主提供的相关数据,应用场景主要有租车、租房、花呗额度提升等。

三、蚂蚁集团去金融化转向科技服务

从名称由"浙江蚂蚁小微金融服务股份有限公司"改为"蚂蚁科技集团股份有限公司"可看出,蚂蚁集团将从金融服务转向科技服务。例如:区块链技术极大地缩短了跨境汇款的交易时长,且安全性和透明度更高;智能理财助手能够给用户提供更个性化的理财产品;金融智能决策技术更是实现了"3分钟申请、1秒到账、0人工干预"的服务模式。

案例讨论题：

互联网金融和传统金融相比有哪些特点？蚂蚁集团为什么要去金融化转向科技服务？

本章小结

本章主要介绍了互联网经济的主要特征、发展脉络、研究内容和研究方法。本章第一节介绍了互联网经济的主要特征，包括互补性和基于标准的兼容性、消费的外部性、锁定性、显著的规模经济性。本章第二节梳理了互联网经济学发展的 3 个阶段，分别是萌芽阶段(20 世纪 50 年代至 20 世纪 80 年代初)、奠基与发展阶段(20 世纪 80 年代中期至 20 世纪 90 年代中期)、应用与拓展阶段(20 世纪 90 年代末至今)。本章第三节简要总结了互联网经济学的研究内容和研究方法。

思考题

1. 互联网经济学的主要特征有哪些现实表现？请结合生活经历举例说明。
2. 在研究内容和研究方法上，互联网经济学和传统经济学之间有哪些联系和差异？

本章参考文献

[1] Farrell J, Saloner G. Standardization, compatibility, and innovation [J]. Rand Journal, 1985(16): 70-83.

[2] Katz M L, Shapiro C. Network externalities, competition, and compatibility[J]. AmericanEconomic Review, 1985(75): 424-440.

[3] Katz M L, Shapiro C. Product compatibility choice in a market with technological progress[J]. Oxford Economic Papers, 1986(38):146-165.

[4] Farrell J, Saloner G. Installed base and compatibility: innovation, product preannouncements, and predation[J]. The American Economic Review, 1986(76):940-955.

[5] Farrell J, Saloner G. Coordination through committees and markets[J]. The RAND Journal of Economics, 1988(19):235-252.

[6] Arthur W B. Competing technologies, increasing returns, and lock-in by historical events[J]. Economic Journal, 1989(99):116-131.

[7] Liebowitz S J, Margolis S E. Network externality: an uncommon tragedy[J]. The Journal of Economic Perspectives, Spring,1994(8):133-150.

[8] Liebowitz S J, Margolis S E. Path dependence, lock-in, and history[J]. Journal of Law, Economics and Organization, 1995(11):205-226.

[9] Liebowitz S J, Margolis S E. Are network externalities a new source of market failure?[J]. Research In Law And Economics, 1995(17):1-22.

[10] Kim B, Barua A, Whinston A B. Virtual field experiments for a digital economy: a new research methodology for exploring an information economy [J]. Decision

Support Systems，2002，32(3)：215-231.

[11] Cennamo C，Santalo J. Platform competition：strategic trade-offs in platform markets[J]. Strategic Management Journal，2013，34(11)：1331-1350.

[12] 王晔，张铭洪，张祯波. 网络经济学[M]. 2版. 北京：高等教育出版社，2013.

[13] 孙黎，杨晓明. 迭代创新：网络时代的创新捷径[J]. 清华管理评论，2014，22(6)：32-39.

[14] 傅瑜，隋广军，赵子乐. 单寡头竞争性垄断：新型市场结构理论构建——基于互联网平台企业的考察[J]. 中国工业经济，2014(1)：140-152.

[15] Boudreau K J，Jeppesen L B. Unpaid crowd complementors：the platform network effect mirage[J]. Strategic Management Journal，2015，36(12)：1761-1777.

[16] 汪旭晖，张其林. 平台型网络市场"平台—政府"双元管理范式研究——基于阿里巴巴集团的案例分析 [J]. 中国工业经济，2015(3)：135-147.

[17] 冯华，陈亚琦. 平台商业模式创新研究——基于互联网环境下的时空契合分析[J]. 中国工业经济，2016，336(3)：101-115.

[18] Hofmann J. Multi-stakeholderism in Internet governance：putting a fiction into practice[J]. Journal of Cyber Policy，2016，1(1)：29-49.

[19] 凯利. 数字货币时代：区块链技术的应用与未来[M]. 北京：中国人民大学出版社，2017.

[20] 张晓. 数字经济发展的逻辑：一个系统性分析框架[J]. 电子政务，2018，186(6)：11-19.

[21] 朱晓红，陈寒松，张腾. 知识经济背景下平台型企业构建过程中的迭代创新模式——基于动态能力视角的双案例研究[J]. 管理世界，2019，35(3)：142-156.

[22] 韩鹏，尤阳. 金融互联网和互联网金融的异同及发展趋势研究[J]. 经济研究参考，2015(72)：31-37.

[23] 陈荣达，余乐安，金骋路. 中国互联网金融的发展历程、发展模式与未来挑战[J]. 数量经济技术经济研究，2020，37(1)：3-22.

[24] 姚锡炜. 试论基于网络经济学视角下的互联网金融[J]. 现代营销(下旬刊)，2019(5)：39-40.

第二章　互联网经济学的技术基础

从计算机诞生到互联网普及，从人人互联到万物互联，从人工智能到区块链，人类正在基于互联网相关的信息技术重构物理世界的信息感知、传播、获取、利用体系，基础设施、生产资料、生产工具和协作模式都发生了较大的变化。基于互联网及其相关的信息技术，人类社会已从工业社会百万人的协作生产体系演进到了数千万、数亿人的合作体系：基于互联网的大规模、多角色、实时互动协作机制已经兴起。互联网经济正是以技术、数据、知识等为主导生产要素，通过经济组织方式创新，优化生产、分配、流通、消费和社会服务管理全过程，提升经济运行效率与质量的新型经济形态。互联网经济的发展水平正在成为衡量一个国家或地区是否具有经济发展影响力、主导权的主要因素。在第一章的基础上，本章将对互联网经济学的技术基础进行介绍，从而为深入理解后续的相关内容奠定技术基础。

第一节　泛 链 接

如今，新一代信息技术众多，其要解决的核心问题就是链接和赋能。

链接：将硬件产品链接入网，将本地化的产品变为在线产品，随时随地分享产生的数据信息。

赋能：建立广泛的链接是互联网经济的基础设施，在此基础上，可以构建基于不同行业和领域的专业化平台。

基于泛在网络的链接，需要借助于互联网、物联网等链接技术，以及无所不在的各类智能终端硬件设施，构筑万物智联的泛在网络世界。这种链接可以随时随地地获取行为数据，并将这些数据通过网络及时地进行传递和存储，从而为下一步的计算和应用奠定基础，所以互联网经济需要以互联网、物联网为核心的链接技术的广泛覆盖，这是互联网经济的基础设施和保障。

一、泛在网络与智慧地球

互联网经济是基于链接的经济，最明显的特征就是基于云、管、端基础设施实现世界上人和物的普遍链接。在普遍链接的基础上，依托大数据和云计算平台创造一系列智能化、软件化、定制化的数字化服务成为最主要的生产方式。

（一）泛在网络

泛在网络(Ubiquitous Computing)是一个宏伟的理念和目标，它描绘了一幅未来的世界画像。在未来的世界，通过高带宽、多制式、充分融合和广泛覆盖的网络，可以实现任何时间、任何地点、人与人、物与物、人与物之间的无缝连接。

泛在网络的概念来源于拉丁语中的"Ubiquitous",是指无处不在的网络,也被称为"U网络"。泛在网络具体的内涵是:无处不在的网络社会将是由智能网联、最先进的计算技术及其他领先的数字技术基础设施武装而成的技术社会形态。根据这样的理念,泛在网络的主要特点可以概括为"4A"化,即在anytime(任何时间)、anywhere(任何地点),anyone(任何人)、anything(任何物)都能顺畅地链接和通信。"4A"化通信能力不仅是"Ubiquitous"社会的基础,还是建立在"Ubiquitous"网络之上的各种应用服务。

泛在网络能够对链接以后产生的海量数据信息进行深度挖掘和使用,它不仅能处理文本、数据和静态图像,还能传输音频和视频。同时,泛在网络还能实现安全的信息交换和商务交易,满足用户的个性化需求。因此,通俗地讲,泛在网络的含义就是:我们身边的事务都处于链接和在线状态,同时我们能够享受到此状态下的便捷服务。

泛在网络不是突然出现的概念,而是由最初的设想经过逐步深化与扩展得来的。大体上,泛在的理念经过了泛在计算、泛在服务、泛在网络3个发展阶段。

1991年,施乐实验室的计算机科学家马克·维瑟尔(Mark Weiser)首次提出"泛在计算(Ubiquitous Computing)"的概念。所谓泛在计算,即用户拥有的计算设备将嵌入其生活空间中,协同地、不可见地为其提供计算、通信服务。这是一种具有变革意义的服务交互模式,它能使用户不再被烦琐的计算机操作和交互所困扰,而更多地关注其从事的任务本身,体现了以"用户为中心"的设计理念。

2004年,IEEE在泛在计算的基础上新增了泛在服务,从而将泛在计算的研究领域扩展到了服务层。IEEE指出,泛在服务和泛在计算是新出现的计算范例,其基础架构和服务可以在任何时间、任何地点,通过任何格式无缝地接入和获取。

在此基础上,日韩率先提出了泛在网络的理念,欧盟和美国也相继提出了环境感知智能、普适计算(Pervasive Computing)等概念。尽管这些概念的描述不尽相同,但其核心要义却相当一致。这些概念的核心要义都是建立一个泛在的网络环境(多语言、多媒体、移动化和多语义的网络环境),以前所未有的规模和速度推动信息服务的发展和变革。

(二)智慧地球

2008年年底,IBM推出了一个崭新的概念——智慧地球。所谓智慧地球,就是指"物联化""互联化""智能化"的地球。

IBM认为,智慧地球的核心是以一种更智慧的方法来改变政府、企业和人们交互的方式,以提高交互的准确性、灵活性、效率和响应速度。智慧地球具有三大特征:更透彻的感知、更广泛的互联互通、更深入的智能化。

首先,IBM认为更透彻的感知是实现智慧地球的基础,人们可利用任何可随时随地感知、测量、捕获和传递信息的设备、系统或流程。通过使用新设备,人的各项生理数据、组织的各项运营管理数据以及城市运转状况的信息都可以被快速获取和分析,基于此,专业人员可立即采取应对措施和制订长期规划。

其次,更广泛的互联互通是指通过各种形式的高速、高带宽的通信网络工具,将个人电子设备、组织和政府信息系统中收集和存储的分散的信息及数据链接起来,进行交互和多方共享。互联互通可以使我们更好地对环境和业务状况进行实时监控,从全局的角度分析形势并实时解决问题,从而彻底改变整个世界的运作方式。

最后，更深入的智能化是指深入分析收集到的数据，以获得更加新颖、系统且全面的信息。智能化要求使用先进技术（如数据挖掘和分析工具、数学模型和功能强大的运算系统）来处理数据的分析、汇总和计算，以便整合海量的、跨地域的、跨行业的信息，并将其应用到特定行业、特定场景、特定解决方案中，从而更好地支持决策和行动。

可以说，智慧地球是针对泛在网络更加形象的阐述，它不仅是各种事物之间的链接，更强调对各种信息进行分析、处理和判断，得出为人所用的结论。智慧地球是人类的终极目标，体现了人类通过智能网络的演进实现人与自然和谐相处的愿望。

二、物联网

信息通信技术的持续演进正在开启万物互联时代。伴随着新一代信息通信技术的发展，传感器向着低成本、低功耗、微型化方向不断演进，正在建立全面、实时、高效的数据采集体系。网络通信技术从 2G、3G 等向 4G、5G、窄带物联网、时间敏感网络等发展，正在构建低时延、高可靠、广覆盖的数据传输体系。云计算、大数据、人工智能等新技术蓬勃发展，正在建立廉价、快速、高效的数据存储、计算和处理体系，新一代信息通信技术正在推动人类进入一个全面感知、可靠传输、智能处理、精准决策的万物互联网时代。

所谓万物互联，就是人、物、数据和应用通过互联网链接在一起，实现所有人和人、人和物、物和物之间的互联，重构整个社会的生产工具、生产方式和生活场景。在万物互联的角度下，信息化就是物理设备不断成为网络终端并引发整个社会变革的过程，信息技术发展的终极目标是基于物联网平台实现设备无所不在的链接，开发各类应用，提供各类数据支撑和服务。未来，所有产品都将成为可监测、可控制、可优化、自主性的智能产品。这些智能产品将感知客户需求，推送客户服务。

所以，物联网就是利用无处不在的网络技术建立起来的，其以简单的射频识别技术为入口，结合已有的网络技术、数据库技术、中间件技术等，构筑了一个由大量联网的阅读器和无数移动的标签所组成的、比互联网更大的网络。

（一）识别和传感技术

识别和传感技术的主要作用是识别物体，包括机器、车辆、建筑物、电子终端、生物体等，并将物体链接进网。涉及的产品主要包括硬件设备和传感器两大类，这两类产品由芯片和设备厂商提供和生产。涉及的主要技术包括识别技术和传感技术。

1. 识别技术

射频识别（Radio Frequency Identification，RFID）技术是识别技术的典型代表，这类物品识别技术是实现物联网的基础。RFID 技术是一种无接触的自动识别技术，是当前普遍使用的一种物品识别技术，可对多个物体进行自动识别，穿透力强，无须人为干预。RFID 技术通过计算机和互联网实现物品的自动识别和信息的互联与共享。这一技术被广泛应用于物品的跟踪和信息的共享等方面，通过与互联网和通信网的结合，极大地推动了物联网的发展。

2. 传感技术

传感技术是物联网的一种非常重要的技术。传感器可以采集大量的信息，可以对物品最初的信息进行捕捉和检测，并将这类信息数据进行变换，形成电信号和其他类型的型号，最后传送出去。传感器就像物品的“感觉器官”，它让物品有了“视觉”、“嗅觉”、“听觉”和“触觉"等感觉，让物品相当于一个活物，可将自己的感受和周围的信息传递到数据中心。由于万物智联要求无论在哪种环境下，物品都能够具有这种传感技术，所以传感器的技术标准非常严格，传感器需要适应各种恶劣环境。

作为物联网的数据入口，终端设备的传感器功能已不再局限于简单的数据感知和收集，而是不断向自带智能化算法、集成系统制造的方向发展。未来，传感器将成为融感应、传输、存储、计算为一体的智能化解决方案产品，以满足越来越大的数据分析需求和用户的个性化需要。也正是如此，掌握着核心芯片制造技术的国外芯片巨头（如 ARM、高通、英特尔、台积电等）成为这一细分市场的垄断者，拥有绝大部分的价值利润。

（二）链接和传输技术

物联网也是一种互联网络，需要将物品自身的各类信息在网络上进行传递，如 M2M (Machine to Machine，数据从一台终端传送到另一台终端）技术，就是机器与机器之间的网络通信技术。在设备感知的基础上，需要通过有线或者无线网络，将收集到的各类数据传送到物联网平台，网络链接可以通过传感器、通信网、互联网等多种渠道，涉及的技术包括短距离链接技术（如蓝牙、WiFi 等）、蜂窝网络技术、固定网络技术、卫星技术等。上述技术的主要提供商包括电信运营商、网络设备供应商和通信模块供应商。

网络链接和传输的作用以及物联网硬件的广泛分布，使得海量数据涌现，这对数据传输的速度、稳定性、容量等提出了更高要求。因此，未来的"万物智联"世界需要有大容量、高速率、稳定性好的网络通信技术作为支撑，使得万物智联带来的海量物品的数据信息能够在网络管道中实现快速传递和流通，以便接下来对信息进行处理和分析。正因如此，提供网络通信服务的运营商必须加快网络升级改造的步伐，特别是不同应用场景下的网络。例如，针对窄带、高带宽划分出不同的应用领域，并提供针对性的网络优化策略。在窄带应用场景下，使用比较普遍的技术有 NB-IoT(Narrow Band Internet of Things)技术及 eMTC(enhanced Machine-Type Communication)技术，这些技术可以满足低功耗、免维护、低成本、大规模部署的要求。在高带宽应用场景下，采用 LTE(Long Term Evolution)及 5G 技术或者利用固网带宽和 WiFi 可完成大流量的传输。

除此以外，对于一些特殊场景下的应用，数据传输在可靠性和实效性方面都要满足更高的要求。例如，大型工业设备的生产制造涉及远程监控、机器人控制等场景需求，这就需要 5G/6G 这样有着高带宽、高实效、高可靠性的通信技术来完成。

三、第五代移动通信

2019 年 6 月 6 日，工信部向中国电信、中国移动、中国联通、中国广电发放 5G 商用牌照，标志着我国正式进入 5G 商用元年。2019 年 10 月 31 日，三大电信运营商共同宣布 5G 商用服务启动，并发布了相应的 5G 套餐，席卷全球的 5G 浪潮正式走进中国的千家万户。

目前，全球已经有 30 多个 5G 商用网络，40 多家 OEM 厂商发布 5G 终端，5G 已成为有史以来部署速度最快的一代蜂窝网络技术。5G 的加速商用为各行各业的创新转型赢得了时间，为中国经济带来了巨大机遇。当前，全球 5G 进入加速发展期，无线网络智能化成为趋势。

5G 的提法沿袭了传统的 2G、3G、4G 移动通信技术。

2G是指第二代移动通信技术,以数字语音传输技术为核心。2G无法直接传送电子邮件、软件等信息,只具有通话和设置时间、日期等功能。2G技术基本分为两种:一种是基于TDMA发展而来的技术(如GSM);另一种则是基于CDMA规格发展而来的CDMA One。

3G即第三代移动通信技术,与2G相比,传输声音和数据的速度有了提升。它能够在全球范围内更好地实现无缝漫游,更好地处理图像、音乐、视频流等多种媒体形式,能够提供网页浏览、电话会议、电子商务等多种信息服务。国际电信联盟一共确定了全球四大3G标准,它们分别是WCDMA、CDMA2000、TD-SCDMA和WiMAX。

4G是指第四代移动通信技术。该技术包括TD-LTE和FDD-LTE两种制式,能够快速、高质量地传输数据、音频、视频和图像等。在高速移动状态下,4G的传输速率可以达到100 MB/s,几乎能够满足所有消费级用户对于无线服务的需求。

相比于前几代技术,5G是具有高速率、低时延和大连接特点的新一代宽带移动通信技术,是实现人机物互联的网络基础设施。5G不仅要解决人与人通信的问题,为用户提供增强现实、虚拟现实、超高清(3D)视频等更加身临其境的业务体验,更要解决人与物、物与物通信的问题,满足移动医疗、车联网、智能家居、工业控制、环境监测等应用需求。最终,5G将渗透到经济社会的各行各业,成为支撑经济社会数字化、网络化、智能化转型的新型基础设施。

5G和物联网是互联网经济中密不可分的两大技术,5G的发展为物联网实现"万物智联"的远景目标提供了支撑。在万物智联的大背景下,各类设备的连接数量高速增长,带动了大规模的数据流量爆发。作为万物智联场景的重要载体,5G采用了包括大规模无线阵列、超密集组网、新型多址、全频谱接入和新型网络架构在内的一系列关键技术,满足了用户在不同物联网场景下的差异化需求。

5G支持固定、移动、无线和卫星接入技术,是一个可扩展、可定制的网络,其可根据需求为多类服务及垂直市场定制相应的产品(如网络分层、网络功能虚拟化),它不仅能使能源效率和电池的功率得以提高,还能促进第三方ISP和ICP开放能力的提升,同时也能支持通过中继用户终端(UE)把远端UE链接至5G网络,以保持直接链接和间接链接的连续性。

5G的三大应用场景分别是:增强移动宽带(Enhanced Mobile Broadband,eMBB),如3D和超高清视频等大流量移动宽带业务;海量物联网通信(Massive Machine Type Communication,mMTC),如智慧城市、智能家居、环境监测等业务;超高可靠性与超低时延通信(Ultra Reliable Low Latency Communication,URLLC),如无人驾驶、车联网、工业自动化、远程医疗等。

第二节　云计算

在万物智联的基础上,提供数字化生活和商业服务需要通用能力平台、组建模块等,这是最终为各个行业和个人市场提供差异化解决方案的能力资源池,各类参与者需要借助于自身的优势,在这一层搭建各类平台,提供开放性的能力资源,其中最重要的就是云计算和云服务平台。

云计算技术是与互联网经济紧密相关的技术,每个个体、节点、终端通过底层的链接、中层的大数据和智能化运算,使得各类垂直行业的专业化服务提供商,在教育、医疗、交通、旅游、娱乐、政务、能源、环保等方面形成丰富的数字化服务和解决方案。

万物智联以及大规模数据的网间流动，使得我们对计算能力的需求越来越大，需求程度越来越高。所以，广泛和普遍的计算能力是互联网经济的重要动力。

一、云计算的定义

作为信息产业的一大创新，云计算一经提出便得到了工业界、学术界的广泛关注。2006 年，Google、Amazon 等公司提出了“云计算”的构想。

作为一种独特的 IT 服务模式，“云计算”有其独有的“DNA”。云计算安全联盟(Cloud Security Alliance,CSA)比较明确地说明了云计算的本质：云计算本质上是一种服务提供模型，利用这种模型可以随时、随地、按需地通过网络访问共享资源池的资源，这个资源池的内容包括计算资源、网络资源、存储资源等，这些资源能够被动态地分配和调整，在不同用户之间灵活地划分。凡是符合这些特征的 IT 服务都可以称为云计算服务。

上面的定义很好地说明了云计算的本质。为了将这个定义匹配到现实世界的 IT 架构中，美国国家标准与技术研究院提出了一个定义云计算的标准——NIST Working Definition of Cloud Computing/NIST 800-145。这个文档提到，一个标准的云计算需要具备 5 个基本元素，分别是网络分发服务、自助服务、可衡量的服务、资源的灵活调度以及资源池化。这个文档还提到，云计算按照服务形态可分为 IaaS(Infrastructure as a Service)、SaaS (Software as a Service)和 PaaS(Platform as a Service)3 类，而按照部署模式可分为公有云、私有云、社区云和混合云 4 种。

根据中国云计算网的定义，云计算是在分布式计算(Distributed Computing)、并行计算(Parallel Computing)和网格计算(Grid Computing)的基础上发展而来的，或者说，它是这些科学概念的商业实现。美国国家实验室资深科学家谭·福斯特(Tan Foster)认为，云计算是由规模经济拉动，为互联网上的外部用户提供抽象的、虚拟化的、动态可扩展的，集平台和服务为一体的大规模分布式计算聚合体。

云计算基础结构如图 2-1 所示。

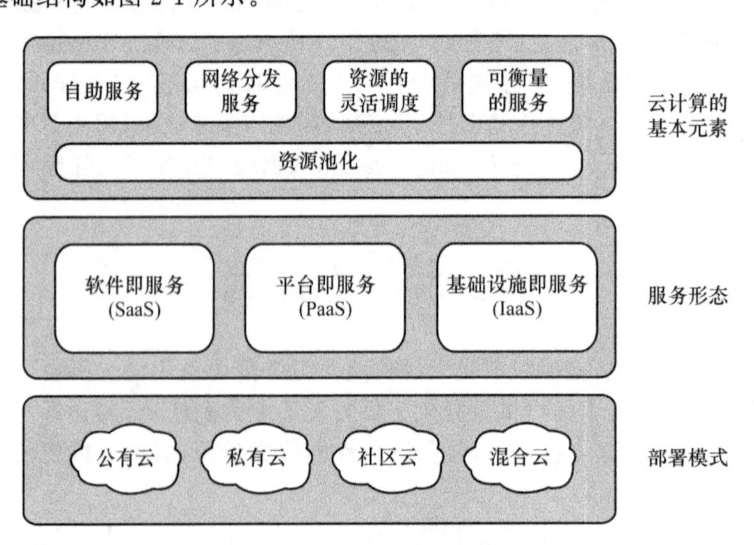

图 2-1　云计算基础结构示意图

综合上述定义，云计算实际上是一种利用互联网实现随时、随地、按需、便捷地访问共享资源池（如计算设施、存储设备、应用程序等）的计算模式。计算机资源服务化是云计算的重要表现形式，它为用户解决了数据中心管理、大规模数据处理、应用程序部署等问题。通过云计算，用户可以根据其业务负载快速申请和释放资源，并以按需支付的方式对所使用的资源付费，在提高服务质量的同时降低运维成本。

二、云计算的 3 种服务形态

云计算的 3 种服务形态为 IaaS、PaaS 和 SaaS。三者的主要区别在于其云服务商所提供的资源类型不同，3 种服务形态及其关系如图 2-2 所示。

图 2-2　3 种服务形态及其关系

（一）IaaS

IaaS 即基础设施即服务，顾名思义是指向企业、政府等机构提供 IT 基础设施服务，主要包括处理、存储网络及其他基础计算资源。客户可以通过互联网直接获取基础设施服务，如运行各类系统软件和应用程序等服务。客户不需要管理和控制底层的云基础架构，但是可以控制操作系统，存储、发布应用程序，以及有限度地控制选择的网络组件。

（二）PaaS

PaaS 即平台即服务，也就是把服务器平台作为服务，面向各类开发者提供开发环境服务。PaaS 构建在 IaaS 的基础之上，它在基础架构之外还提供了业务软件的运行环境。个人网站常常用到的“虚拟主机”实际上就属于 PaaS 的范畴，个人站长只需要将网站源代码上传到“虚拟主机”的地址，“虚拟主机”便会自动运行这些代码并生成对应的 Web 页面。除了提供业务软件的运行环境外，PaaS 通常还具备相应的存储接口，用户可以直接通过 FTP 等方式调用资源，而无须从头进行裸盘的初始化工作。

PaaS 面向的用户是没有能力或不愿意维护一个完整的运行环境的开发人员或企事业单位人员，通过使用 PaaS 服务，他们可以从烦琐的环境搭建中解脱出来，将更多的精力投入业务软件的开发中。同 IaaS 相比，PaaS 提供的服务类型更加丰富，因为软件的生态系统本身就是多元化的，且 PaaS 可以基于 IaaS 服务进行搭建，初期的硬件投入成本较低，所以 PaaS 服务提供商的数量和种类也比 IaaS 多。

（三）SaaS

SaaS 即软件即服务，也就是直接面向企业及个人客户提供应用软件服务，客户不需要管理和维护底层架构，只需在云端直接使用各种应用程序。SaaS 改变了传统的软件使用模式，客户可以通过各种客户端进行访问，采用在线租赁使用的方式，免去了安装软件等一系列烦琐的程序，让软件的使用变得更加方便。

SaaS 是最成熟、知名度最高的云计算服务类型，在云计算真正变得火热之前，软件即服务本身就已经是一个非常流行的概念了。SaaS 的目标是将一切业务运行的后台环境放入云端，通过一个客户端（通常是 Web 浏览器）向最终用户直接提供服务。最终用户按需向云端请求服务，而本地无须维护任何基础架构或软件运行环境。

SaaS 同 PaaS 的区别在于，SaaS 的使用者不是软件开发人员，而是软件的最终用户。一个 PaaS 用户如果通过 Web 方式向外分发其服务，则其提供的也就是 SaaS 服务。SaaS 自诞生以来，不但发展出了成熟的技术模型，而且已经是一个经过验证的成功的商业模式。

总体来说，云计算是一种基于互联网的超级计算模式，它将计算机资源汇集起来，进行统一的管理和协同合作，以便提供更好的数据存储和网络计算服务。云计算的基础架构需要通过虚拟化来实现，并由系统进行自动化的监测和管理；云计算为最终用户提供的是一种服务，而这种服务是通过共享的方式来提供的；最终用户将通过网络来使用云计算服务，这个网络可以是国际互联网，也可以是企业内部网。

三、云计算的 4 种部署模式

根据 NIST 的定义，云计算按照部署模式可以分为私有云、公有云、社区云与混合云 4 种，不同的部署模式对基础架构提出了不同的要求，在正式进入云计算的网络设计之前，我们有必要弄清几种云计算部署模式之间的区别。私有云是部署在企业内部，服务于内部用户的云计算类型；公有云一般是由云服务运营商搭建，面向公众的云计算类型；社区云是由数个有共同利益关系或目标的组织共同构建的云计算业务，其服务面向这几个组织的内部人员；混合云则是包含以上两种类型的云计算形式。

（一）私有云

私有云的建设、运营和使用都在某个组织或企业内部完成，其服务对象被限制在这个组织或企业的内部，没有对外的公开接口。一个企业的软件开发部门是最有可能部署私有云的场景之一，开发部门需要频繁地在不同的硬件环境中进行软件测试，通过在测试服务器上部署云平台，开发部门能够在最短的时间内变更服务器配置，从而加快开发流程，而不增加硬件投资成本。

私有云不向组织外部的用户提供服务，但是私有云的设计、部署与维护可以交由组织外部的第三方完成。也就是说，企业或事业单位在建设自己的私有云系统时，可以充分利用外部咨询公司和系统集成商的能力，不必将所有工作都自己承担下来。

（二）公有云

与私有云对立的概念就是公有云，公有云也是我们日常接触较多的云服务类型。公有云通常由一个云服务运营商维护，通过互联网向公众提供服务，任何人都可以申请、使用公有云资源。公有云的受众范围不局限于一地，一旦发布出来，全世界的人都可以通过网络申请、使用，因此，公有云的规模一般很大，但它对可靠性、安全性的要求也更高，其基础架构的组成往往也更加复杂。

（三）社区云

社区云是向一群有共同目标、利益的用户群体提供服务的云计算类型。社区云的用户可能来自不同的组织或企业，他们因为共同的需求走到一起，社区云向这些用户提供特定的服务，满足他们的共同需求。

由大学等教育机构维护的教育云就是一个标准的社区云业务，大学和其他高等教育机构将自身的教育资源放到云平台上，向校内外的用户提供服务。在这个模型中，用户除了可以是在校学生之外，还可以是在职进修学生、其他科研机构的研究人员等，这些用户来自不同的机构，但他们因为共同的课程作业或研究课题而走到一起。

虽然社区云也面向公众提供服务，但它与公有云是有区别的：社区云的目的性更强，其发起者往往是有着共同目的和利益的机构；而公共云则面向公众提供特定类型的服务，这个服务可以被用于不同的目的，一般没有限制。所以，社区云的规模通常比公有云的小。

（四）混合云

顾名思义，混合云就是两种或两种以上云计算的综合，它既可以是公有云与私有云的混合，也可以是私有云与社区云的混合。混合云服务的对象非常广泛，包括特定组织内部的成员以及互联网上的开放受众。混合云架构中有一个统一的接口或管理平面，不同的云计算模式通过这个结构以一致的方式向最终用户提供服务。

同单独的公有云、私有云或社区云相比，混合云更具灵活性和可扩展性。企业在部署云计算时常常面对瞬息万变的需求，混合云在应对快速变化的需求时有着无可比拟的优势。

混合云的出现发挥了云计算的优势，企业用户在私有云能力不足时，能够快速借用外部公有云的资源，从而保证业务不会因资源不足而断线。

四、数字货币与区块链：云计算的3.0时代

云计算与区块链有着紧密的联系，也可以说，区块链是云计算的下一代形态。区块链的

概念源于比特币——一种点对点式的数字货币系统。2009 年 1 月 3 日,一个自称中本聪的人发掘出世界上第一个比特币的区块,并起名为“创世区块(Genesis Block)”。比特币的发明基于区块链的技术,区块链就是比特币的底层。

(一) 数字货币的定义与概念解析

数字货币是一种由发行人发行的具有数字形式的资产,即对货币进行数字化。它具有一定的货币特征,可以用法定货币计价,最后由发行人负责赎回。数字货币也经常被误认为是虚拟货币,但是虚拟货币是指非真实的货币,其发行者不是央行,平常所说的游戏币、Q 币、百度币等都属于虚拟货币。当然,那些虚拟的钱也会有其真实价值。比如,如果你从别的玩家那里将他的账号买过来,那么你就可以得到那个玩家的所有虚拟资产,继续玩下去就会容易得多。在我们日常生活的各种交易中,可以考虑使用国家发行的法定数字货币来进行相应的交易。

目前,关于数字货币的概念,相关的文献资料并没有一个清晰的界定。从严格意义上来说,数字货币是货币的一种,并非单一的支付工具,而现在人们普遍使用的第三方平台支付等支付工具只是基于电子账户而实现的支付方式,其本质是一种现有法定货币的信息化。所以,数字货币与第三方支付的电子货币有着本质的区别。数字货币分为法定的数字货币和非法定的虚拟数字货币(如比特币、莱特币等)。

(二) 数字货币的属性

1. 商品属性

在认定比特币等数字货币的商品属性前,首先应当认定其是否属于民法上的“物”。比特币依赖互联网技术,因而没有实体,但是能被人们所支配,并且能够作为财产载体和支付工具来满足人们生产生活的需要,基本符合“物”的特征。人民银行等五部委发布的《关于防范比特币风险的通知》规定:比特币交易作为一种互联网上的商品买卖行为,普通民众在自担风险的前提下拥有参与的自由。这在一定程度上承认了比特币能产生财产利益这一事实,进而可推论比特币具有一定的财产属性。当明确比特币具有财产利益(或者说具备财产属性)后,比特币这种特殊的“物”就体现出了其商品属性。但是,这一文件仅属于政策性通知,数字货币的法律地位仍然是模糊的。

2. 货币属性

从法律角度来看,可以将货币定义为:货币是作为法定支付手段的一般等价物。它的特征是法定唯一性、国家信用性和高度流通性。从货币的基本构成要素来看,货币需要符合“货币是动产、由国家发行、依基准定值、普遍的交易手段”4 个要件。显然,比特币等数字货币不符合法学定义下的货币构成。首先,比特币等数字货币自成体系,与国家信用无关,也区别于国家法定货币体系。其次,比特币有一定的流通范围,但远达不到“高度普遍”的程度。因此,比特币等数字货币不是法定货币。

只从货币的实质性要件——货币职能方面来看,数字货币具备成为私人货币的条件。货币的基本职能有价值尺度、流通手段、支付手段、贮藏手段和世界货币。

(1) 价值尺度

价值尺度是赋予交易对象以价格形态,将货币作为计价标准,充当衡量和表现商品价值大小的社会尺度。数字货币基于互联网技术和密码技术对商品进行计价，其最初的产生原理类似于贵金属黄金，在实践中与美元、人民币等法定货币形成了比价效应。因此，数字货币具备充当价值尺度的社会职能。

(2) 流通手段

流通手段是指货币在商品流通中充当交换媒介以实现商品价值的职能。数字货币通过网络进行交易和流通，因此其流通成本大大降低。

(3) 支付手段

支付手段是指货币用于清偿债务，支付赋税、租金、工资等的职能。数字货币适用于日常生活中的众多支付场景。

(4) 贮藏手段

贮藏手段是指货币在退出流通领域后作为社会财富一般代表而加以积累和保存价值的手段。数字货币以字符串的形式(二进制数据)被隔离存储在互联网或者个人存储设备之中，用户利用私钥来控制其价值转移。因此，数字货币可以承担贮藏手段的职能。

(5) 世界货币

世界货币是价值尺度、流通手段、支付手段和贮藏手段在空间上的延伸，即通过跨越国界来发挥一般等价物的作用。理论上，数字货币没有交易边界范围，所以更适用于国际贸易业务。

现阶段的数字货币不完全具备流通手段和支付手段的功能。数字货币的去中心化特性使其不具有保证货币稳定性的固有价值，在实践中，数字货币过强的投机性也降低了其充当流通手段和支付手段的可能性。

(三) 数字货币的主要特征

数字货币的主要特征包括去中心化、总量固定、匿名性、安全性和便捷性。

1. 去中心化

数字货币没有特定的发行机构，它来源于某些开放的算法，因此没有任何机构能够控制它的发行，个人只需安装比特币客户端即可“生产”比特币。

2. 总量固定

由于算法的解的数量是确定的，所以某类数字货币的数量是一定的。例如，比特币的总数只有 2 100 万，莱特币的总数为 8 400 万，这从根本上消除了虚拟货币滥发导致通货膨胀的可能。

3. 匿名性

比特币能够最大限度地保护个人隐私，其交易数据很难被追踪。当然，为了便于监管，也可以通过法律强制进行实名制管理。

4. 安全性

数字货币的交易过程需要各个节点的认可，因此交易的安全性能够得到有效保证。

5. 便捷性

数字货币可以在任意一台接入互联网的终端设备上流通。任何人在任何时间、任何地点都可以挖掘、购买、出售和使用数字货币。

(四) 数字货币、虚拟货币、电子货币的区别

为了区分数字货币、虚拟货币、电子货币，先介绍虚拟货币和电子货币的定义。

1. 电子货币

电子货币本质上是法定货币的一种电子化形式，常以磁卡或账号的形式存储在金融信息系统内。它以方便贮藏和支付为主要目的，与法定货币等值。按照发行主体的不同，电子货币可分为银行卡、储值卡等。其中，银行卡是指银行发行的借记卡、贷记卡(信用卡)等，它是银行业务的信息化拓展。例如，刷卡支付、电话银行、网上银行、手机银行等业务，就是这类电子货币的典型应用。储值卡是企业或机构发行的在某个区域或领域内用于支付的一类电子货币，如香港广泛使用的八达通卡、国内各大城市的交通系统使用的公交卡、校园或单位使用的饭卡、商家预售发行的购物卡等。从本质上来说，这类电子货币更像电子化的钱包，其主要功能是作为一种提货凭证，用于日常支付，尤其是小额支付。由于电子商务交易中需要有信用的支付，故互联网企业推出了第三方支付账号，如 Paypal、支付宝、财付通等。虽然在线支付账号没有和银行卡、储值卡一样的物理卡片，但它本质上仍然是基于法币金融系统下的电子货币，补充、优化了现有的金融服务体系。

总之，电子货币是银行或其他相关金融机构将法定纸币进行电子化和网络化的形式。账户之间划拨资金的过程，实质上只是资金信息的传递。人们对电子货币的信任来自对政府法定货币和银行金融体系正常运转的信心。

2. 虚拟货币

相对于生活中使用的法定货币，没有实物形态的货币都可以被称为广义的“虚拟货币”，甚至包括上面提到的电子货币和数字货币等。然而，狭义的虚拟货币却是基于网络的虚拟性，由网络运营商发行并应用在网络虚拟空间的类法币，即它是真实世界货币体系的一种映射模拟，又被称为“网络货币”。例如，腾讯公司发行的 Q 币、各大网游公司发行的游戏币、论坛为奖励网民参与贡献而设计的积分等，都属于狭义的虚拟货币。

虚拟货币最大的特点是发行主体为互联网企业，其使用范围常常限定在该企业的经营领域之内，目的是方便网民衡量、交换、享用独特的互联网服务。因为面向网民的互联网服务往往具有金额小、交易频繁等特点，所以在没有成熟的信用体系和支付方式时，互联网企业可以通过发行货币实现“一次购买，多次使用”的网络支付方式，打造一种有效的互联网商务模式。因此，虚拟货币也可以被看作一种数据化的提货凭证。例如，各大网络游戏厂商发行的游戏币可用于购买游戏内的特定权限、各类装备或虚拟财产物品等。再如，在某网站因贡献而获得的奖励积分可用来兑换服务或奖品等。考虑金融体系的稳定性，政府规定虚拟货币不可双向流通。同时，拥有虚拟货币发行权的企业也没有提供虚拟货币等价兑回现金的服务。这种单向流通的特性决定了虚拟货币无法充当真实世界里的现金或电子货币，它只能是互联网企业用来服务自身用户的一种商务模式。人们对虚拟货币的信任完全来自对互联网发行企业的信心。

下面从发行主体、使用范围、发行数量、储存形式、流通方式、货币价值、信用保障等方面比较数字货币、电子货币和虚拟货币，具体如表 2-1 所示。

表 2-1　比较数字货币、电子货币和虚拟货币

	电子货币	虚拟货币	数字货币
发行主体	金融机构	网络运营商	无
使用范围	一般不限	网络企业内部	不限
发行数量	法定货币决定	发行主体决定	数量一定
储存形式	磁卡或账号	账号	数字
流通方式	双向流通	单向流通	双向流通
货币价值	与法定货币对等	与法定货币不对等	与法定货币不对等
信用保障	政府信用	企业信用	网民信念
交易安全性	较高	较低	较高
交易成本	较高	较低	较低
运行环境	内联网、外联网、读写设备	企业服务器与互联网	开源软件以及 P2P 网络
典型代表	银行卡、公交卡、支付宝等	Q 币、游戏币、论坛积分等	比特币、莱特币等

由表 2-1 可知，这三者有着本质的不同。

（五）区块链的 3 个发展阶段

区块链本质上是一个去中心化的分布式账本数据库。通俗点讲，在互联网世界，若想达成交易，没有第三方是无法完成的。例如，买卖双方在不认识彼此的情况下进行交易，若买方付款后，卖方仍不发货，则买方毫无办法，只能自认倒霉。而区块链通过技术手段解决了买卖双方之间的这种信任问题，即在没有第三方的情况下，也可以通过数据块的模式互相验证，达到无法篡改、无法作恶的目的。因此，区块链解决了中心化带来的种种弊端，未来，它会在各行各业中发挥作用。

在各种类型比特币层出不穷的情况下，人们的关注点已经从数字货币转向了区块链。区块链强大的容错功能，使得它能够在没有中心化服务器和管理的情况下，安全稳定地传输数据。从诞生到现在，区块链的发展经历了 3 个阶段：区块链 1.0、区块链 2.0、区块链 3.0。

1. 区块链 1.0：以比特币为代表的可编程货币

比特币设计的初衷是构建一个可信赖的、自由的、无中心的、有序的货币交易世界，虽然比特币出现了价格剧烈波动、政府监管态度不明等各种问题，但可编程货币的出现让价值在互联网中直接流通、交换成为可能。可编程是指通过预先设定的指令，能完成复杂的动作，并能通过判断外部条件作出反应。可编程货币即指定某些货币在特定时间的专门用途，这对政府管理专款专用资金等有着重要意义。

区块链是一个全新的数字支付系统，其去中心化的、基于密钥的、毫无障碍的货币交易模式，在保证交易安全性的同时大大降低了交易成本，这可能会对传统的金融体系产生颠覆性影响，刻画出一幅理想的交易愿景——全球货币统一，使得货币发行、流通不再依靠各国央行。区块链 1.0 设置了货币的全新起点，但构建全球统一的区块链网络还有很长的路要走。

2. 区块链 2.0：基于区块链的可编程金融

数字货币的强大功能吸引着金融机构采用区块链技术开展业务，人们试着将“智能合

约”加入区块链，形成可编程金融。目前，可编程金融已经在股票、私募股权等领域有了初步的应用。例如：交易所积极尝试使用区块链技术实现股权登记、转让等功能；华尔街银行想要联合打造区块链行业标准，提高银行结算支付的效率，降低跨境支付的成本。

目前，商业银行基于区块链的主要应用如下。一是点对点交易，如基于 P2P 的跨境支付和汇款、贸易结算以及证券、期货、金融衍生品合约的买卖等。二是登记，区块链具有可信、可追溯的特点，因此可作为可靠的数据库来记录各种信息，例如，存储反洗钱客户的身份资料及交易记录。三是确权，如土地所有权、股权等合约或财产的真实性验证和转移等。四是智能管理，即利用“智能合同”自动检测生效的各种环境是否具备，一旦满足预先设定的程序，合同便会得到自动处理，如自动付息、分红等。目前，包括商业银行在内的金融机构都开始研究区块链技术并尝试将其运用于现实场景，现有的传统金融体系正在被颠覆。

3. 区块链 3.0：区块链在其他行业的应用

除了金融行业之外，区块链也开始应用于其他行业。在法律、零售、物联、医疗等领域，区块链可以解决信任问题，使得买卖双方不再依靠第三方来建立信用和共享信息，从而提高整个行业的运行效率和水平。基于此，人们尝试使用区块链颠覆互联网底层协议，把人类的统一语言、经济行为、社会制度乃至生命都写成一个基础软件协议。区块链 3.0 是集成了统一语言和时间货币的分布式人工智能操作系统。

（六）区块链的基本特征

区块链的基本特征包括：去中心化（Decentralized）、去信任（Trustless）、集体维护（Collectively Maintain）、可靠数据库（Reliable Database）。

1. 去中心化

整个网络没有中心化的硬件或者管理机构，任意节点之间的权利和义务都是均等的，且任一节点的损坏或者失去都不会影响整个系统的运作。因此，我们也可以认为区块链系统具有极好的健壮性。

2. 去信任

整个系统中的每个节点都可以在无信任的条件下进行数据交换，整个系统的运作规则是公开透明的，所有的数据内容也是公开的，因此在系统指定的规则范围和时间范围内，节点是不能也无法欺骗其他节点的。

3. 集体维护

系统中的数据块是由整个系统中所有具有维护功能的节点来共同维护的，而对于这些具有维护功能的节点，任何人都可以参与其中。

4. 可靠数据库

整个系统将通过划分数据库的形式，让每个参与节点都能获得一份完整数据库的拷贝。除非能够同时控制整个系统中超过 51％的节点，否则在单个节点上对数据库的修改是无效的，也无法影响其他节点上的数据内容。因此，参与系统的节点越多，计算能力越强，该系统中的数据安全性越高。

上面 4 个特征引申出了另外 2 个特征：开源（Open Source）、隐私保护。如果一个系统不具备这些特征，则不能将其视为基于区块链技术的应用。

开源：由于整个系统的运作规则必须是公开透明的，所以对于程序而言，整个系统必定是开源的。

隐私保护：由于节点之间是无须互相信任的，因此节点之间无须公开身份，系统中每个参与的节点的隐私都受到保护。

第三节　智能化

智能化是人工智能(Artificial Intelligence,AI)技术与各行业、各领域的深度融合。当前，人工智能技术的深入研发和广泛的场景化创新，推动着互联网经济向更高维度迈进。

一、人工智能概念的提出

人工智能是计算机学科的一个分支，20世纪70年代以来，被称为世界三大尖端技术之一(另外两个是空间技术和能源技术)，也被看作21世纪三大尖端技术之一(另外两个是基因工程和纳米科学)。

人工智能是研究人的智能如何拓展的学科，即用计算机来模拟人的某些思维过程和智能行为(如学习、推理、思考、规划等)，从而实现更高层次的计算机应用。人工智能涉及计算机科学、生物学、心理学、哲学和语言学等学科，其范围已远远超出了计算机科学的范畴。

1950年，马文·明斯基(Marvin Minsky)(后被人称为"人工智能之父")与他的同学迪安·埃德蒙茨(Dean Edmonds)共同建造了世界上第一台神经网络计算机SNARC(StochasticNeural Analog Reinforcement Calculator)，这台计算机使用3 000个真空管和B-24轰炸机上的自动指示装置模拟了由40个神经元组成的神经网络。这也被人们看作人工智能的一个起点。

同样在1950年，被称为"计算机之父"的艾伦·麦席森·图灵(Alan Mathison Turing)在Mind上发表了一篇论文，并在该论文中提出了一个举世瞩目的想法——图灵测试。根据图灵的设想可知：如果一台机器能与人类对话而不被辨别出其机器的身份，那么这台机器就具有了智能。

1956年，约翰·麦卡锡(John McCarthy)、克劳德·埃尔伍德·香农(Claude Elwood Shannon)等10位年轻学者在由达特茅斯学院举办的一次研讨会上，首次提出了"人工智能"一词。后来，这被人们看作人工智能正式诞生的标志。

二、人工智能的技术层级

人工智能不是一种单一的技术，而是基础技术、核心技术、应用技术3个层面的综合，众多企业分布在这3个层面，共同构成了人工智能的产业体系。

(一) 基础技术

人工智能的基础技术主要来自云计算平台和大数据技术，海量数据需要提供存储和加工服务的平台，根据服务性质的不同，可以将该平台分为Iaas、PaaS和SaaS 3类。基础技术平台为人工智能的技术实现和具体应用提供了基础保障。

(二)核心技术

人工智能本身需要的技术主要包括机器学习技术、模式识别技术、人机交互技术等。其中,最重要的技术是机器学习技术。

1. 机器学习技术

机器学习主要研究如何让机器自动从数据和经验中学习"知识或技能",从而获得"智能"。我们知道,学习使人进步,其实对机器来说也是这样。例如,在利用深度学习进行人脸识别时,首先需要给机器提供大量的人脸图像及其对应的身份 ID 作为学习资料,然后在训练过程中,学习算法就可以自动调整深度学习模型的参数,将人脸图像变换为与其身份 ID 更加对应的抽象特征表示。不断的重复训练就会使得这种对应关系更加准确,从而达到人脸识别的要求。

机器学习和人类学习在概念上有很多相似之处,都包含学习主体、学习目标、学习对象和学习方法等要素,只是机器学习的要素都是由人设计和控制的。机器学习的主体是某种设计好的学习模型或具有交互能力的智能体,一般都包含很多待定的参数,而机器是否"智能"就取决于这些参数的取值。机器学习的目标是提升主体的"智能",为了对目标进行量化,人们设计了非常具体的公式,称为目标函数。机器学习的对象是人们收集的与学习问题相关的数据集,或者是可以与智能体交互的环境。而机器学习的方法则是人们设计的特定学习算法,是提升主体"智能"的途径,也是机器学习的核心内容,主要涉及如何组织和分析数据、如何与环境进行交互、如何获取反馈信息以及如何利用反馈来更新主体的参数等。可见,机器学习具有人类学习的基本特征。事实上,人们研究机器学习的主要方法也是通过模仿人类的学习行为,使得机器能更好地自动获取新的"知识或技能"的。

机器学习中有一种新的学习技术,我们称其为深度学习。深度学习是机器学习中的一种基于数据进行表征学习的方法。深度学习的应用还很有限,基于大数据的统计分析仍旧占据主导地位。除此之外,强化学习和迁移学习也是机器学习的热门领域。强化学习,顾名思义是机器从环境映射到行为的学习,它通过环境反馈的信号得到行为的相应评价,经过多步骤的摸索形成最优结果。迁移学习是指将在拥有大数据的领域得出的结论运用到只拥有少量数据的领域,是一种举一反三、触类旁通的学习方式。

2. 模式识别技术

模式识别就是通过计算机用数学方法来研究模式的自动处理和判读。我们把环境与客体统称为"模式"。随着计算机技术的发展,人类有可能研究复杂的信息处理过程。信息处理过程的一个重要形式是生命体对环境及客体的识别,其概念与数据挖掘、机器学习类似。只不过数据挖掘是从工业应用的角度出发的,而机器学习是计算机学科的一个分支。模式识别侧重于信号、图像、语音、文字、指纹等非直观数据方面的处理,如语音识别、人脸识别等,通过提取相关特征来实现一定的目标。文字识别、语音识别、指纹识别和图像识别等都属于模式识别的场景应用。

3. 人机交互技术

人机交互是研究人与机器之间交互关系的技术。人们在使用机器或者软件程序时,通常更喜欢简单易操作的界面,这种界面给用户带来的体验感更好,而这种界面的设计就属于人机交互的领域。它既包括人与系统的语音交互,也包括人与机器人实体的物理交互。研究人机交互的一个关键点在于构建心智模型,它能让我们了解用户是如何看待系统的。因此,根据用户心智模型来设计界面,就可以大大提升机器的交互性。

(三) 应用技术

上述几种关键技术在不同场景和行业中的应用落地情况如下。目前在计算机视觉中,语音识别、人脸识别和图像识别是主要的应用部分。另外,在不同行业中,机器学习的相关技术也正在被广泛地应用。特别是在工业制造领域中,智能机器人的使用正在不断普及,智能家居、智能医疗、智能驾驶汽车等也都是人工智能集中应用的市场。

人工智能技术的发展已有半个多世纪,但由于很长一段时间技术没有形成突破,所以人工智能迟迟没能在商业领域有更多的应用。现在,人工智能的发展浪潮高涨,借助于高性能的计算机技术和先进的网络技术,以及机器学习带来的升级算法,人工智能在数据分析和处理方面已经有了革命性的成长,在很多商业领域和社会治理领域有了成功的落地案例。人工智能技术的进步已经推动互联网经济进入了更高级的智能发展阶段。

经典案例:阿里云——领军 TO B 时代

阿里云创立于 2009 年,是全球排名前三的云计算及人工智能公司(前两名分别为亚马逊和微软),为 200 多个国家和地区的企业、开发者和政府机构提供云计算基础服务及解决方案。IDC 发布的《2022 上半年中国公有云市场报告》显示,2022 年上半年,阿里云在中国公有云市场的市场份额达到了 33.5%,位列第一且远高于其他云计算厂商,目前也是亚洲最大的云服务提供商,其客户遍及众多行业巨头和政府机构。

一、阿里造云记

2004 年,谷歌实现"云计算"。

2006 年 3 月,亚马逊推出 AWS 公测版。亚马逊坐拥大量 IT 资源,涉足云计算领域后能够最大化地发挥其资源价值。同样,阿里巴巴集团(以下简称阿里巴巴)也具备大量的 IT 资源。

2008 年,阿里巴巴开启了"去 IOE"的行动,其中的原因有:一是"用不起",即每年的硬件费和维护费都高达几千万美元,而且仍在不断飙升;二是"不好用",即随着阿里巴巴业务拓展速度的逐渐提高,与之相匹配的数据处理水平即将触及老牌 IT 巨头的能力极限。

2009 年,阿里云成立。王坚担任首席架构师,并着手自研飞天系统,该系统的研发方式是手敲代码,且研发目标是达到技术标准——控制 5 000 台服务器。2010 年,开源系统 OpenStack 被推出,阿里云虽然没能达到研发目标,备受质疑,但仍没有放弃自主研发的道路。

2011 年,阿里云开启商业化,主要面向互联网公司提供云服务。此时,阿里云和中国云市场迎来了第一次"小腾飞"——移动互联网经济迅速发展。以手机游戏公司为例,其创业初期的用户量快速递增,如果花费数亿元来构建数据中心,则成本高昂且效率低下,而开拓云计算市场是最佳选择。

2013年,5K攻坚战完成后,阿里云成为中国第一家拥有完整云计算能力的企业。阿里云用技术证明:中国企业IT架构升级最好的解决方式,再也不是买来一台新的机器替代原有的机器,而是采用云计算模式。

以上表明阿里云具备自然锁定能力:一是技术极其卓越;二是具备商业化的先发优势,这使其利用服务锁定了大批早期用户。然而,如果想在瞬息万变的市场中维持这种优势,则必须依靠良好的经营管理。

二、阿里卖云记

除了阿里云之外,国内其他互联网巨头都开始成批加入云计算市场,如2012年推出的百度云、2013年推出的腾讯云。2014年,胡晓明取代王坚上任,其目的就是“攻城略地”,为阿里云开拓新市场。

第一步,用“锁定”打开市场。胡晓明先后拿下了微博、杭州城市大脑、世界杯直播等项目,只要企业或政府有需求,他就立刻上手尝试,不断淬炼云技术,积累针对各行业的解决方案。以最难的制造业为例,为了找到客户需求,胡晓明选择在拥有中国最大城市制造业带的苏州建立了阿里云分公司。首先,他号召所有业务人员进入车间,深入了解企业的生产流程和痛点。其次,招聘有专业背景的业务人员。最后,找到生产环节中的主要弊病,包括以下3方面:一是由于协议与标准不同,数据无法互联,极易形成数据孤岛而无法对其进行整体分析;二是每日产生的千亿级数据,存储不到3个月就必须清理;三是由于数据大量积淀且分析速度低,企业经常错失经营决策的良机。针对以上问题,阿里云形成了整套的解决方案。

第二步,用“定价”守住市场。在微观经济学中,产品最优价格是边际成本等于边际收益时的价格。从实践来看,阿里云前期研发投入巨大,但是开发完成后提供服务的边际成本很低。当生产边际成本极低甚至接近零的时候,定价也会接近零。2013年12月18日,亚马逊宣布进入中国市场,国内厂商立刻开始反击:阿里云当天推出“1218”活动,全线产品大降价,最高降幅高达50%;金山云推出了挖比特币的挖矿云主机,并开展了限量免费送的活动;腾讯云在年终大促活动中也开始降价。激烈的竞争会让价格无限接近零,唯一的解决办法就是让自己的产品与众不同。

第三步,用“生态”实现差异化。阿里云实现了“需求牵引,技术驱动”。云计算的客户以大企业为主,这些企业对价格不敏感,但对产品的易用性和安全性等要求很高;而且这些企业有着更复杂的生产管理流程,亟须完整的解决方案,这不仅要求阿里云具有强大的基础设施层,还要求具有精准的应用层。由于阿里云专攻基础设施的升级,因此选择与各行各业的伙伴合作,从而完成面向各行各业的定制化服务。阿里云通过规模化和生态化的构筑发挥了强大的网络外部性优势。

三、“TO B”时代来临

阿里云的服务对象是体量庞大的企业,实际上,BAT(中国三大互联网公司,B指百度公司,A指阿里巴巴集团,T指腾讯公司)近期的投资布局全部在向企业服务倾斜。为什么

TO B(企业级)业务正在崛起？下面从两个方面回答这个问题。在需求端方面：劳动力成本上升，因此减员增效以及通过技术手段提高运营效率，已经成为很多企业的迫切需求；互联网市场逐渐出现了流量红利耗尽的势头。而在供给端方面，技术进步能够满足企业的所有需求。从阿里云的成长历程可以看出，企业服务是非常困难的。然而，对于整个国家而言，中国需要抓住科技高速发展的机会，借助于互联网和信息科技完成产业转型。

案例讨论题：

阿里巴巴成功布局云计算领域的关键因素是什么？云计算技术对互联网企业的发展有哪些作用？

本章小结

本章主要介绍了互联网经济学的技术基础——泛链接、云计算和智能化。本章第一节阐述了泛链接，并以泛在网络与智慧地球、物联网和第五代移动通信技术为例进行了详细说明。本章第二节阐述了云计算，包括云计算的定义、3 种服务形态和 4 种部署模式，以及代表云计算 3.0 时代的数字货币与区块链。本章第三节阐述了智能化，并着重介绍了人工智能的概念以及人工智能的技术层级。

思考题

1. 互联网技术是一把双刃剑，既能促进互联网经济的繁荣发展，也会产生一系列社会伦理问题。例如，人工智能技术可以代替人类解决一些危险问题，但智能系统的缺陷和价值设定问题也会对公民生命权、健康权等造成威胁，那么，如何才能让人工智能技术更好地为人类服务呢？

2. 数据安全问题一直是互联网经济领域的基础问题。随着云计算技术的普及，海量数据依托云平台进行处理及共享，那么，应如何应对云计算平台上的数据泄露风险呢？当相关人员需要对数据进行挖掘及分析时，又应如何对用户的隐私安全进行合理保障呢？

本章参考文献

[1] 泰普斯科特，威廉姆斯. 维基经济学：大规模协作如何改变一切[M]. 何帆，林季红，译. 北京：中国青年出版社，2007.

[2] 新华社. 关于构建数据基础制度更好发挥数据要素作用的意见[EB/OL]. (2022-12-19)[2022-12-22]. http://www.gov.cn/zhengce/2022-12/19/content_5732695.html.

[3] Guo B C, Li X J. Study on Internet Economics[J]. Chinese Business Review, 2003, 2(3):76-81.

[4] 周子学. 信息网络经济下实体经济和虚拟经济的均衡发展研究[J]. 产业经济评论，2014(3):11-17.

[5] 何艳，郑海燕. 网络经济是泡沫经济吗？[J]. 经济工作导刊，2000(13):9-10.

[6] 许可，王海舰. 推动实体经济与互联网深度融合[J]. 通信企业管理，2017(9):8-10.

[7] 张小蒂，倪云虎. 网络经济概论[M]. 重庆：重庆大学出版社，2002.
[8] 蒋云清. 马云谈商录[M]. 北京：北京联合出版公司，2011.
[9] 刘晓云，王晓春，黄红玉. 基于知识图谱的国内外互联网金融研究热点与发展趋势[J]. 兰州财经大学学报，2018，34(3)：58-71.
[10] 王玮. 我国创客空间研究热点可视化分析[J]. 现代情报，2015，35(12)：92-98.
[11] 年猛，王垚. 互联网金融：美国经验与启示[J]. 经济体制改革，2015，192(3)：178-181.
[12] 董昀，李鑫. 互联网金融的发展：基于文献的探究[J]. 金融评论，2014(5)：16-40.
[13] 石松，孙谦. 互联网金融监管体系的构建[J]. 现代管理科学，2015(2)：21-23.
[14] 孙军，谷燕龙. 网络产品特性及竞争策略研究[J]. 商业时代，2011(20)：45-46.
[15] 濮小金，司志刚，等. 网络经济学[M]. 北京：机械工业出版社，2006.
[16] 蔡青希. 网络产品生产经营者的责任研究[J]. 法制博览，2018(13)：20-22.
[17] 张帆，刘新梅. 网络产品、信息产品、知识产品和数字产品的特征比较分析[J]. 科技管理研究，2007(8)：250-253.
[18] 乔伊，等. 电子商务经济学[M]. 张大力，刘维斌，等，译. 北京：电子工业出版社，2000.
[19] 陈雪. 数字产品研究综述[J]. 天中学刊，2007(2)：69-71.
[20] 曹萍. 电子商务中数字产品的定价问题研究[D]. 武汉：华中师范大学，2006.
[21] 曹萍，张剑. 数字产品定价中传统经济学方法失灵原因及定价策略[J]. 经济与管理，2008(10)：68-72.
[22] 袁红，陈伟哲. 数字产品成本结构的特殊性及其应用[J]. 情报杂志，2007(10)：125-127.
[23] 陈春玲. 数字版权保护的经济学问题研究[J]. 湖北经济学院学报(人文社会科学版)，2008(6)：86-87.
[24] 熊楚. 数字出版版权保护面临的问题及对策[J]. 传播与版权，2018(2)：186-187.
[25] 张铭洪，张丽芳. 网络金融学[M]. 北京：科学出版社，2010.
[26] 谢永建. “新经济”基本特征与企业管理变革方向[J]. 现代商业，2018(21)：107-108.
[27] 冯少卿. 数字货币未来之路[J]. 合作经济与科技，2018(17)：61-63.
[28] 朱阁. 数字货币的概念辨析与问题争议[J]. 价值工程，2015，34(31)：163-167.
[29] 李志杰，李一丁，李付雷. 法定与非法定数字货币的界定与发展前景[J]. 清华金融评论，2017(4)：28-31.
[30] 王菠，愚公，韩晓明. 数字货币[M]. 北京：中国商业出版社，2016.
[31] 中国区块链应用研究中心. 图解区块链[M]. 北京：首都经济贸易大学出版社，2016.
[32] 李翔宇. 万物智联——走向数字化成功之路[M]. 北京：电子工业出版社，2018.
[33] 徐龙森. 区块链技术在数字货币应用中的前景与挑战[J]. 现代商贸工业，2018，39(23)：19-21.
[34] 安筱鹏. 重构——数字化转型的逻辑[M]. 北京：电子工业出版社，2019.

第三章　网络外部性

从 PC 时代微软的 Windows 操作系统，到移动终端时代苹果的 iOS 操作系统和谷歌的 Android 操作系统；从国外的 Skype 和 Instagram 到国内的微信……太多的案例表明，互联网的出现及其商业应用的普及，使得“大者恒大，赢者通吃”成了互联网经济中常见的商业现象，寡头垄断甚至接近完全垄断成为互联网经济中一种常见的市场结构。传统经济学理论在解释这些现象时也面临着巨大的挑战。基于此，经济学家们展开了以网络外部性和正反馈为主要视角的学术研究，揭示了导致这种现象的本质原因及其内在机制，这也是本章将要重点阐释的内容。

第一节　网络外部性的定义和分类

一、经济学中的外部性及其影响

网络外部性是指外部性在网络经济领域内的特殊情形。因此，有必要先介绍一下外部性的概念。

外部性是指在市场活动中没有得到补偿的额外成本或额外收益。展开来讲，外部性就是指某些个人或厂商的经济行为影响了其他个人或厂商，却没有为之承担应有的成本费用或没有获得应有报酬的现象。

最初提出外部性这个概念的是诺贝尔经济学奖得主詹姆斯·布坎南（James M. Buchanan）。他曾经在 1962 年发表了一篇名为《外部效应》的论文，在该论文中给出的外部性的学术定义是：只要某一个人的效用函数（或某一厂商的生产函数）所包含的变量在另一个人（或厂商）的控制之下，则有外部效应存在，用数学表达式来描述就是

$$U_A = U_A(X_1, X_2, \cdots, X_n, Y_1) \tag{3-1}$$

其中：U_A 表示 A 的效用；$X_1, X_2, \cdots, X_n$ 表示由个人 A 所控制的活动；Y_1 表示由个人 B 所控制的活动。布坎南在论文中指出：此处活动的定义包括“任何可以计量的人类行为”。

外部性可分为正的外部性和负的外部性，进一步又可细分为生产的正的外部性和生产的负的外部性，消费的正的外部性和消费的负的外部性。

当存在负的外部性时，社会边际成本（MSC）大于私人边际成本（MPC），相对于社会资源最优配置状态来说，商品或服务的生产和销售将会呈现供给过多的状态，如图 3-1 所示。

当存在正的外部性时，社会边际收益（MSB）大于私人边际成本（MPB），厂商投入过少。当存在正的外部性的时候，相对于社会资源最优配置状态来说，商品或服务的生产和销售往往呈现供给不足的状态，如图 3-2 所示。

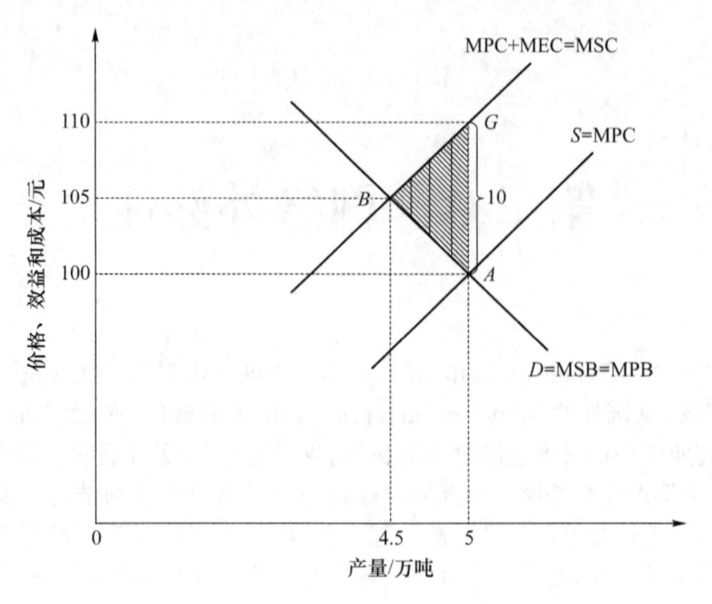

图 3-1　市场均衡:负的外部性与资源配置效率

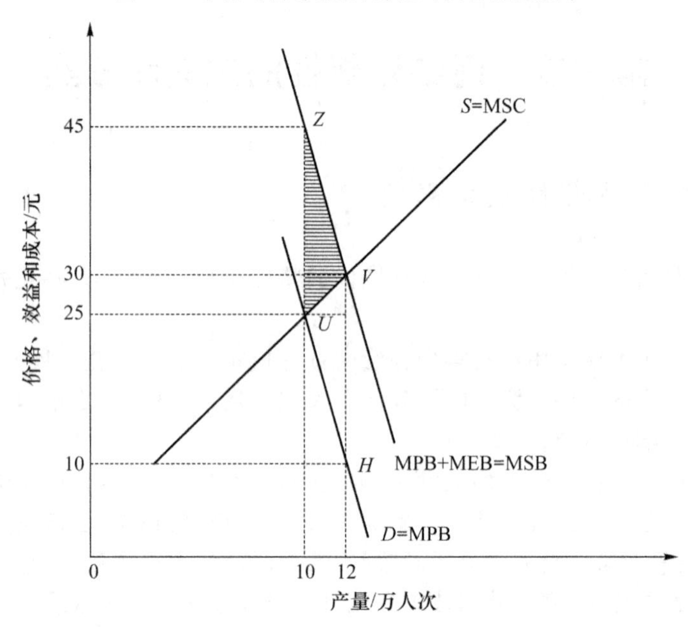

图 3-2　市场均衡:正的外部性与资源配置效率

所以,无论是正的外部性还是负的外部性,两者都破坏了资源配置效率,对整个社会来讲,并没有达到资源配置的帕累托最优,存在着帕累托改进的空间。

二、网络的定义、分类与结构

(一)网络的定义及分类

网络经济学研究的是作为节点的消费者在网络中的经济行为,因此,网络并不是狭义上的通信网络和互联网，而具有更广泛的定义。经济学中关于网络最一般的定义是：网络由节点和链接组成，其最重要的特征是不同节点和链接之间的互补性，网络对外提供服务需要两个或更多的节点。

抽象的网络有两种分类方式。

第一种分类方式是根据网络链接方式的不同，将网络分为实体网络和虚拟网络。实体网络是指消费者之间以有形的“物理连接”组织起来，如互联网、固定/移动电话、传真、有线电视网络等，这些网络是需要资本投入的，产权归属也很明确，基本都是付费后才能使用。虚拟网络体现的是消费者之间是一种无物理连接的互联。例如，使用某种相同软件、使用某种相同语言的人们很容易进行沟通交流，使用同种货币的人们更容易发生经济往来等。但是，虚拟网络的产权很难确定。

第二种分类方式是根据节点之间的传输是否带有方向(矢量有方向)，将网络分为双向网络和单向网络。一个简单的星形网络可以表示为图 3-3。

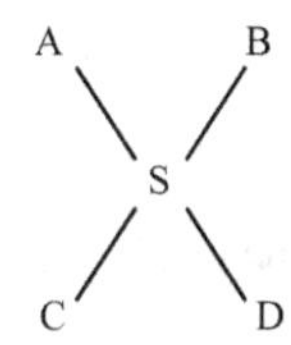

图 3-3　一个简单的星形网络

从图 3-3 中可以看出，如果网络中的 ASB 和 BSA 提供的是不同的服务，我们就将这个网络称为双向网络。例如，在电话网络中，A 打给 B 和 B 打给 A 是两个不同的服务。铁路、公路和电信网络都是有方向的。如果 ASB 和 BSA 完全相同，没有经济意义上的差别或者在网络中没有方向的区别，我们就将这种网络称为单向网络。例如，广播、电视网络就是单向网络。在单向网络中存在两种组件，两种组件结合构成复合产品，如电视信号和电视机。通常，消费者不是购买单个组件，而是购买复合产品。

(二) 网络的结构

下面介绍网络的结构，即网络节点的连接和布局，我们称之为网络拓扑图。常见的网络拓扑图有完整网络、星状网络、环状网络、核心-边缘网络、排外群网络、支配群网络。

完整网络：网络中任何节点都可以直接和其他节点通信。用数学表示就是：有 n 个节点的网络一定有 $n(n-1)$ 条链路。在完整网络中，每增加一个节点就会增加 $2n$ 条链路。例如，移动电话网络就是一个典型的完整网络，如图 3-4(a)所示。

星状网络：除了中心节点 c 与网络中的其他节点直接相连之外，剩余节点之间无法直接相连，拓扑结构表现为星状，如图 3-4(b)所示。

环状网络：网络中的每个节点只能与邻近的节点直接相连，剩余节点之间无法直接相连，拓扑结构像封闭的圆环，如图 3-4(c)所示。

核心-边缘网络：核心节点之间的联系非常紧密，边缘节点仅和局部核心节点有联系，如图 3-4(d)所示。

排外群网络：一些节点之间的联系比较紧密，一些节点游离在小网络之外，如图 3-4(e)所示。

支配群网络:存在一个明显比较大的网络,其他节点游离于该网络之外,且未形成小网络,如图 3-4(f)所示。

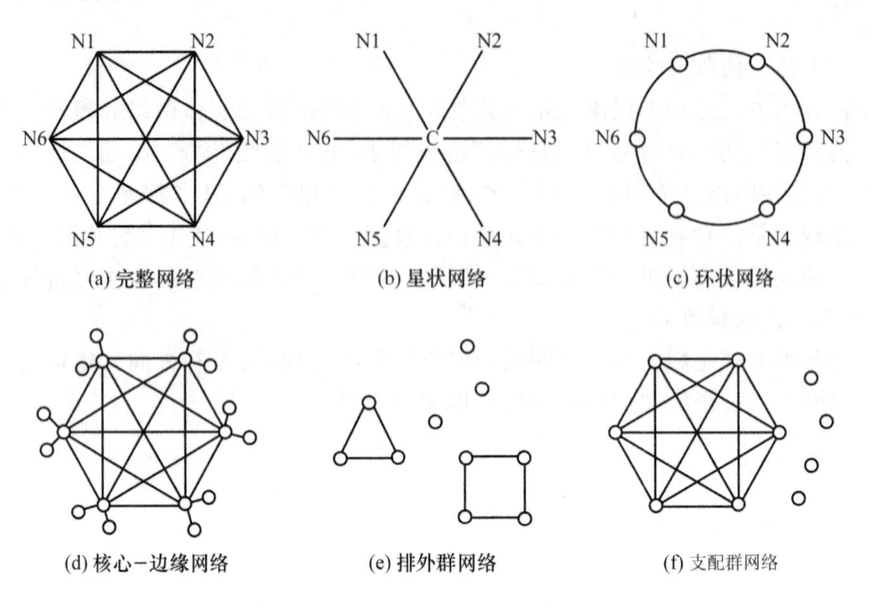

图 3-4　常见的网络拓扑图

接下来看一看网络组件之间互补与替代的关系。前面说过,节点和链接构成了网络,并作为整体对外提供服务。这些节点和链接两两之间是互补或替代的关系。图 3-3 中的 AS 和 BS 可互补,也可替代(互补就是 ASB 或 BSA)。

以上就是关于网络结构的简单介绍。作为网络经济学的入门教材,本书后续的讨论都基于比较简单的理想化网络结构——完整网络,对于网络节点之间互动行为的影响,本书也暂不考虑。

三、网络外部性的定义

作为互联网经济时代外部性的一种特殊情况,网络外部性的完整定义是:当一种产品对用户的价值随着采用相同产品或可兼容产品的用户数量的增加而增大时,就出现了网络外部性。套用外部性的表述方式就是:由于用户数量的增加,在网络外部性的作用下,网络中的原有用户可免费得到产品中所蕴含的新增价值,而无须为这一部分新增的价值付费。这种新增的价值就是由用户数量增加(节点增加)、网络规模扩大所带来的新增的网络链接价值。用函数来表达网络外部性就是:$U=U(1,\cdots,n)$,且当 $n'>n''$时,$U'>U''$。此处的 n 表示网络的节点数,U 表示网络外部性。

著名的梅特卡夫法则就是对这种经济现象的量化描述:网络的价值以网络节点数平方的速度增长。或可表述为:网络的价值与网络节点数的平方成正比,即如果网络中有 n 个节点,那么网络对每个节点的价值与 $n(n-1)=n^2-n$ 成正比,当 n 无穷大时,$\lim\limits_{n\to\infty}(n^2-n)=n^2$。网络的价值(矢量链接)和网络节点数的平方成正比可以表示为图 3-5。

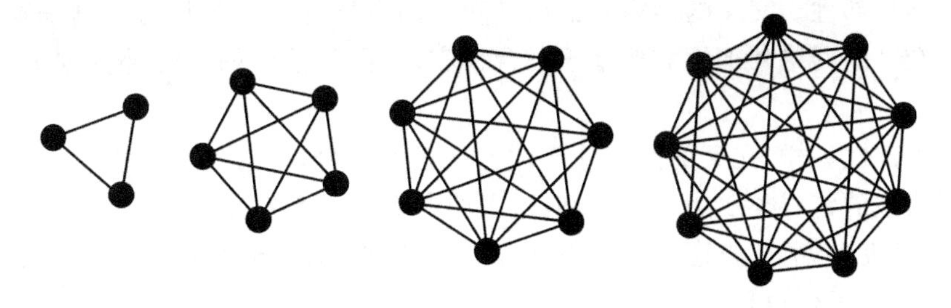

图 3-5　网络的价值(矢量链接)和网络节点数的平方成正比

因此,我们可以梅特卡夫法则为依据,对网络产品进行估值。例如:若一个网络对网络中每个人的价值是 1 美元,那么规模为其 10 倍的网络的总价值就是 100 美元,规模为其 100 倍的网络的总价值约为 10 000 美元。

四、网络外部性的分类

网络外部性分为直接的网络外部性、间接的网络外部性和交叉的网络外部性。

直接的网络外部性:随着消费相同产品的市场主体数量的增加,产品价值也因此增加的现象。例如,电话、传真、E-mail、QQ、微信等通信方式,接入通信网络的用户越多,每个用户所拥有的价值就越大。

间接的网络外部性:随着某一产品使用者数量的增加,该产品的互补品数量增多、价格降低而产生的价值。如图 3-6 所示,m 种产品 A 和 n 种产品 B(所有的产品 A 和产品 B 都相互兼容)构成了 $m\times n$ 种潜在的复合产品,由于互补产品的特点,一个消费者对于组件 A 或 B 的需求的增加都会导致市场中每种组件数量的增加,同时导致复合产品数量增加,如计算机和 U 盘、数码相机和 SD 卡、手机和各类 App 软件等。

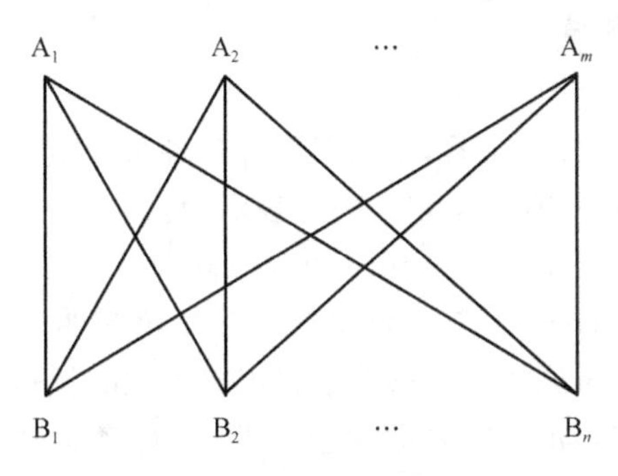

图 3-6　间接的网络外部性示意图

交叉的网络外部性:平台一端用户的效用随着平台另一端用户数量的增加而提高。根据直接的网络外部性和间接的网络外部性的定义,交叉的网络外部性属于一种特殊的间接网络外部性:两端用户之间是一种互补关系,一旦脱离彼此,都将无法从双边市场获得效用。显然,交叉的网络外部性是双边市场所特有的,与之相对应的是自有网络外部性(其中一端用户的效用随着本端网络规模的扩张而提高),这种情况比较普遍。

平台上的每一边市场之间都存在着交叉的网络外部性,同时,每一边市场内部也可能存在自身的网络外部性。交叉的网络外部性和间接的网络外部性的运行机制基本相同，唯一的区别在于交叉的网络外部性需要基于平台来实现，而间接的网络外部性则不一定需要平台来实现。

与网络外部性一样，交叉的网络外部性也有正负之分。以报纸、杂志、广播或者电视等以广告获利为主的传媒类双边市场为例，过多的广告对读者或者观众来说反而是一种干扰。因此，从这个角度来说，广告商对广告版面、广告时间的需求会对读者或者观众的效用产生负的外部性，电商平台也是如此。

我们前面说的很多现象都是网络外部性的正面效应，这样很容易使人误以为网络外部性只有正面效应而没有负面效应。事实上，网络经济中负的网络外部性同样存在，例如，网络拥塞就是典型的负的网络外部性，次优技术占领市场也是典型的负的网络外部性的表现。

由于网络经济中正的网络外部性更多、影响更大，所以如果没有特别说明，本书后面所讲的网络外部性均指正的网络外部性。

第二节　网络外部性的产生、演变和影响

一、网络外部性的产生

网络外部性产生的根本原因在于网络自身的系统性和网络内部组成成分之间的互补性。这种系统性和互补性衍生出了网络产品的协同价值。

系统性：设网络节点数为 n，那么每增加网络一个节点，增量为 $n(n+1)$。

互补性：去掉任何一个节点都不会影响网络内其他节点之间的联系。

二、网络外部性的演变

从网络系统本身的物理性质来看，影响网络外部性大小的因素主要包括网络规模和网络内部物质的流动速度。这一现象可以用公式表示为：

$$U=\phi(v)\cdot n(n-1) \tag{3-2}$$

由式(3-2)可知，网络规模 $n(n-1)$ 越大，网络外部性 U 就越明显，并且当网络规模超过一定的阈值时，网络外部性就会急剧增大。梅特卡夫定律描述的就是这一支配作用。同样，网络外部性与网络内部物质的流动速度 $\phi(v)$ 也呈正相关，即流动速度越大，网络外部性越大。相比较而言，在这两个因素中，网络规模所起的作用更加重要。

当然，从经济的角度讲，影响网络外部性大小的因素还有正反馈等，我们将在后续章节讨论。

三、网络外部性的影响

网络用户能得到的价值分为两个不同的部分：自有价值和协同价值。

自有价值是指在没有别的使用者的情况下，产品本身所具有的那部分价值，有时这部分

价值为零(设想如果世界上只有1个人使用E-mail,那么这时E-mail不具有任何价值)。

协同价值就是当新的用户加入网络时,老用户从中获得的额外收益(因为他们通过网络到达的节点增多了)。在实现外部性的内在化之前,用户是无须对这部分价值进行支付的。协同价值就是我们所讨论的网络外部性的经济本质。

所以,在网络外部性存在的情况下,我们可以用函数将消费者的效用表示为:

$$U=k+\phi(n^e)-\bar{p} \tag{3-3}$$

其中:k是商品的自有价值,通常设为定值;$\phi(n^e)$表示消费者网络收益;$\bar{p}$表示产品价格,通常也设为定值。为便于分析,也有许多学者使用如下函数:

$$U=k+an^e-p \tag{3-4}$$

其中,a表示消费者对网络规模的重视程度,称为网络外部性密度。

互联网经济下消费者的效用函数与传统经济下的截然不同,因此二者反映在函数图像上的市场需求曲线也有所不同。市场需求曲线反映的是价格和市场需求的关系。我们知道,在传统经济学中,价格是影响市场需求的因素;而在互联网经济中,市场需求和网络规模是呈正相关的。因此,我们要先分析一下影响市场需求的因素,从而也就知道了影响网络规模的因素。

(一) 影响市场需求的两种因素

网络经济中影响市场需求的因素有两个:一个是价格;另一个是预期用户规模。

在传统经济中,由于边际收益递减规律的作用,市场需求和价格成反比。也就是说,产品价格p上升,消费者对产品的需求量n下降;产品价格p下降,消费者对产品的需求量n上升。

网络经济中有这样一个特征:随着购买产品的用户数量的增多,产品的协同价值越来越大,新进入市场的边际消费者必然愿意比老用户支付更高的价格,直到n值大到使得这一产品在消费中出现诸如拥塞、管理成本过高等情况,消费者的支付意愿曲线才会向下倾斜直至为零。

若想综合考虑这两种因素对市场需求曲线形状的影响,并得出适合均衡分析的产品市场需求模型,必须注意在分析时运用不同的假设:在分析价格因素时,网络规模是既定的;在分析预期用户规模因素时,网络规模是扩大的。

(二) 预期实现的需求曲线

由于网络外部性的存在,消费者在购买第n单位的商品A时,对A的支付意愿将受到其对A预期销售数量的影响。假设该消费者在预期销售n^e单位的情况下,他愿意为第n单位A商品支付的价格为$p(n,n^e)$。显然,$p(n,n^e)$是第一个变量n的减函数;然而$p(n,n^e)$是第二个变量n^e的增函数,消费意愿随预期销售数量的增加而增大。在一个简单的单期市场均衡模型中,预期已经实现,即$n=n^e$,因此我们可以定义已实现预期的需求为$p(n,n)$。图3-7描述了一个典型的预期实现需求曲线,每条曲线$D^i(i=1,2,3\cdots)$表示在预期销售数量$n^e=n^i$的情况下,消费者的支付意愿随规模n的变化而变化。当$n=n^i$时,预期实现,消费意愿函数$p(n,n)$上的点为$p(n^i,n^i)$。这样,函数$p(n,n)$就是一条由点$p(n^i,n^i)$组成的曲线。

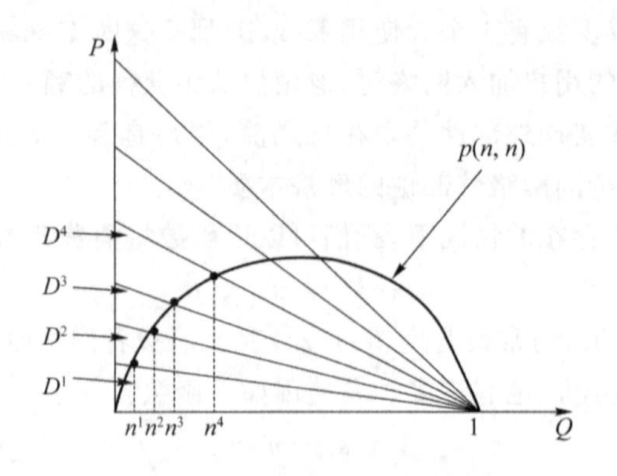

图 3-7　预期实现需求曲线

第三节　互联网经济中的自增强机制——正反馈

经济学中的正反馈理论描述了动态的经济过程。正反馈这个概念并不是经济学原创的，而是从物理学中迁移过来的。如果一个物体不断地自增强、不断地膨胀，那么最后的结果就是爆炸。既然有正反馈，就必然存在一种相反的作用力，只有这样经济市场才能保持均衡，自然界和人类社会才能保持一种稳态。而这种相反的作用力则是负反馈——一个强者走向衰弱而弱者逐渐强大的过程，传统经济学中所讨论的“均衡”过程实际上正是这样一种情形，我们常称之为收敛(第二节中所描述的网络外部性的需求曲线最终也收敛于 0)。

一、正反馈的概念

经济学中的正反馈是指：在边际收益递增的假设下，经济系统中产生的一种局部反馈的自增强机制。简单来说，这种自增强机制就是“强者更强，弱者更弱”的“马太效应”。在一定的条件下，这种自增强机制甚至会导致“赢者通吃，输家出局”的结果。

除此之外，正反馈还会导致经济系统中出现“过大冲量”“过大惰性”等无效率的现象以及锁定、路径依赖、多态均衡等情况。

二、正反馈的产生

那么，正反馈产生的原因又是什么呢？具体如下。

第一，需求的边际收益递增(需求量越多，边际收益越大，这种规律和传统经济学中的正好相反)。

第二，转换成本的存在。

第三，需求方的规模经济。

实际上，并不是每个市场都能达到正反馈，若要达到正反馈，则需要有足够多的用户顺畅地进行互联互通，这时候标准化是非常关键的因素。如果用户的标准不一样，那么他们彼此之间就无法互联互通，网络的外部性就会降低。

要想得到“大者恒大，赢者通吃”的市场结果，需要平衡两种基本力量：一种是规模经济性（独占）；另一种是多样性（非独占）。

高规模经济性和低多样性需求最有可能导致正反馈现象的发生。

三、正反馈的动态经济过程

正反馈的动态经济过程一般包含 3 个阶段，如图 3-8 所示。

第一个阶段：受到网络外部性巨大影响的技术一般会有一个长的引入期，随着用户数量的增加，越来越多的用户会得到更多的额外收益。在这个阶段，赢家的市场份额曲线呈现出一个相对平坦的趋势。

第二个阶段：当用户的规模达到临界容量之后，对于起始阶段占有率相对较高的技术，其占有率会继续扩大，直至接近 100%；而对于起始阶段占有率相对较低的技术，其用户数量会继续下滑。这些动态都受到用户间协调和预期的影响（对技术的了解和信任程度）。在这个阶段，曲线呈现出斜率变大且急速上升的趋势。

第三个阶段：当大部分用户都使用了该技术，且该技术的占有率接近 100%时，则进入饱和阶段。在这个阶段，曲线出现一个峰值后又再次趋于平缓。

整个曲线呈现 S 形。

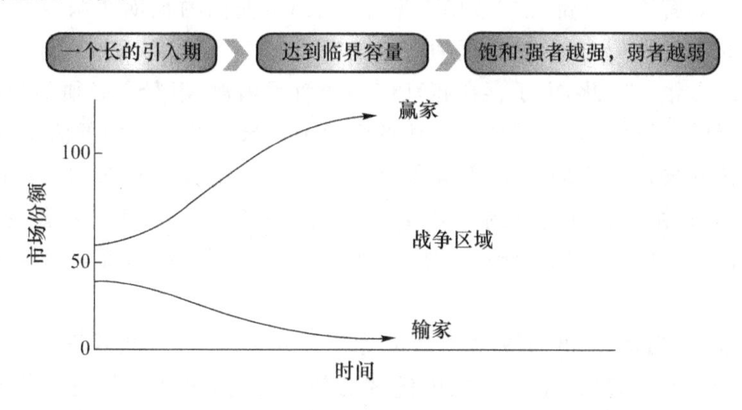

图 3-8　正反馈的动态经济过程

在这个时候，我们就看有没有突破性技术出现，如果有的话的会再次遵循这 3 个阶段的循环。当然在这个过程中，输掉竞争的一方的趋势会呈现一个完全相反的特征。

这种正反馈机制的存在，使得网络经济系统的均衡存在两个重要特征：多态性和无效率。

多态性：正反馈会导致多个均衡点的出现，且市场并不能保证从中选出最优结果。正反馈完全取决于市场竞争、历史发展或某个随机事件。正反馈机制会导致均衡点不确定、不唯一以及不可预测。

无效率：一个系统可能由于前期历史的影响（路径依赖）而进入一个不一定最有效率的均衡状态，这个均衡状态一旦被选择，就会不断地重复选择下去，从而形成一种“选择优势”，把系统“锁定”于这个均衡状态。

第四节　网络外部性和正反馈的动态经济过程分析

在网络外部性和正反馈机制所影响的经济环境背景下，厂商与厂商之间、消费者与消费者之间、厂商与消费者之间都存在着互动博弈的过程，在博弈过程中，可能会出现路径依赖、锁定等现象。由于博弈的开始方式各有不同，所以即使同样的潜在技术和同样的消费者偏好也会导致不同的结果，这表明在互联网经济市场中存在着不同的市场结构和产比结构。本节在网络外部性存在的前提下，从需求和供给两方面分析消费者和厂商的产品选择及推进的决策对扩散路径的影响，其中预期、协同合作、兼容、标准等将对整个结构的最终形成发挥不可忽视的作用。供给方和需求方之间的博弈对整个动态经济过程的影响更大，因此，关于产品需求和产品供给的讨论可以独立进行而不会对结果有太大的影响，特别是在假设产品的供给具有竞争性的前提下。

一、消费者的预期、协调和博弈过程

（一）消费者的预期、协调问题

当消费者在具有网络外部性的市场中选择产品时，他们的预期在购买产品或网络组成部分的过程中起着关键的作用，这是因为每个消费者的个人效用取决于购买相同产品的其他所有消费者的数量。因此，由于存在相互依赖的效用函数，消费者必须预测哪个技术将会得到其他消费者的广泛使用，这就产生了协调问题。如果消费者之间的协调切实可行的话，那么这将降低选择失败网络的风险，并且使消费者从一个更大且持久的网络中分享到更多的网络利益。不过，由于存在过高的交易成本和偏好的异质性，众多消费者在实现协调的过程中所遇到的困难可能妨碍他们所做出决定的一致性和最优性，从而导致多态均衡和低效率的出现。

更具体地说，消费者之间的博弈过程可能产生两种潜在的低效率：一种是过大惰性(Excess Inertia)，即当出现一个更新且更优越的新产品时，消费者纷纷等待别人采用新产品或等待别人先做出选择，从而导致自身滞留在目前的低级产品中；另一种是过大冲力(Excess Momentum)，即消费者因为担心别人已选择了新产品而自己陷入老产品的困境而竞相采用新的低级产品。

（二）消费者之间的静态博弈过程分析

设有两个消费者，分别称为消费者 1 和消费者 2。他们需要在新老技术之间进行抉择，既可以沿用老技术，也可以采用新技术。假设两种技术是不可兼容的，网络的规模具有企业特定性(两个提供不同技术的企业之间的网络规模互不交叉)。令 $u(q)$ 表示消费者沿用老技术时的效用，且老技术的网络规模为 $q(q=1$ 或 $2)$。同理，$v(q)$ 表示消费者采用新技术时的效用，且此时该技术的网络规模为 q。函数 u 和 v 是减去转换成本或采用成本的净收益函数。显然，无论是沿用老技术还是采用新技术，两个消费者都将试图使自己的效用函数最大化。

当存在正的网络外部性时，$u(2)>u(1)$且$v(2)>v(1)$。进一步，假设$u(2)>v(1)$，$v(2)>u(1)$，即任何一个消费者都不会因为对某种技术的偏好而排斥另一种技术，他们只希望选中那个将来会成为标准且网络规模最大的技术，而不管这是一种什么样的技术，也不管这种技术是否最优。

在以上前提条件下，我们讨论消费者之间的静态博弈过程，也就是说，这两个消费者在是否转向新技术上同时做出选择。图 3-9 描述的是一种精炼贝叶斯均衡，我们可以用图 3-9 中的支付矩阵来表示这个静态博弈过程。图 3-9 中的a、c、e、g和b、d、f、h分别表示消费者 1 和消费者 2 在不同选择中的收益。由于两种技术都存在网络外部性，这就意味着$a>c$、e；$b>f$；$g>c$、e；$h>d$、f。当两个消费者之间没有进行协同合作的时候，存在两种纯战略均衡：两个消费者都沿用老技术或者都采用新技术。在两种技术优劣既定的情况下，这两种均衡中必然有一种是无效率的。当$v(2)>u(2)$，即新技术更优但两个消费者仍沿用老技术时，就会出现过大惰性。当$u(2)>v(2)$，即使老技术更优，但两个消费者因担心沿用老技术会陷入困境从而转向新技术时，就会出现过大冲力。

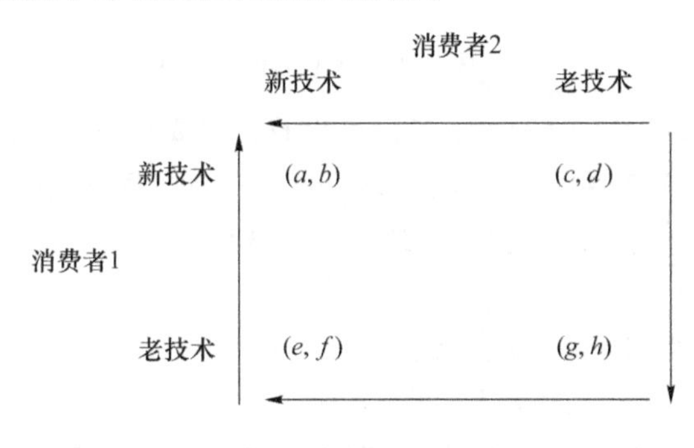

图 3-9 精炼贝叶斯均衡

（三）不一致技术偏好的经济模型考察

在分析消费者之间静态博弈过程的基础上，我们可以进一步分析动态博弈过程。在消费者之间存在非合作动态博弈的前提下，尽管消费者仍然深受网络外部性的影响，试图寻求一个未来可能成为标准的技术，但由于消费者对技术选择还是存在着不一致的偏好（但这种偏好并不绝对），所以这时也将出现与过大惰性和过大冲力相关的无效率现象。

我们可以通过经济学家约瑟夫·法雷尔（Joseph Farell）和加斯·塞隆纳（Garth Saloner）所设定的潜在不一致技术偏好的经济模型 1 对上述现象加以说明。该模型是一个包含两个时期的模型，消费者可以在其中任何一个时期决定是否转向新技术，而且转换是不可逆转的。收益将在时期 2 结束时结算。在模型中，假定消费者对新技术的偏好参数为θ，θ取自[0，1]区间上的独立均匀分布总体，且在区间[0，1]上连续变化。消费者的效用函数用$u_\theta(q)$和$v_\theta(q)$表示。$v_\theta(2)-u_\theta(1)$随着θ的增加而增加，也就是说，消费者采用新技术的愿望随着θ的增加而增加。每一个消费者只知道自己的θ，不知道另一个消费者的θ。进一步，假设$v_1(1)>u_1(2)$和$v_0(2)<u_0(1)$。

这时，每个消费者可以在以下 4 种方案中任选其一：

(1) 从不转换，不管另一个消费者在时期 1 的行为如何；

(2) 如果另一个消费者已在时期 1 转换，那么自己就在时期 2 转换（赶潮流）；

(3) 在时期 1 转换(可能发起这个潮流);

(4) 在时期 2 转换,即使另一个消费者没有转换。

新旧技术的市场选择如图 3-10 所示。容易看出,第 4 种可能的方案是"劣的"且从属于第 3 种方案,这是因为如果该消费者在时期 1 转换后境况很好,将增加另一个消费者也在时期 1 转换的概率,任何一个理性的消费者都会选择第 3 种方案而舍弃第 4 种方案。

显然,如果每个消费者都有较低的 θ,则应该选择第 1 种方案;如果有中等的 θ,则应该选择第 2 种方案;如果有较高的 θ,则应该选择第 3 种方案。

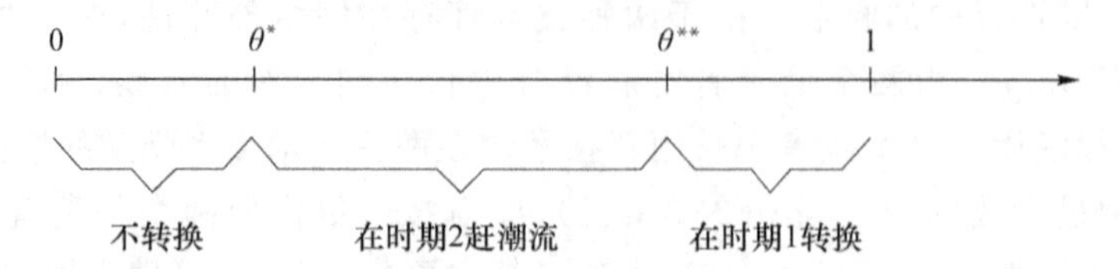

注:θ^*和θ^{**}表示具有这样偏好参数的消费者在第1种方案与第2种方案之间和在第2种方案与第3种方案之间是没有差异的。

图 3-10 新旧技术的市场选择

由于假设 $v_1(1) > u_1(2)$,$v_0(2) < u_0(1)$,所以我们需要讨论的协调问题仅在 θ^* 和 θ^{**} 之间进行。当两个消费者的参数 θ_1 和 θ_2 都远远低于 θ^{**} 时,显然他们都不会选择转换,而当 θ_1 和 θ_2 刚好低于 θ^{**} 时,这种均衡就会表现出过大惰性。

二、供给:厂商战略行为的影响

在互联网经济中,标准是一个产品能否获得成功的重要因素。一个产品如果建立在一个正在逐渐失去市场的标准的基础上,那么即使它的质量和功能再卓越,也依然可能是一个失败的市场案例;反之,如果一个产品能够成为标准,那么即使它本身也许是次优的,但由于它能够引起正反馈,依然能够被广泛采用并赚取高额利润。因此,消费者会根据预期来选择标准,而厂商则千方百计地使自己成为正式标准或实际标准。对于一个网络市场来说,是否存在一个既定的标准,厂商的标准战略对市场结构的影响是有很大不同的。

首先,在存在既定标准的前提下,厂商的标准战略行为将会促进兼容性和互联性,从而扩大网络规模,为消费者带来巨大的利益。消费者与消费者之间可以实现兼容,不会出现由于不兼容而导致的无法交流的问题,也无须为了从一种产品转移到另一种不兼容的产品而支付成本。从另一个角度看,网络规模的扩大,将会吸引更多的消费者加入这个网络,同时还会提高互补品的数量和质量,扩大已有的网络外部性,从而给消费者带来更多的利益。

其次,如果市场上没有一个既定的标准,而是有几个互不兼容的厂商在为自己的产品成为标准而竞争,那么这时消费者将面对着较大的不确定性。由于害怕被锁定在一个不兼容的但是又无法成为标准的产品中,消费者会对新产品产生较大的疑惑和恐惧,尤其是当旧的技术和产品还可以使用的时候,就容易产生过大惰性。但是如果新产品能成为一个标准,消费者对产品的信心将带来良性循环,加速新产品的普及。

最后,厂商的标准战略行为可能导致低效率。无论是正式标准的设立还是实际标准的实现,都不是一个简单的能在短时间内完成的过程。在技术日新月异的时代,标准化也许会迫使人们采用效率较低的产品和技术。而且，正如前文所提及的那样，市场的最终选择未必是最有效的，如果一个次优的产品或技术成为标准，那么随之而来的正反馈效应将把整个市场锁定在次优的路径上，导致市场失灵。同时，标准化会减少多样化，而从这个意义上看，非标准化可以加剧市场竞争，反而具有一定的效率。

在对消费者预期协调的分析中可以看出，需求方在选择产品和技术的过程中必然要受到网络外部性的影响，消费者对何种产品将成为标准的预期将极大地影响最后的市场结构和产业结构。在消费者选择的过程中，协调是一个重要的概念，由于协调成本的存在，消费者之间的博弈过程可能导致多重均衡和无效率选择的出现。消费者一旦选定了一个次优的产品或技术，在转换成本高昂的条件下，就可能被锁定在一个次优的路径中。正反馈的作用将形成一种“选择优势”，使整个市场进入一个并非最有效率的均衡状态。

在对厂商标准战略进行分析的过程中，我们认识到，如果市场内存在一个共同的、真正开放的标准，那么厂商之间的竞争可能更为激烈，同时产业利润也会降低。由于这个标准是真正开放的，因此不同厂商都有可能进入这个市场，而且他们所提供的产品在一定程度上具有相同的功能。标准化程度越高，产品差别化的程度就越低，此时，厂商之间的竞争将逐渐从功能转向价格，以争夺市场份额。在一个尚未确定标准的市场中，厂商的竞争目的不仅是争夺市场份额，更重要的是夺取市场的统治地位，成为市场的实际标准。因此，在存在一个开放标准的情况下，市场将更多地展现出垄断竞争的格局，而在一个没有上述标准的市场中，则可能出现“赢者通吃”的局面。

第五节　双边市场

前面讲到的买卖行为都是买卖双方的直接交易行为，但是在现实生活中，我们还能看到另外一种普遍的商业模式，也就是“卖方—平台—买方”这种市场模式，我们熟悉的淘宝、京东、亚马逊以及当当就属于这种模式。如果卖方直接建立销售网站，将商品卖给买方，则是单边市场模式，如联想、美的；而如果卖方基于一个第三方的销售平台，将商品卖给买方，则属于双边市场模式，如银行卡产业（发卡方—收单方—用户）、传媒行业（广告—传媒平台—用户）。

传统市场通常是以其交易产品命名的，如劳动力市场、菜市场、小商品市场等（买卖双方直接发生交易）；而双边市场界定是从其主要特征——双边性出发的。当然，这仅仅是表面上的理解。实际上，因为双边市场尚处在动态发展之中，所以国际学术界至今也没有在双边市场的概念界定上达成共识。

下面我们先介绍经济学界对双边市场概念界定的主流观点，其次介绍双边市场的特征，最后介绍双边市场的分类。

一、双边市场的界定

双边产业在互联网出现之前就已经出现了，如大的家电卖场、家居广场和超市，一边是商品生产商，另一边是顾客。大的卖场和超市就是一个双边市场，顾客和商品生产商通过卖场和超市联系在一起。许多双边产业与人们的日常生活联系紧密，双边市场理论的研究兴起于 20 世纪 80 年代，最终明确开始研究双边市场理论的是罗切特(Rochet)和梯诺尔(Tirole)，他们对双边市场的认识有一个逐渐深化的过程。但是，他们最终认为所谓的双边市场应当包括以下 3 个要素：平台企业结构、交叉网络外部性和价格结构非中性。

(1) 平台企业结构：存在一个双边或者多边的平台企业结构，同时存在两类或者多类终端用户通过这个平台企业提供的服务进行交易。

(2) 交叉网络外部性：不同类型的终端用户之间存在显著的交叉网络外部性。

(3) 价格结构非中性：平台企业在进行定价决策时具有价格结构非中性的特点，也就是说，平台的交易量不仅会受到双边市场总价格水平的影响，还会受到双边市场上价格结构的影响。

双边市场的存在主要依赖以下两点。

第一，两端用户无法脱离平台自行交易，必须支付平台使用费；同时平台企业的总价格水平保持不变。

第二，双边市场存在一种特殊的间接网络外部性——交叉网络外部性。

二、双边市场的特征

如图 3-11 所示，双边市场通常具备六大特征，按逆时针顺序来看，分别是双边用户需求互补、交叉网络外部性、成员外部性和使用外部性、双边用户多平台接入、交易成本存在和信息不对称、市场不饱和性。

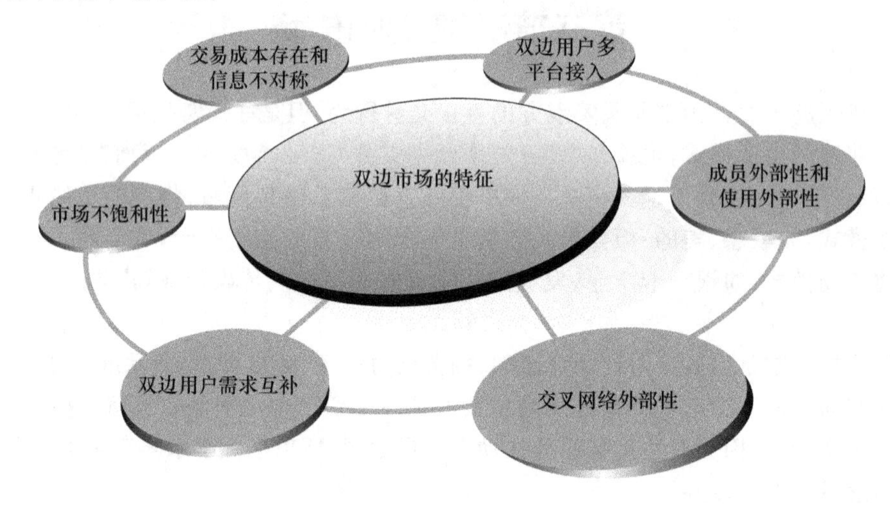

图 3-11　双边市场的六大特征

(一) 双边用户需求互补

在双边市场中，两边的市场用户对平台企业所提供的产品和服务的需求存在着显著的互补性，例如，苹果商店为 App 的消费者和开发者提供了交易平台，消费者对 App 的需求量会随着开发者对自身技术变现需求量的增加而增加。双边市场的需求互补不同于传统市场的产品功能互补。这种需求互补性是基于不同市场的用户安装基础而产生的，市场的需求来自双边市场的联合需求，缺少任一边市场的需求，平台企业的需求就难以形成。这是双边市场需求互补的特殊性所在。

(二)交叉网络外部性

我们在前面已经介绍过交叉网络外部性的相关概念。正是因为双边市场的“双边”性或“多边”性,网络外部性才会出现“交叉”现象。前面所说的第一个特征——双边用户需求互补是产生交叉网络外部性的主要原因。

(三)成员外部性和使用外部性

从平台的接入形式看,交叉网络外部性又可分为成员外部性和使用外部性。成员外部性影响的是双边市场中用户的预期值。例如:软件开发商在某一操作系统上开发的软件越多,消费者就越愿意购买基于该操作系统的终端;反过来,某一操作系统的终端吸引的消费者越多,软件开发商就越愿意开发适合该操作系统的软件。而使用外部性更多影响的是平台企业的垄断势力。平台两边或多边使用平台的客户越多,该平台在市场上的垄断势力越大。

交叉网络外部性强度的差异也是双边市场中平台定价结构的重要影响因素之一。

(四)双边用户多平台接入

相比于前面3个特征,用户多平台接入并不是双边市场独有的本质特征,不过由于这种特征在双边市场中非常普遍,因此我们把它列为双边市场的特征之一。在双边市场中,用户可以选择一种平台进行交易,也可以选择多个平台企业进行交易,这些平台之间是相互竞争、相互替代的关系,如京东和苏宁易购、亚马逊和当当、阿里的淘宝和腾讯的微店等。

(五)交易成本存在和信息不对称

双边市场存在的必要条件与科斯定理密切相关,它源于科斯定理的失灵。科斯定理说的是:如果产权是可以清晰界定且可以交易的,并且同时没有交易成本和信息不对称,那么即使在外部性存在的情况下,市场双方协调的结果也是帕累托有效的。但是,在现实经济世界中,往往存在交易成本很高和信息不对称的现象,而作为中介的平台企业可以在相当程度上减少这类现象的发生,这也是平台存在的价值(如减少客户的搜寻时间,向用户提供功能对比、价格对比的服务)。

(六)市场不饱和性

双边市场模型得出的政策结论应该建立在非成熟市场的基础上。如果一个市场过度成熟,则消费者和商家之间不会存在额外的交叉网络效应,平台两边市场之间的溢出效应将无法得到体现。所以,市场的不饱和性是建立双边市场的一个重要的判断依据。比如,正反馈曲线的第3个阶段在饱和之后就无法继续增长了,只能在既有基础上继续挖掘潜力。

三、双边市场的分类

从不同的角度,双边市场有不同的分类方法,如表3-1所示。

表 3-1 双边市场的分类

分类角度	类别名称
构成的复杂程度	简单结构双边市场和复杂结构双边市场
平台的开放程度	开放式双边市场和封闭式双边市场
交互作用差异	交易型双边市场和信息服务型双边市场
平台功能不同	市场创造型双边市场、受众创造型双边市场以及需求协调型双边市场

(一) 根据构成的复杂程度分类

根据构成的复杂程度,双边市场可分为简单结构双边市场和复杂结构双边市场。简单结构就是一个平台连着两边或多边;复杂结构的形式有很多,例如,平台可以是多层级的,用户可以接入不同层级的平台。

(二) 根据平台的开放程度分类

根据平台的开放程度,双边市场可分为开放式双边市场和封闭式双边市场。平台的开放程度取决于平台对双边市场用户自由参与程度的规定,一定程度上的限制策略有助于解决"过度拥挤"带来的负效应。例如:一些平台会限制用户数量,在当前在线人数过多的情况下,平台会提示用户等待;或者在用户长时间无操作、无响应的时候,用户会自动掉线;等等。

(三) 根据交互作用差异分类

根据交互作用的不同,双边市场可分为交易型双边市场和信息服务型双边市场。例如:电子商务就属于交易型双边市场;媒体宣传平台就属于信息服务型双边市场,它的一边是广告商,另一边是用户。

(四) 根据平台功能分类

根据平台功能的不同,双边市场可分为市场创造型双边市场、受众创造型双边市场、需求协调型双边市场。电商网站、招聘网站甚至实体企业沃尔玛等都属于市场创造型双边市场,它们创造了巨大的消费市场,吸引了更多的客户进行消费;百度、百度文库等都属于受众创造型双边市场,它们一边为厂商做推广,一边为消费者提供信息检索服务;信息技术产业(如微软 Windows、各种应用软件提供商)、通信产业(如彩铃、彩信、各种信息服务提供商)、银行卡支付系统(如银联、万事达)等都属于需求协调型双边市场。

经典案例:微信的崛起与飞信的没落

飞信(含后来升级改名的"和飞信")对于很多 80 后、90 后来说是一个非常熟悉的名字,在微信崛起之前,它可以说是当之无愧的社交通信软件之王。虽然飞信后续也尝试通过转型来挽救用户流失严重的情况,但是效果并不理想,于是这款软件逐渐被遗忘。现如今,微信已经成为人们生活中不可或缺的社交软件之一,它可以满足人们对于社交、消费、融资、工作、娱乐等方面的多种需求。

一、飞信的推出与繁荣发展

2007 年是 2G 的时代，当时的手机市场是非智能手机所主导的市场，诺基亚、摩托罗拉、三星占据了手机市场的大半壁江山，手机短信成为人与人远距离沟通的重要路径。在移动通信行业，移动、网通、电信、联通四大运营商开展激烈的竞争。移动电话替代固定电话的趋势明显，而固定电话业务损失惨重。在即时通信市场中，QQ 软件和 MSN 软件的普及度都较高。QQ 软件的注册用户最多，其主要面向普通大众，强调娱乐性和交友功能，易于查询到更多好友和添加陌生人；而 MSN 软件的用户群体主要是商务人群，强调专业交流和隐蔽性，陌生人很难加入。2007 年上半年，腾讯的总收入为 16.411 亿元，其中移动及电信增值服务收入达到了 4.026 亿元，约占业务总收入的 25%，而即时通信服务的同时在线账户数最高可达 2 890 万。在此背景下，如果运营商能够推出免费短信和低资费语音通信相结合的即时通信软件服务，那么就会在市场中获得巨大的利益。于是，2007 年 5 月，中国移动正式推出了飞信。

飞信是中国移动所推出的针对移动用户的综合通信服务软件，可实现互联网和移动网间的无缝通信。中国移动对飞信的期待是非常高的，飞信的发展定位是移动综合通信服务，实现策略包括成为以综合通信为核心的手机第一桌面、以多终端为载体的高黏度移动互联网产品以及围绕需求的扩充增值服务，产品价值体现在：创新通信价值、领军移动互联网、扩展增值市场、强化产品品质。

在软件功能方面，飞信用户不仅可以免费从电脑端给手机发短信，还可以随时随地与好友开始语聊，并享受超低语聊资费。飞信用户登录飞信手机客户端后，可以与好友聊天、无限发送免费短信、加入多方语音通话等，真正实现了无缝沟通、永不离线。但是，使用飞信的用户必须先成为中国移动的用户，因此中国移动在市场竞争中的逻辑是目标群体固定化。在某个人使用飞信的前提下，如果其亲友想要享受免费短信服务，或者加入其飞信群体，就必须先加入移动网络，这样便带动了中国联通或电信的用户转向中国移动，中国移动的客户群体也因此得以扩大。2007 年，中国移动高歌猛进，全年增揽用户数为 6 810.7 万，用户总数高达 3.69 亿，在移动通信市场中占有巨大的优势。

二、微信与飞信的竞争

2009 年，微信横空出世。微信是腾讯公司于 2011 年 1 月 21 日推出的一个为智能终端提供即时通信服务的免费应用程序。微信支持跨通信运营商、跨操作系统平台，微信用户可以通过网络免费发送语音、视频、图片和文字。同时还能使用共享流媒体内容的资料和基于位置的插件，如“摇一摇”“漂流瓶”“朋友圈”“公众平台”“语音记事本”等插件。2012 年，微信开始构建其内容生态系统，通过微信聊天、微信公众号、微信朋友圈等形成了一个信息传播的闭环，而且至今我们依然每天活在这个闭环的信息轰炸中。微信的最大优势就在于其不区分运营商，而是向所有用户（包括中国联通和中国电信的用户）提供即时通信服务。微信因提供没有使用限制的免费服务而吸引了大量的用户，市场规模得以快速扩张。

微信的出现导致飞信的市场被极大压缩,直到2012年,飞信呈现颓败态势。2012年,飞信活跃用户数为8 200万;2014年,飞信活跃用户数更是降到了830万。中国移动客户调查显示:约45%的移动客户不知道飞信的存在,约30%的移动客户知道但没有注册。面对微信的威胁,三大运营商并未坐以待毙:中国移动不断升级飞信的用户服务,并开通了点对点的免费网络通话;中国联通先后上线超信、沃友等软件;中国电信推出了宽乐通信以及与网易联合打造的易信,将整个业务的运营管理权都交给了互联网公司。然而,以上都未能阻挡微信的崛起。

2020年6月,和飞信发布公告称将下线“笔记”“同事圈”“智能报表”“服务案例”等4款应用,理由是优化产品性能。2020年7月,因业务调整,和飞信不再支持手机终端内的原生增强信息功能。2020年8月,“超级会议”“飞信电话功能”暂停服务。2021年4月,和飞信开始暂停企业注册,并取消多项用户体验权益,如赠送超级会议、语音通知等。2021年5月,和飞信功能调整,不再提供多方视频通话、一对一视频通话等业务。随着产品核心功能不断进行所谓的升级、改造,甚至暂停服务,飞信已经“名存实亡”。2022年7月15日,中国移动正式发布公告:和飞信将从2022年9月30日开始停止提供服务,届时将无法登录及使用和飞信,这标志着中国移动十多年前在即时通信领域布局的产品飞信正式退出了历史舞台,也标志着中国移动大力投入的产品飞信以失败告终。

三、飞信与微信的比较

从飞信与微信的运营角度来看,飞信与微信有很大的不同,这也体现了电信运营商和互联网公司研发产品的不同。一是在承担决策风险方面,互联网公司的风险承担能力远超过电信运营商,互联网公司失败产品的数量也远超过电信运营商。互联网公司决策层很清楚,即使成功的概率并不高,也要继续投入,因为不投入就没有未来,只有投入了才有机会。二是互联网公司尽最大可能做大生态圈。飞信将服务重点放在中国移动用户上,在竞争中把自己放到了不利的位置上。而互联网产品门槛越低,吸引的用户就越多,将来成功的机会也就越大,即使产品失败,积累的用户也是核心资产,也可以继续寻求新的变现渠道。三是互联网公司通过快速迭代产品逐渐找到目标市场。移动互联网产品不像一般工业品那样有明确的需求,它面临着非常大的不确定性,未来产品形态如何、目标用户是哪些、提供哪些服务、以什么方式提供都存在多种可能。

环境在改变,用户需求也在改变,飞信没落的根本原因是没有跟上变革的步伐。同样面临环境的变化,当时在即时通信市场中位列第一名的腾讯公司便敏锐地察觉到了新机遇,并将微信正式推向了市场,让随时、随地、低成本、高速上网很快变为现实。

案例讨论题:

试从网络外部性的角度分析微信崛起的原因,并分析飞信虽然转型但仍未改变其结局的根本原因。

本章小结

本章主要围绕网络外部性、正反馈与双边市场等相关内容展开，旨在揭示互联网经济现象的本质原因及其内在机制。本章第一节首先介绍了经济学中的外部性及其影响，然后阐述了网络外部性的定义及分类。本章第二节则主要介绍了网络外部性的产生、演变和影响。本章第三节阐述了互联网经济系统中的一种自增强机制——正反馈。本章第四节通过供给方和需求方各自及相互间的博弈，分析了各主体的动态决策过程，使读者更明确网络外部性和正反馈的作用。本章第五节讨论了双边市场，正是由于双边市场的“双边”性或“多边”性，网络外部性才会出现“交叉”现象。

思考题

1. 无论是正的外部性还是负的外部性，都有可能导致市场失灵，影响市场对资源的配置。那么，请结合本章关于网络外部性的内容，思考网络外部性为什么会带来社会效率损失？又会带来哪些形式的社会效率损失？

2. 与传统经济市场相比，双边或多边市场中更容易形成“赢者通吃”的局面，甚至导致垄断的形成。那么，为什么双边市场中更容易形成垄断？其内在机理是什么？

本章参考文献

[1]　徐晋，张祥建. 平台经济学初探[J]. 中国工业经济，2006(5):40-47.

[2]　朱彤. 外部性、网络外部性与网络效应[J]. 经济理论与经济管理，2001(11):60-64.

[3]　闻中，陈剑. 网络效应与网络外部性:概念的探讨与分析[J]. 当代经济科学，2000(6):13-20.

[4]　吴泗宗，蒋海华. 对网络外部性的经济学分析[J]. 同济大学学报(社会科学版)，2002(6):70-77.

[5]　杨培芳. 网络协同经济学[M]. 北京：经济科学出版社，2000.

[6]　胡恒艳. 网络经济发展对传统经济模式的影响[J]. 信息通信，2015(6):149-150.

[7]　程立茹. 互联网经济下企业价值网络创新研究[J]. 中国工业经济，2013(9):82-94.

[8]　侯汉坡，何明珂，庞毅，等. 互联网资源属性及经济影响分析[J]. 管理世界，2010(3):176-177.

[9]　郑维敏. 正反馈系统理论[J]. 系统工程理论与实践，1997(3):29-35.

[10]　贲金锋，郑维敏. 市场经济中的正反馈机制研究[J]. 系统工程理论与实践，1997(6):2-7.

[11]　张维迎. 博弈论与信息经济学[M]. 上海:上海人民出版社，2004.

[12]　张铭洪. 网络外部性与正反馈及其对市场的影响[J]. 商业时代，2002(16):34-35.

[13]　陈伟. 再论外部性与网络外部性——兼论克服网络外部性的一般性方法[J]. 当代经济，2012(8):150-152.

[14] 岳中刚. 双边市场的定价策略及反垄断问题研究[J]. 财经问题研究，2006(8)：30-35.
[15] 赵宏霞，荣帅，杨皎平. 网购平台企业间的双边用户竞争对其产品质量监控力度的影响研究[J]. 中央财经大学学报，2017(11)：107-117.
[16] 吴晓隽，方越. 基于双边市场理论的分享经济平台定价策略剖析[J]. 南京财经大学学报，2017(5)：28-36.
[17] 朱振中，吕廷杰. 双边市场经济学研究的进展[J]. 经济问题探索，2005(7)：125-129.
[18] 程贵孙，陈宏民，孙武军. 双边市场视角下的平台企业行为研究[J]. 经济理论与经济管理，2006(9)：55-60.
[19] Sujit C. Theory of credit card networks：a survey of the literature[J]. Review of Network Economics，2011，2(2).

第四章　互联网经济的市场运行与结构

一个网络连接到一个网络的价值取决于已经连接到该网络的其他人的数量，网络外部性是互联网经济中的重要概念，它使互联网经济呈现出独特的规律和特点：正反馈、交叉网络外部性与双边市场。这些特点使互联网市场的运行与结构不同于传统经济中的市场规律。本章将描述互联网市场的结构特征，探究互联网经济的市场结构度量，分析互联网市场运行的一般性规律，重新定义企业的合并与收购，并从市场运行和结构的角度分析互联网是怎样颠覆旧格局的。

第一节　经济学对市场结构的分类

在经济社会中，任何一种商品都有一个市场，生活中有多少商品就有多少市场，所以从狭义上说，市场是指从事商品买卖的交易场所或接洽点。它可以是有形的商品的交易场所，也可以是利用互联网进行商品交易的无形市场。从本质上说，市场是买方和卖方相互作用并确定交易价格和交易数量的一种组织形式或制度安排。在不同的市场结构中，厂商经营的行为是不同的。因此，若要研究厂商的行为和特征，就需要对市场类型进行划分。根据不同的市场特征，经济学把市场结构划分为完全竞争市场、垄断竞争市场、寡头垄断市场和完全垄断市场四种类型。完全竞争市场和完全垄断市场是两种极端的市场结构，而垄断竞争市场和寡头垄断市场则是介于两者中间的市场结构。寡头垄断更多地保留了完全垄断的特征，而垄断竞争则具有更多的竞争性。

一、市场结构的定义及分类标准

市场结构（Market Structure）是指反映不同竞争程度的市场状态。作为商品的生产者和供给者，厂商在选择生产规模、价格水平、营销战略时，除了要考虑技术条件以及相应的成本条件之外，还必须认真分析本行业的市场竞争状态。市场结构的划分标准主要有以下 4 个方面。

（一）卖者的数目和规模分布

单个企业影响产品价格和市场总供给量的能力是与供给这种产品的企业的数目有关的。如果卖者很多而且规模相近，那么每个企业的影响就会小一些。反之，如果市场上只有几个卖者，那么单个企业对价格和总供给量的影响就会很大。

(二) 买者的数目和规模分布

如果产品的买者很多且规模很小,那么所有买者支付的价格可能相同。但是,如果只有一个买者,他就可以压低价格。例如,由于 IBM 和 AT&T 公司的销售量大,因此他们可以按照比多数竞争对手更低的价格来取得电子邮件。

(三) 产品差异

产品差异(Product Differentiation)是指在一个市场里一家企业的产品和其他企业产品的差异程度。如果产品没有差异,购买决策就会完全根据价格来做。产品差异表明了企业影响价格的能力。

(四) 进入和退出的条件

如果新企业难以进入市场,现有的企业在定价和产量决策方面就会有较大的自由。如果企业生产产品的资源可以很容易地转向其他用途,那么这些资源就会转移到高利润行业。

二、市场结构的 4 种不同类型

(一) 完全竞争

在完全竞争(Perfect Competition)市场中,经济单位之间并没有公开的竞争。当买者和卖者做经营决策时,并不需要考虑其他参与者的影响,因为单个经济单位的产量与整个市场相比非常小。

首先,在完全竞争市场里,卖者的数目很多,没有一个卖者能对价格施加大的影响,卖者按照市场决定的价格生产,而且生产多少就能销售多少。同样,在完全竞争市场中,买者的数目很多且规模很小,每个买者都无力影响价格。也就是说,卖者和买者都是价格接受者(Price Takers)。

其次,在完全竞争市场中,对于企业来说,进入和退出行业是容易的。如果价格高于成本,就会产生经济利润,资源就会被用来开办新企业或扩大现有企业的生产能力。如果利润低于平均数,资源就会从该行业退出,转移到生产利润更高的产品中去。

最后,完全竞争市场中的产品是不具有差异性的。购买决策完全根据价格来做,生产者按照市场价格出售产品。

(1) 均衡价格

在完全竞争市场里,没有一个经济单位能影响价格,但所有市场参与者作为一个整体对价格的确定起着重要的作用。事实上,供给和需求的相互作用决定了均衡价格(Equilibrium Price)和交易量(Quantity to be Exchanged)。市场价格与数量的关系如图 4-1 所示。

在完全竞争市场中,供给和需求都只与价格有关系,价格越高,厂商的供给越多,顾客的需求越少。在图 4-1 中,与价格成正比的曲线 S 代表供给;反之,与价格成反比的曲线 D 代表需求。

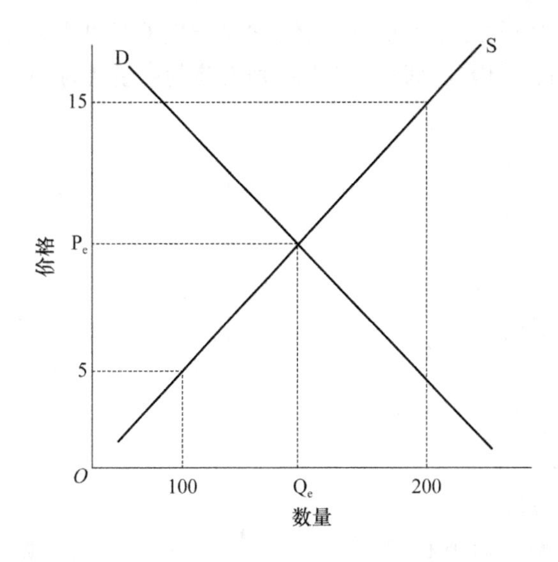

图 4-1　市场价格与数量的关系

如果价格大于 P_e，供给量就会过剩，生产者为了卖掉过剩的商品就会降价；随着价格的下降，需求量就会增加，供给量就会减少。如果价格降到 P_e 以下，就会有超额需求，这就会使生产者提高商品价格；随着商品价格的提高，购买者会减少购买量，而生产者就会增加生产量。这些因素会持续发挥作用，直到供给量和需求量在均衡价格 P_e 处达到均衡。

(2) 短期利润最大化产量

短期是指在此期间内至少有一个投入要素的投入量是固定的，它通常取决于行业的特点。由图 4-2 可知，产量超过 q_m 时，平均成本就会上升。只要价格高于平均成本，企业就能赚到经济利润。由于价格是由市场决定的且产品是同质的，所以完全竞争市场中的企业决策只涉及生产多少的问题。当产量大于 q_e 时，增加的收入 P_e 就会小于边际成本，利润也会减少；反之，当产量小于 q_e 时，收入的减少就会大于成本的减少。因此，产量 q_e 就是竞争性企业的短期均衡点。

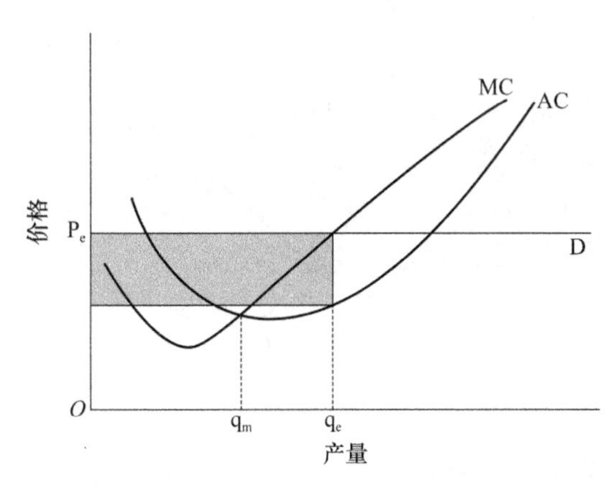

图 4-2　完全竞争条件下的短期利润最大化产量

完全竞争模型的一个关键特点是容易进入和退出，这是需要长期考虑的问题。随着新资本流入行业，每个价格上的产量就会增加，市场供给就会从 S 移到 S′，如图 4-3(a)所示。

而当新的均衡价格 P_e' 低于原来的均衡价格 P_e 时,又产生了新的需求曲线 D′。但当价格为 P_e' 时,边际成本大于边际收入,因此,利润最大化时所对应的产量变为 Q_e'。如图 4-3(b)所示。

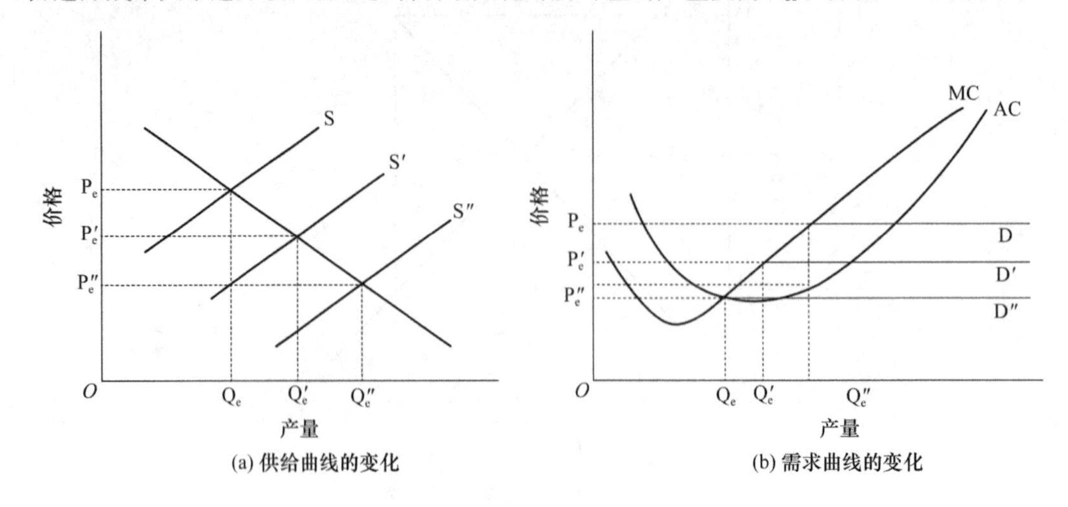

图 4-3 完全竞争条件下的长期利润最大化产量

(二) 完全垄断

在完全垄断(Monopoly)市场中,首先,市场只有一个卖者,买者的数目和规模并无规定;其次,某种产品只由一个卖者提供,并无很相近的替代品;最后,从长期看,如果企业要保持垄断,就必须有某种因素来阻止其他企业进入。

(1) 利润最大化和产量

因为卖者只有一个,所以垄断者面临的需求曲线是向下倾斜的,垄断企业的产量决策直接影响价格,若想增加产量就必须降价。如图 4-4 所示,如果边际收入是正值,那么增加产量能使总收入增加;反之,如果边际收入是负值,那么增加产量就会使总收入减少。

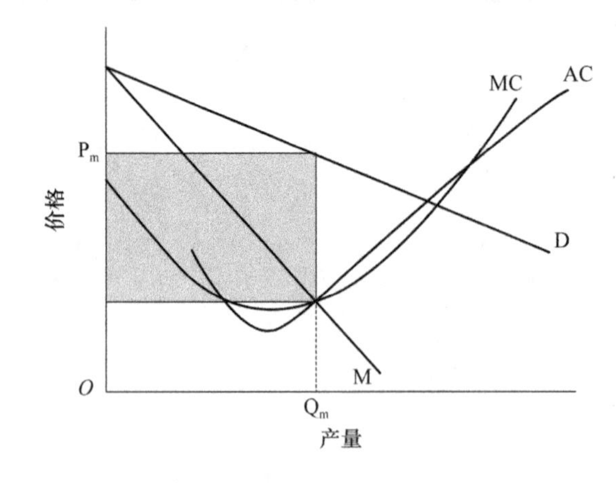

图 4-4 完全垄断下的短期利润最大化价格和产量

完全垄断下利润最大化的标准和完全竞争时的一样:一直增加产量,直到单位产品收入等于边际成本。对竞争性企业来说,价格不受产量影响,因此价格等于边际生产成本。在这一产量上,垄断企业按照产品能够销售出去的价格来定价,这一价格由需求曲线决定(此价

格为 P_m)。

如果产量为 Q_m，垄断企业的经济利润就会如图 4-4 中所示的阴影面积。长期来看，其他企业为了高利润会进入市场，市场的新需求曲线就会变得更加有弹性，企业产量对市场价格的影响也会比以前少。此时，新的进入者会摄取部分市场和经济利润，最后演变为寡头垄断(卖者数目少)甚至接近完全竞争。但如果垄断企业可以长期保持垄断地位，图 4-4 就可以说明垄断企业在短期和长期两种情况下利润最大化的价格和产量。

(2) 分配性低效率和收入的再分配

如果政策制定者要求垄断企业使用价格等于边际成本的竞争性规则来做决策，那么价格就会定在 P_e，而企业原来最大利润的定价是 P_m。对产品的评价大于 P_e 时，消费者就会购买该产品，使总销售量到达 Q_e。由于所有消费者以同一价格购买而得到消费者剩余，所以这一剩余的货币价值等于他们对产品的评价(如需求线所示)与价格 P_e 之间的差额，总剩余是 ΔADP_e。长方形 P_mBCP_e 是垄断企业的利润，也代表收入从消费者向生产者的再分配，这种分配不能用效率衡量。ΔBCD 是由垄断引起的无谓的损失(Deadweight Loss)，是社会的一种净损失，也称为分配性低效率(Allocative Inefficiency)，如图 4-5 所示。

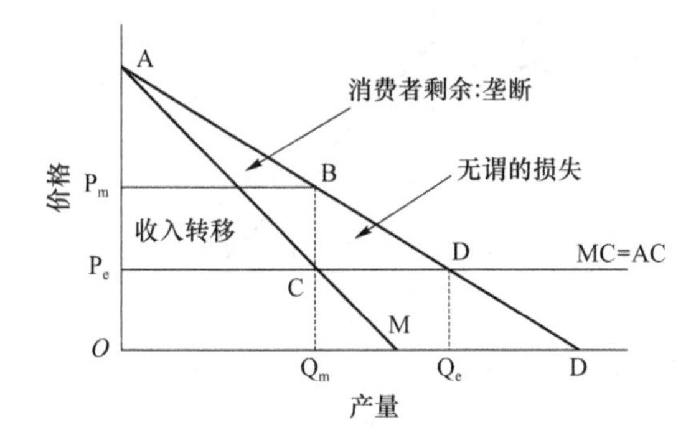

图 4-5　对垄断的评价

(三) 垄断竞争

爱德华·张伯伦(Edward Chamberlain)在完全竞争和完全垄断之间提出了垄断性竞争模型(Model of Monopolistic Competition)。

(1) 垄断竞争的特点

垄断性竞争理论具有垄断和完全竞争两种要素。垄断竞争之所以像完全竞争，是因为它假定市场上买者的数量大、规模小。因此，每一个单独卖者的行为都不会对市场上的其他卖者产生很大影响。另外，垄断竞争还假定有很多买者，且资源能很容易地从一个行业转向另一个行业。但是，垄断竞争又像垄断，因为它假定各个企业的产品都略有差异。也就是说，一个企业的产品可以与另一个企业的产品很相近，但又不能完全替代。这就使得每个企业的需求曲线略向下倾斜，意味着单个企业对价格有一定的控制能力。尽管提价会使企业的销售量减少，但由于其产品与其他竞争者的产品略有差异，所以有些顾客仍愿意按高价格购买该产品。在短期利润最大化价格和产量方面，垄断竞争与垄断相似；在长期利润最大化价格和产量方面，垄断竞争与完全竞争相似。

(2) 对垄断竞争的评价

由于在垄断竞争条件下,产品具有差异性,所以需求曲线是向下倾斜的,这样一来,需求曲线和平均成本曲线的切点就不在平均成本的最低点上了。与完全竞争相比,垄断竞争效率较低。但是,这种产品差异化有利于消费者选择满足他们特定需求的物品。因此,垄断竞争是不是低效率的,取决于产品差异化所带来的好处是否大于产品差异化所带来的成本。

(四) 寡头垄断

寡头垄断(Oligopoly)这个术语来自希腊语的 oligos 和 polis,直接翻译过来的意思就是卖者很少。在寡头垄断的市场里,并没有具体规定买者的数量,但是卖者的数量很少。至于少到多少才算是寡头垄断,也没有准确的限制,这其中的关键不在于数目,而在于卖者之间的相互作用。在完全竞争、完全垄断和垄断竞争 3 种市场结构中,卖者不必考虑单个竞争者的行动。垄断企业没有竞争对手,完全竞争和垄断竞争的企业则规模太小,不会对其他企业有明显的影响。相比之下,在寡头垄断市场里,一个企业的行为会受到其他企业的影响。寡头垄断企业的需求曲线如图 4-6 所示。

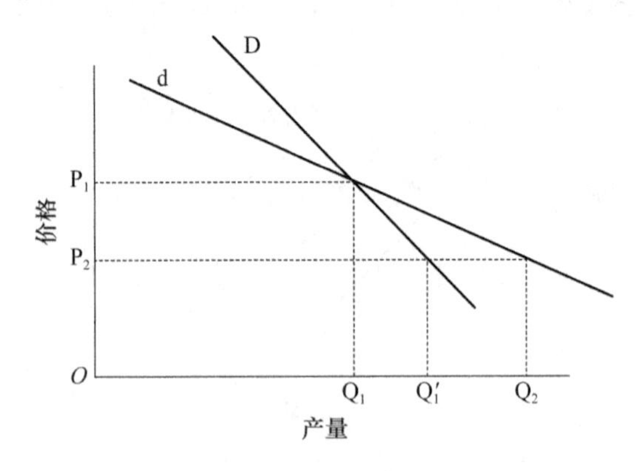

图 4-6　寡头垄断企业的需求曲线

在图 4-6 中,如果市场中的一家企业降价,其他企业不作出反应,那么降价者的销量就会大大增加。这一结果可以由弹性较大的需求曲线 d 来说明。显然,在寡头垄断市场里,因竞争而作出的反应对企业决策有很大的影响。因此,企业在寡头垄断市场中做决策比在其他市场结构中困难得多。

另外,在寡头垄断中,企业销售的产品可以是同质的,也可以是有差异的。如果产品是同质的,则市场是纯寡头垄断市场;如果产品是有差异的,则市场是有差异的寡头垄断市场。若要长期保持一种寡头垄断市场结构,必须要有某些因素阻止新的企业进入。

寡头垄断行业最显著的特点是:卖者必须认识到他与其他卖者之间存在着相互依赖的关系,即一个卖者的行为会影响另一个卖者,使后者作出反应,而这种反应又会影响第一个卖者。

第二节　互联网经济的市场结构

根据垄断和竞争程度的不同,经济学把市场划分为 4 种类型。互联网经济由于其特殊性，其垄断和竞争呈现出和传统经济不一样的特征。互联网市场是网上商品交换关系的总和，由供求、价格、竞争等市场要素组成。从理论上说，互联网经济的外部性和正反馈会导致“赢家通吃”，这会使互联网经济的市场结构趋于垄断化。然而，实际上，消费者偏好的异质和生产者的差异化产品在一定程度上限制了这种单一的垄断。现实中，在政府公共政策等外部因素的作用下，决定意义上的纯粹垄断仍然较少。互联网经济的市场结构类型主要是寡头垄断和垄断竞争。

一、互联网经济市场中的竞争和垄断

（一）竞争

互联网经济时代也是经济全球化的时代，企业竞争不再是单纯的产品差异化和低成本竞争，而是企业联盟和双赢的合作式竞争。在互联网经济中，垄断激化竞争，垄断和竞争并存，二者相辅相成。互联网经济市场中的竞争呈现出一定的新特点，具体如下。

（1）门槛降低导致竞争更加激烈

在互联网经济条件下，信息和技术高度流动，资本和技术的合作使得企业进入相关领域更加方便，同行竞争日益激烈，潜在进入者的威胁日益增大。另外，技术发展突破了地理距离，全世界的实体经济都面临同样的竞争。

（2）竞争使产品的生命周期缩短

互联网市场中的企业不仅能快速模仿商品，还能在改进的基础上创造出更适合市场需求的产品，使得原来的企业丧失竞争力。因此，企业必须不断加强自身的研发和创新能力，不断更新产品，不断缩短生产和研发周期。

（3）竞争方式更趋于合作式竞争

在互联网经济时代，不同的复杂系统之间的相关性越来越大，单个企业独占某一产品的开发、生产、销售的能力越来越弱，企业需要通过强强联合的方式来获得更大的竞争力。由于互联网经济中存在网络效应，所以信息的需求量和使用量越多越好。生产者可以通过合作分摊成本；而对于消费者而言，信息产品的效应也会随着用户量的增多而呈现指数上升的趋势，由于企业合作和产品兼容，消费者能够获得更多规模经济所带来的价值。

（4）竞争从产品差异化走向标准化

在互联网经济中，制造技术已经趋于完美，副本可以大量流通。从手机出现的第一天起，厂商们就达成了共识，那就是要实行统一的开发标准，这样消费者走到世界任何一个地方都能使用手机。标准就是优势，普及就是优势，标准竞争成了互联网市场的特征。

（二）垄断

在互联网市场中，垄断具体表现为互联网没有近似替代品的商品和服务，这些商品和服务的唯一提供商就是互联网经济中的垄断企业，由此产生的市场就是垄断市场。

互联网市场呈现垄断特征的原因主要有以下8个方面，分别是资源独享、规模经济、技术垄断、产品标准化、边际效益递减、锁定效应、信息透明性和消费者的主导地位，具体如下。

(1) 资源独享

虽然一般性研究都发现互联网经济领域的资源稀缺性并不严重,但这并不意味着所有的资源都是易获得的。例如,微软 Windows 系统软件在获得政府给予的版权批准后能独享操作系统销售的权利,这表明微软在 Windows 系统的供给市场上占据着垄断地位,这一地位是资源独享所造成的后果。

(2) 规模经济

数字产品本身具有规模经济的特征,而数字网络产品收益递增效应的结果是:成功者的产品价格持续下降,在市场上获得了更大的份额,实现了供给方的规模经济;其他竞争者一步一步失去市场,这就巩固和加强了数字产品市场的垄断趋势。在网络外部性的作用下,需求方的自我增长形成了需求方规模经济,即使用网络的人数越多、范围越大,使用者所获得的效益越大。

供给方规模经济和需求方规模经济的结合,使得市场上出现了"赢家通吃"的局面。规模的增长降低了供给方的平均成本,提高了顾客的效用,刺激了顾客的需求。同时,趋势供给者以更低的成本提高供给量,进一步扩大了规模,进一步降低了成本,从而形成正反馈,最终形成垄断。

(3) 技术垄断

技术垄断是互联网经济垄断形成最根本的原因,也是互联网经济与传统经济的重要区别之一。互联网经济是在电子技术和通信技术发展的基础上,通过传递信息、处理交易业务等互动而形成的经济。网络产业存在技术不相容的情况,即在一定时期内,特定数字产品市场只能容忍一种技术存在,这就决定了谁掌握市场所接受的先进技术,谁就占据了垄断市场的优势。互联网产业作为一种技术密集型产业,其垄断是以技术垄断形态为主导的垄断。

(4) 产品标准化

当生产者制造的产品能与某网络产品互相配套使用时,即这两个产品之间具有兼容性时,它们有共同的技术标准。当产品受到市场认可时,该产品就成了标准产品,于是其在市场上就确立了一定程度上的垄断地位。数字产品的标准化依赖于网络技术的垄断,标准化的产品是技术转化为生产力最有效的鉴证,而标准化的产品更有利于形成进一步的垄断。

(5) 边际收益递减

网络产品主要的投入要素是具有可再生性和共享性的知识要素,它对易出现边际收益递减的物质资源要素的需求很少。投入一次知识要素,就能获得持续增加的收益。同时,知识要素的投入会渗透到资本、劳动要素的投入和运用中,使这些要素的生产效率得以提高,表现为边际收益递增。

(6) 锁定效应

网络产品原件通常是围绕一个系统工作的,调换任何一个元件往往需要更换其他元件,这可能使得消费者接受任何转换成本非常高的新产品,这时消费者就会处于一种被锁定的状态。被锁定的消费者具有无弹性的需求,厂商在一定程度上可以控制消费者,并由此成为技术垄断者。

(7) 信息透明性

在互联网市场中,同类产品的信息是非常丰富的、易获取的。因此,消费者可以对不同企业的同类产品进行比较,他们的选择比较容易集中到最能满足大部分消费者需求的产品上来,从而使生产该产品的企业获得优势地位。如果这个优势地位能够得到保持和增强,就会导致产品的网络效应和客户锁定,进而形成垄断。

(8) 消费者的主导地位

消费者越来越多的个性化需求使得客户定制这一新兴的生产驱动模式逐渐成为企业生产模式的主流,企业在研发能力、生产能力、配送能力等方面面临着严峻的挑战,而这些能力恰恰是大多数中小企业所欠缺的。因此,为了提供大规模的定制化服务与高水平的电子商务物流服务,市场中将更容易形成具有垄断性的企业。

二、互联网经济市场中的完全竞争

在传统市场中,厂商进入一个新的市场总是需要支出厂房建设和机器设备购置的固定成本、人员的工资福利费用、营销渠道建设的大额推广费用等。这些支出使厂商进入传统市场的周期一般为1～2年,是完全竞争市场中的一个进入壁垒。在互联网经济中,市场是虚拟的,厂商进入市场的成本大大降低了,速度加快了,这就使得网络市场比传统市场更容易形成完全竞争市场。但是,至少有两个方面的原因阻碍了完全竞争市场的建立。

(一) 互联网市场存在进入壁垒

完全竞争市场不存在资金、技术或法律上的进入和退出壁垒,而网上市场则存在实际的进入壁垒。一方面,各企业进入网络市场非常容易,可以通过网站公平地向消费者提供自身的产品和服务信息;另一方面,现在的网络服务提供商也有很多。传统企业上网并不会改变它既有的市场地位、经济实力和品牌价值,这些也将随之进入网上市场。而对于完全新进入市场的电子销售商而言,即使参与了竞争,也与实体经营商站在不同的起跑线上。这种品牌价值本身就是一种壁垒。除此之外,网站的运营和维护、宣传和推广需要巨额费用,这也成了资本进入壁垒。

(二) 各市场主体利用网络优势的能力不同

网络市场的优势在于企业不但可以通过网络直接接触用户,而且能随时与遍及各地的贸易伙伴进行交流合作,从根本上缩减商业环节,降低运营成本,提高运行效率。同时,互联网能将有价值的信息迅速传递给厂商。但是网络的介入使得企业竞争更多地建立在服务的基础之上,除了产品本身的因素之外,订单处理能力、配送能力等服务因素也越来越重要。也就是说,基于网络的市场竞争不可能没有非价格竞争。对于规模较小、实力较弱的企业而言,即使获得平等的机会,也可能因为生产能力和订单处理能力等因素的限制而失去商机。

三、互联网经济市场中的完全垄断

(一) 暂时性垄断

在互联网经济下,具有垄断地位的厂商没有限产提价的意愿,也不具备限产提价的能力。垄断厂商常常会为了获取市场份额而采取渗透定价的策略。暂时性垄断表现为技术和标准上的垄断，厂商要使自己的技术和产品成为事实上的标准，一方面要有技术上的优势，另一方面要借助于技术创新快速占领市场，锁定消费者。在网络经济下，厂商拥有的垄断地位是暂时的，它依靠的是知识资源而非物资资源，而知识资源可以通过不断创新呈现出更高的形式，降低原有知识的价值，这就决定了厂商拥有这些资源的暂时性，从而也就决定了垄断地位的暂时性。

（二）竞争性垄断

互联网经济下的垄断和传统的"垄断消除竞争论"相悖。在网络经济环境下，企业获得的垄断地位是竞争中优胜劣汰的结果，将来，在更高程度和更高水平上，它必将迎来成千上万个新的竞争对手。

在网络经济中，信息产业占据主导地位，信息技术产品成为市场上的主导产品。由于信息产品的特征和高度的技术竞争，网络经济领域的垄断和竞争不再泾渭分明。在网络经济市场中，竞争和垄断双双被强化，市场结构表现为一种竞争性的垄断结构。这种市场开放度越高，竞争也就越激烈，技术创新的速度也就越快，所形成的垄断性就越强，集中程度也就越高；反之，垄断性越强，集中度越高，市场竞争反应反而越激烈。与传统的自然垄断结构不同，网络经济下的垄断并没有出现过高的垄断价格和低于合理水平的垄断产量，也没有在消费者付出了尽可能高的代价的同时，减少其社会福利；相反，它却表现为向消费者提供性能更高、价格更低的产品。之所以出现垄断厂商一反常态的低价定价现象，主要有网络效应和竞争性垄断结构两方面的原因。

（三）自然垄断

网络经济中的垄断行为属于自然垄断。对于自然垄断，一般的观点认为：它是由于市场的自然条件而产生的。但是网络经济市场与传统市场在垄断的行为特征和作用影响上是不同的。从产量上来说，传统市场中的垄断企业会减少产量，而网络经济市场中的垄断企业会增加产量。从价格上来说，网络经济市场中的垄断企业会降低价格。从创新上来说，传统市场中的垄断地位使企业自身无动力创新，而网络经济市场中的企业则努力创新，保持垄断地位。从消费者福利上来说，传统市场中的垄断会使得全社会福利减少，而网络经济市场会增加全社会福利。

四、互联网经济市场中的垄断竞争

在技术创新频率较高的情况下，技术创新会集中在少数企业甚至个别企业身上，所以这些企业容易长期占据一定的垄断地位。反之，技术创新越呈发散型，处于垄断地位的企业的更换频率越快，市场结构就越表现为垄断竞争。

（一）出现的原因

(1) 由互联网连接的全球化网络的市场同类企业的数量远多于传统局部的地理市场的企业数量，企业进入网络市场的壁垒也更低。

(2) 网络经济的技术特征和公开性，解决了传统市场的企业和消费者之间信息不对称的问题，网络产品信息更安全、更透明。同时，买方也获得了更多的谈判权，但却难以实现价格控制。

(3) 在产品的差异化上，企业数量增多，产品数量也会增多。一方面，网络产品趋向标准化；但另一方面，消费者需求的多样化加强了企业对产品的定制能力。

(二) 特征

(1) 厂商数目多。在网络经济中，市场上的许多市场交易主体逐渐发展壮大起来，如不计其数的门户网站。

(2) 产品具有一定的差异化。网络产品个性化定制对于网络产业来说是较为便利的，可以为企业赢得更多的市场份额，促进企业市场垄断地位的形成。因此，企业会尽可能通过各种方式生产差异化产品。

(3) 进入和退出市场比较容易。网络市场的政策较为宽松，只需要简单的网站或者App即可进入和退出市场。

五、互联网经济市场中的寡头垄断

网络经济的特性对市场结构的影响是双向的。一方面，寡头垄断极易形成，网络效应、正反馈将导致“强者越强，弱者越弱”；另一方面，完全垄断仍然较少。互联网经济市场的市场结构类型主要是寡头垄断结构和垄断竞争结构。

寡头垄断是介于完全竞争和完全垄断之间的一种比较现实的混合市场形式，是指少数几个企业控制整个市场的市场结构，这几个企业被称为寡头企业。网络经济条件下，企业垄断地位的形成主要不是源于垄断行为，而是基于技术竞争，特别是技术创新。网络经济中的寡头垄断同样强调少数几家大企业占据大量市场份额，但这几家企业并没有均分市场，寡头之间、寡头和竞争者之间充满了战争。

下面介绍寡头垄断的特点。

(1) 市场份额与利润不平衡

主导厂商的市场份额远远高于其他中小型厂商，他们拥有庞大的用户网络，所生产的产品有更多的互补产品，能给消费者带来更大的效用；相反，其他市场份额较小的企业所拥有的用户网络很小，互补产品的品种有限，可供选择的范围小，故能给消费者带来的效用也较小。可以看出，市场份额、价格和利润存在极大的不平衡性。

(2) 自由进入并不能保证完全竞争的市场结构

网络经济下，寡头垄断厂商的垄断地位并非来源于串通合谋、设立进入壁垒、威胁等不正当行为，而是在自由的竞争中形成的市场均衡的自然特征。网络经济环境下，自由进入并不一定导致完全竞争。如果在网络效应显著的市场中已经有多家厂商，则新厂商的进入不会对市场结构产生显著的影响。

(3) 垄断形式多元化

由于网络经济市场中的寡头垄断厂商已经拥有巨大的市场份额基础，所以“垄断”的形式也趋于多样化。独立垄断(厂商在某一个产品市场上拥有绝对的主导地位和市场势力)已形成庞大的安装基础。在网络效应的推动下，独立垄断厂商通过开发互补产品或者与相关互补产品生产者结盟,形成“联合垄断”,从而达到扩大用户群、巩固垄断地位的目的。

第三节　互联网经济的市场结构度量

市场结构的主要决定因素有以下 3 种:市场集中度(Market Concentration Rate)、产品化差异程度、进入和退出壁垒。

市场集中度是指市场上卖方及买方的数量及其在市场上的相对规模(市场占有率)分布(包括买方和卖方)。

产品差异化程度是指企业通过各种方法使其提供的产品能够引起消费者的兴趣或偏好,使消费者能够把产品与市场其他企业提供的同类产品区分开,使企业能够在市场获得有利地位。

进入壁垒是指产业内现有企业阻止新企业进入并与原有企业进行竞争的因素,而退出壁垒则是指产业内现有企业组织从原来的市场上退出的因素。

在以上 3 个因素中,市场集中度是市场结构的决定性因素,集中度越高,某个企业的市场支配能力越大,竞争程度越低。市场集中度是市场势力的重要指标,本节将着重分析市场集中度的测量。测量市场集中度的指标主要有绝对集中指标(产业集中度、集中曲线)、相对集中指标(洛伦兹曲线)以及其他度量集中度的指标(基尼系数、赫芬达尔-赫希曼指数)。

一、产业集中度

产业集中度是衡量某一产业市场竞争或垄断程度最常见的指标。产业集中度通常用规模(产量、销售量、销售额、资产额、增加值、职工人数等)排名前几位的企业的市场占有率来表示,即产业集中度是指产业中产出规模最大的前 n 家企业的合计产出占整个产业总产出的比重,计算公式为

$$CR_n = 100 \cdot \sum_{i=1}^{n} \frac{X_i}{X} = 100 \cdot \sum_{i=1}^{n} S_i \tag{4-1}$$

$$CR_n = \sum_{i=1}^{n} S_i \tag{4-2}$$

$$CR_n = \frac{\sum_{i=1}^{n} X_i}{\sum_{i=1}^{N} X_i} \tag{4-3}$$

$$HHI = \sum_{i=1}^{n} \left(\frac{X_i}{X}\right)^2 = \sum_{i=1}^{n} S_i^2 \tag{4-4}$$

其中,CR_n 表示产业中最大的 n 个企业所占市场份额的累计数占整个产业市场的比例;X 表示某产业的销售总额;X_i 表示第 i 个企业的销售额;$S_i = X_i / X$ 为第 i 个企业所占的市场份额。

一般情况下,如果行业集中度 CR_4 或 CR_8 小于 40,则该行业为竞争型;而如果 $CR_4 \geqslant 30$ 或 $CR_8 \geqslant 40$,则该行业为寡占型。

CR_n 的计算又可细分为以下两种情况。

(1) 在已知该行业所占市场份额的情况下，其计算公式见式(4-2)。其中，S_i 是第 i 个企业所占的市场份额。

(2) 在已知该行业的企业产值、产量、销售额、销售量、职工人数、资产总额等的情况下，CR_n 的计算公式见式(4-3)。其中，CR_n 是规模最大的前几家企业的产业集中度；i 表示第 i 家企业的产值、产量、销售额、销售量、职工人数、资产总额等；n 表示产业内规模最大的前几家企业数；N 表示产业内的企业总数。

美国贝恩对市场结构进行的分类如下：通常 $n=4$ 或者 $n=8$，此时产业集中度分别表示产业内规模最大的前 4 家或者前 8 家企业的集中度。

产业集中度指标的缺点：第一，反映的只是最大的几个企业的总体规模，忽略了其余企业的规模分布情况；第二，无法反映最大的几个企业之间的相对情况，企业的选择具有主观性。

二、集中曲线

集中曲线的纵轴表示有关数值(销售额、增加值等)的累积百分比，横轴表示该行业的企业数目，按规模由大到小排列。集中曲线使市场情况更加直观。集中曲线以坐标原点为起点，终点时 100%的累计百分比一定与行业的企业总数相对应。在起点与终点之间，曲线表现出递增的趋势，当所有企业的规模都相同时，集中曲线为一条向上倾斜的直线。

一般来说，集中曲线越短、越陡峭，市场集中程度就越高；反之，集中曲线越长、越平缓，市场集中程度也就越低。集中曲线如图 4-7 所示。

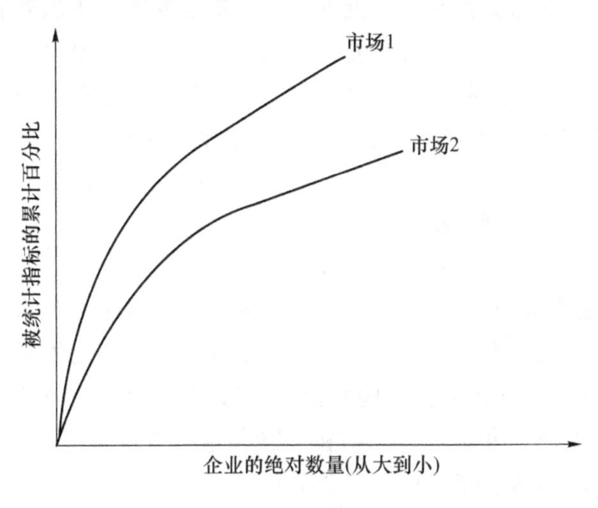

图 4-7　集中曲线

三、洛伦兹曲线

洛伦兹曲线(Lorenz Curve)，也译为“劳伦兹曲”线，就是在一个总体(国家、地区)内，以“最贫穷的人口计算起一直到最富有人口”的人口百分比对应各个人口百分比的收入百分比的点组成的曲线。为了研究国民收入在国民之间的分配问题，美国统计学家马克斯·奥托·

洛伦茨(Max Otto Lorenz)提出了著名的洛伦兹曲线。洛伦兹曲线如图 4-8 所示,其中横轴表示人口(按收入由低到高分组)的累积百分比,纵轴表示收入的累积百分比,弧线 l 为洛伦兹曲线。洛伦兹曲线的含义是:曲线偏离对角线越远,企业规模分布不均匀的程度越大。

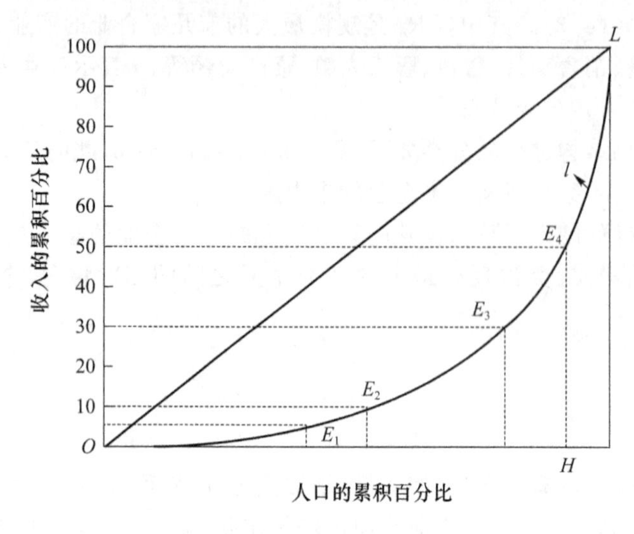

图 4-8　洛伦兹曲线

四、基尼系数

基尼系数是 1943 年美国经济学家阿尔伯特·赫希曼(Albert Otto Hirschman)根据洛伦兹曲线所定义的判断收入分配公平程度的指标。基尼系数是比例数值,在 0 和 1 之间,是国际上用来综合考察居民内部收入分配差异状况的一个重要分析指标。基尼系数越大,企业规模分布越不均衡,当基尼系数等于 1 的时候,市场只有一家垄断企业。基尼系数最突出的缺点是当企业数量较少时,基尼系数会"误解"产业的集中程度。

五、赫芬达尔-赫希曼指数

赫芬达尔-赫希曼指数(Herfindahl-Hirschman Index,HHI),简称赫芬达尔指数,是一种测量产业集中度的综合指数。它是指一个行业中各市场竞争主体所占行业总收入或总资产百分比的平方和,用来计量市场份额的变化,即市场中厂商规模的离散度。赫芬达尔指数能区别以公司市场占有率为基础的市场结构。赫芬达尔指数接近 1,表明企业规模分布不均;赫芬达尔指数为 1 时,表明市场处于完全垄断。

赫芬达尔指数的计算方法如下:首先计算竞争对手的市场占有率,可忽略过小的竞争对手;其次,计算市场占有率的平方值;最后将这些平方值相加。

赫芬达尔指数是某特定市场上所有企业的市场份额的平方和,其公式为

$$\mathrm{HHI} = \sum_{i=1}^{n}\left(\frac{X_i}{X}\right)^2 = \sum_{i=1}^{n} S_i^2 \tag{4-5}$$

其中,X 表示市场的总规模;X_i 表示第 i 个企业的规模;$S_i = X_i/X$ 表示第 i 个企业的市场占有率;n 表示该产业内的企业数。

显然，HHI越大，市场集中程度越高，垄断程度越高。赫芬达尔指数不仅能反映市场内大企业的市场份额，还能反映大企业之外的市场结构。因此，该指数能更准确地反映大企业对市场的影响程度。

第四节　互联网经济的市场运行规律

一、三大定律

网络是网络经济发展的物质基础，网络的基本规律是网络技术与网络发展的规律，它的发展变化影响着网络经济的发展。在研究网络经济规律之前，需要弄清楚网络的基本规律。摩尔定律、吉尔德定律、梅特卡夫定律堪称网络的三大定律，它们在网络市场的运行中发挥着最基础的作用。

（一）摩尔定律

1965年4月，曾在美国仙童半导体公司工作，后来成为美国Intel公司创始人的戈登·摩尔（Gordon Moore）提出了一个描述集成电路集成度和性价比的基本假说：处理器的功能和复杂度每18～24个月增加一倍，而成本却成比例地递减。后来的实践证明，摩尔的预言非常接近现实，摩尔假说变成科学理论，信息产业界称之为摩尔定律（Moore's Law）。摩尔定律后来被广泛应用到处理器相关的各个领域，它说明了同等价位的微处理器会越变越快，价位会越变越低。摩尔定律揭示了网络技术的发展速度，为网络经济的发展奠定了物质基础。

（二）吉尔德定律

吉尔德定律（Gilder's Law）是关于网络带宽的发展变化规律，其原理是：在未来的25年，主干网带宽每6个月翻一番，其增长速度是摩尔预测的CPU增长速度的3倍多。

摩尔定律、吉尔德定律奠定了网络经济的客观发展基础。吉尔德断言：带宽终将接近于免费，每比特的费用将遵循某条渐进曲线的规律，在渐进曲线上，价格将趋于零，但永远达不到零。未来，人们上网将变得十分容易，网络将无所不包、无所不能。因此，人们用“因特网时”来形容网络经济的变化速度，它是以小时时间为计量单位的，已接近人类接收信息并做出决策的能力的极限。

（三）梅特卡尔夫定律

梅特卡尔夫定律（Metcalf's Law）揭示的是在网络情况下，商品的价值与该商品的普及率成正比，即网络的价值与网络节点数的平方成正比。该定律说明：在网络情况下，使用商品的人越多，商品的价值越高。

二、基础规律

网络经济的基础规律是由网络经济的主要特征和三大定律衍生而来的，是网络经济发展的基础底层规律。

（一）信息不灭定理与主观稀缺性理论

信息不灭定理是指一条有用的信息，一人消费以后，成千上万的人也可以消费，信息对其他人仍然是有用的，其复制成本几乎为零。稀缺性（Scarcity）是一种在现有资源不足以满足人们所有需要时出现的状况。只要人们对某种物品的需求大于该物品的实际数量，就会产生稀缺问题，相对于人们消费信息的能力的有限性，信息供给的无限性表现为主观资源的稀缺性。

（二）价值构成理论

由于网络商品与服务的价值构成的特殊性，其价值量很难计算：第一，前人或他人成果中包含的社会必要劳动时间难以精确计算；第二，这类网络商品生产具有唯一性和不重复性，所以个别劳动时间往往相当于社会必要劳动时间，而个别劳动时间难以计算；第三，使用者创造的价值具有不同性和不确定性，网络商品效益更加难以计算。因此，网络商品与服务的价格较大幅度地偏离其表面价值，其构成的特殊性决定了网络商品与服务和其他信息商品一样，均不采用以生产者为导向、以费用为基础的成本定价模式，而采用以消费者为导向、以价值为基础的差别定价模式。

（三）信息生产力要素理论

网络经济的发展对信息生产力要素理论产生了全面的影响，信息劳动者的比重加大，劳动者更加依赖信息能力；劳动工具网络化、智能化，蕴涵在劳动工具中的信息和知识的比重急剧增加，信息网络成为公用的或专用的劳动工具；劳动对象的范围不断扩大，数据、信息、知识等成为新的劳动对象，且得到了充分的利用。网络科学技术特别是信息科技对社会、经济的作用日益增强，教育更加信息化、社会化和全球化，管理对生产力发展的决定作用不断增强，信息管理、知识管理日益成为管理的重要组成部分和新的经济增长点。作为生产力软要素，信息和知识对生产力的其他要素具有重大影响。

网络经济的基础资源、生产力要素、价值构成的基础规律，是网络经济发展的基础底层规律。

三、发展规律

网络经济的发展规律包括边际效益递增规律、供给主导需求与需求反作用于供给规律、商品流通营销理论、网络经济交易费用理论、经济周期微波化理论、垄断与竞争相互强化理论等，它们在生产、流通、消费等环节具有重要作用。

(一) 边际效益递增规律

边际效益递增(Increasing Marginal Revenue)也称边际效用递增(Increasing Marginal Utility)、边际报酬递增、边际贡献递增。边际效益递增是指在知识依赖型经济中,随着知识与技术要素投入的增加,产出越来越多,生产者的收益呈明显递增趋势。在网络未被充分利用时,即网络正外部性存在时,增加一个网络用户,边际成本小于边际效益,边际效益呈现递增规律。但是,当网络初建或网络拥塞时,边际成本大于边际效益。网络经济产品的研究开发费用占总费用的绝大部分,生产产品的沉没成本高,边际成本极低,趋近于零。网络消费具有非排他性的特征,这加剧了边际成本递增的趋势。技术创新形成的传承垄断使得高额超额利润不能平均化,报酬无法递减。换制成本与锁定增强了垄断效应,同时马太效应也更加明显,造成了强者越强、弱者越弱、富者越富、贫者越贫、赢者通吃的局面。

(二) 供给主导需求与需求反作用于供给规律

从需求方来看,由于信息产品的高固定成本和低边际成本,多生产一单位信息网络产品的追加成本几乎为零。同时,网络产品存在着高度的群体需求联带效应,消费的人越多,产品内在价值越大,产品效用越大,需求也越多,价格不降反升。

从供给方来看,需求的多样性、个性化导致供给方不能像在传统经济条件下那样进行大规模生产,而应趋于个体化,生产必须在狭窄的产品空间内进行,专业化分工由此形成。互联网经济的传导机制是供给—价格—需求—供给,即供给增长,引起价格降低,刺激需求增长;需求增长,引起价格升高,刺激供给增长,又引起价格降低,再刺激需求增长,如此循环往复。

(三) 商品流通营销理论

网络技术和电子商务手段使产品的生产者能够更直接地面对消费者,生产厂商和消费者可以通过网络直接面对面地进行商品交易,避开了中间商的某些传统的商业流通环节,原有的以商业运作模式为主的市场机制将有一部分被基于网络的电子商贸所取代。市场是虚拟市场,也是全天候市场,具备无国界限制、无库存经营以及低成本运作的特点。中间商的角色被新型的网络中介所代替,不同生产者千方百计地通过网络或网络中介构建自己的营销模式,以吸引消费者。新型网络中介可以起到降低搜寻成本、降低质量不确定性的作用。市场的划分越来越细,越来越个性,微市场(Micro-Market)得以形成。

(四) 网络经济交易费用理论

在网络市场中,生产者与消费者的距离大大缩短,传统经济意义上的中介提供商的作用被弱化,中间层次减少,而新型的信息服务中介提供商增加,如搜索中介、财务中介、保险服务中介、金融服务中介、经济代理中介、网络服务中介等。信息服务中介提供商与传统的中介提供商存在较大的区别,传统的中介提供商为消费者提供实物交换,而信息服务中介提供商仅和消费者进行信息的交换。这些新型信息服务中介提供商的参与和网络的充分利用,既节省了费用,又提高了市场效率。

(五) 经济周期微波化理论

经济周期趋近于微波化。首先,高科技和信息技术的发展提高了劳动生产率,降低了生产成本,经济实现了低通胀下的高增长,经济衰退得以延缓。其次,信息技术特别是经济网络化使厂商可以按照市场情况随时对库存进行调整,缓解了供求矛盾,大大降低了生产过剩危机爆发的可能性。最后,信息技术促进了第三产业中服务业的发展,由于服务业产品的生产与销售基本上是同步进行的,资本密集性不太高,因此,随着服务业占总产值的份额的提高,经济发展的稳定性得以增强。

(六) 垄断与竞争相互强化理论

一方面,由于网络效应与锁定的作用,网络经济市场常常处于垄断与寡头垄断的状况,但是这种垄断与寡头垄断表现为瞬间性,常常受到来自其他厂商和新加入者的威胁。这是因为在网络市场中信息具有广泛性和容易获得性,网络上的竞争双方很难拥有信息不对称带来的竞争优势。网络市场是一个竞争更加充分、竞争更加激烈、垄断难以持久的市场,所以在网络市场中,垄断往往只是暂时的。

另一方面,垄断进一步强化。这是因为网络的正外部性、产品锁定与换制成本现象的存在,导致市场领先者的市场份额自动增加,从而出现了市场被独占的局面。但是厂商要想占据垄断地位、提高价格,必须是在对市场具有支配力、不面临竞争威胁的前提下。同时,厂商时刻面临着来自其他厂商和新加入者的竞争威胁。因此,网络经济下垄断与竞争的争夺时刻都在进行着,而且比传统经济下更加激烈。

第五节　重新定义合并与收购

一、传统企业的合并与收购

合并(Consolidation)是指两个或两个以上的企业合并成为一个新的企业,合并完成后,多个法人变成一个法人。收购是指一家企业用现金或者有价证券购买另一家企业的股票或者资产,以获得对该企业的全部资产或者某项资产的所有权,或对该企业的控制权。合并与收购是在一定的财产权利制度和企业制度条件下进行的,在并购过程中,某一个或某一部分权利主体通过出让所拥有的对企业的控制权而获得相应的受益,另一个或另一部分权利主体则通过付出一定代价而获取这部分控制权。企业并购的过程实质上是企业权利主体不断变换的过程。

产生合并和收购行为最基本的动机就是寻求企业的发展。寻求扩张的企业面临着内部扩张和通过并购发展两种选择。内部扩张可能是一个缓慢而不确定的过程,而通过并购发展则要迅速得多,尽管它会带来自身的不确定性。具体到理论方面,并购的最常见的动机就是协同效应。并购交易的支持者通常会以达成某种协同效应作为支付特定并购价格的理由,并购产生的协同效应包括经营协同效应和财务协同效应。

在具体实务中,并购的动因主要有以下几类。

(1) 扩大生产经营规模，降低成本费用

企业能够通过并购扩大规模，形成有效的规模效应。规模效应能够使得资源得到充分利用，资源的充分整合可以降低管理、生产等各个环节的成本，从而降低总成本。

(2) 提高市场份额，提升行业战略地位

随着生产力的提高和销售网络的完善，规模较大的企业的市场份额会有比较大的提高，这样的企业可以通过并购的方式来确立其在行业中的领导地位。

(3) 获得充足、廉价的生产原料和劳动力，提升企业的整体竞争力

并购能够扩大企业规模，使企业成为原料厂商的主要客户，大大增强企业的谈判能力，从而为企业获得廉价的生产原料提供可能。同时，高效的管理、充分利用的人力资源和企业的知名度都有助于降低企业的劳动力成本，提升企业的整体竞争力。

(4) 实施品牌经营战略，提高企业的知名度

品牌是价值的动力，同样的产品甚至同样的质量，名牌产品的价值远远高于普通产品的价值。并购能够有效提高品牌知名度和企业产品的附加值。

(5) 实施并购策略，获取各类资源

为实现企业的发展战略，并购活动收购的不仅有企业的资产，还有被收购企业的人力资源、管理资源、技术资源、销售资源等，这些都能从根本上提升企业的整体竞争力，对企业发展战略的实现有很大帮助。

(6) 实施多元化战略，分散投资风险

在混合并购模式中，随着行业竞争的加剧，企业对其他行业进行投资不仅能有效扩大企业的经营范围，获取更广泛的市场和更高的利润，还能够分散因本行业竞争而带来的风险。

二、互联网企业的合并与收购

(一) 互联网行业呈现市场饱和趋势

近年来，互联网行业发展迅速，互联网企业也越来越多，虽然互联网属于新兴行业中的典型代表，但其整体发展也在逐渐走向饱和。因此，互联网企业若想在整个行业中扩大自己的市场份额，占据竞争优势，不仅需要依靠自身内部的发展，还可以采用收购同行企业的方法，这样一方面减少了竞争对手的市场份额，另一方面获取了竞争对手的用户资源。毫无疑问的是，用户数量的快速获取为互联网企业的发展带来了源源不断的动力。

(二) 互联网用户的群聚效应

对于互联网平台用户来说，其存在一定的群聚效应，即当一个互联网企业本身拥有庞大的用户群体时，出于从众心理，人们往往会选择已有大量用户规模的产品，例如，微信、微博以及各类视频软件的盛行，无疑是用户对于大规模用户群体的群聚效应。因此，互联网行业可以说是大数据和信息化的主场，用户规模成为影响企业发展的关键因素。在逐渐饱和的行业中，用户的选择趋于稳定，此时并购为企业发展带来的是稳定的用户群体，这对企业的稳定发展来说无疑有着极大的帮助。

(三)规模经济效应带来的报酬递增

根据科尔尼产业演进理论,互联网在处于产业演变的规模化阶段,整个行业中的企业数量不断增加,但是市场的整体又是有限的,因此行业中的大型企业以及领头企业纷纷开始寻找并购对象,以达到规模经济化。互联网企业的特殊性在于其企业价值的增加主要体现在其用户数量的增加及其信息数据的庞大,因为互联网中的信息可被重复使用,而且企业经营的固定成本与其用户数量并无直接关系,因此用户数量增加,规模效应会使得企业获得更大的边际收益。大多数企业的并购都倾向于横向并购,而并购带来的用户数量又将初始成本进行分摊,使得用户的边际成本趋于最小化,最终实现企业价值的增加。对于互联网来说,一个好的平台和庞大的用户流量是其生存与发展的关键所在,互联网企业合并后,双方可获得彼此的用户流量及已经发展好的平台,企业整体的收入和利润可得以提高,经营与财务上的协同效应可得以实现。

(四)扩大市场份额的关键核心技术

互联网行业发展的独特性在于技术创新以及利用技术而产生的产品的创新,互联网企业生存的关键是拥有足够多的用户以及足够高的知名度,在社会快速发展的今天,如何能够持续地吸引广大用户群体是所有互联网企业都需要面临的问题。核心技术的创新是每个互联网企业最重要的核心竞争力,于是通过并购的方式获取核心的技术便成了许多互联网企业纷纷寻找公司并购的原因。

第六节　互联网如何颠覆旧格局

一、改变以往的客户关系管理方式

随着互联网使用的日益广泛,传统的沟通方式发生了很大的改变。过去,企业与顾客是通过广播、电视、报纸、杂志、电话等媒介建立关系的。随着互联网时代的到来,顾客的需求不断改变,产品的种类越来越多,传统的沟通方式已无法满足客户,企业必须寻求更加高效、便捷的沟通方式,以便第一时间全面地了解客户不断变化的需求。另外,互联网的普及使得客户可以在不受时间和空间约束的条件下获取更多的信息,打破了传统的信息不对称的局面,顾客对产品和企业的选择越来越具有自主性和主动性。在这种情况下,企业必须改变以往的客户关系管理方式,具体如下。

(一)吸引客户

如今,由于互联网包含大量的信息,消费者的注意力十分分散,所以吸引消费者的注意力显得尤为重要。企业可以通过虚拟网络资源与实体网络资源有效结合的方式吸引客户的注意力。例如:建立便捷的网站链接;设计优美的网站页面;站在客户的角度设计和管理网站。再如:通过免费的产品、服务、邮件、信息通知等维系和培养客户群体。

（二）使客户满意

市场营销专家菲利普·科特勒(Philip Kotler)的研究和企业经验表明，开发新客户的成本是维护老客户成本的7倍，所以对于一个企业来讲，维护已有的客户关系至关重要。企业只有提供比竞争对手价值更高的产品或服务，才能使客户满意，才能维持客户关系，并最终提升客户的忠诚度。因为客户的要求越来越高，企业要想满足客户的要求就必须拥有或建立完善的客户服务系统，如投诉服务中心、客户呼叫中心等。完善、周到的服务能让客户感觉到被关心，只有这样才能留住客户，提高客户满意度和企业知名度。

二、更新传统模式

（一）改变传统的运营模式

互联网经济为传统企业的创新提供了条件，为企业运营模式的改革创造了机遇。在企业原材料的取得上，电子商务的网络平台为企业提供了更为便捷、有效的方式，使企业能够获取物美价廉的原材料，帮助企业节省了时间成本、人力成本、运输成本，提高了企业资源的利用效率。在企业的销售方式上，互联网的快速发展以及网民数量的不断增加，使企业能够通过互联网快速、有效地了解消费者的需求，从而使资源能够得到有效的配置和高效的利用，最大限度地避免资源的闲置和浪费。

（二）优化传统的管理模式

互联网经济促进了企业传统管理模式的优化。第一，在互联网经济中，网络系统和各种应用程序能够进行多样化的有机结合。互联网使传统企业冲破了时间、空间的限制，实现了技术与资源的相互整合，同时实现了产品的动态化管理，这将使企业传统的管理模式发生彻底的改变。第二，企业实现了具有特色的产品定制，企业管理模式趋于信息化和合理化。互联网技术的发展促进了企业内部管理制度与网络技术的结合，实现了管理模式的专业化和电子化。第三，传统经济经营模式与互联网经济经营模式的相互结合是企业创新的关键。传统经济与互联网经济相互融合，能够弥补传统经济单一的线下经营的不足，实现线上线下的资源共享，促进企业整体的运营发展，实现企业的运营目标，提升企业的综合竞争力。

三、提升企业国际竞争力

在竞争激烈的经济全球化背景下，互联网经济占领了第二次科技革命的先机，一直引领着经济的发展方向，主导着竞争的规则。互联网经济是第三次科技革命的关键之处，为经济发展提供了一种全新的能量，打开了一个崭新的领域，这对于企业而言既是机遇也是挑战，企业应抓住这次机遇，勇于挑战、勇于创新、勇于改革。

差异化的竞争策略是企业当前竞争的重要力量。在全球化的激烈竞争中，传统的提升企业竞争力的战略一般有3种。第一，价格优势战略。通过降低产品和服务的成本来吸引消费者的眼球。第二,产品差异化战略。生产并提供与竞争对手有差别的产品和服务。第三,目标集中战略。选择产业内的某一细分市场,致力于追求这一目标市场上的竞争力优势,而不是全部市场。

经典案例:阿里巴巴“二选一”——垄断与反垄断

国家市场监督管理总局于2020年12月24日依据《反垄断法》对阿里巴巴集团控股有限公司(简称阿里巴巴)在中国境内网络零售平台服务市场滥用市场支配地位的行为进行立案调查,并在2021年4月10日根据《反垄断法》第四十七条和第四十九条规定,对阿里巴巴在中国境内网络零售平台服务市场实施“二选一”垄断行为做出了行政处罚,处以其2019年中国境内销售额4 557.12亿元的4%,即总计182.28亿元的罚款,并向阿里巴巴发出《行政指导书》要求其进行整改且持续三年向国家市场监督管理总局提交自查合规报告。此次阿里巴巴垄断事件的处罚金额创下国内史上最高纪录。

一、阿里巴巴垄断事件背景

近几年,数字经济领域的反垄断执法非常活跃,这说明数字经济领域绝不是反垄断的法外之地。全球范围内,多个超大型平台都被监管机构提起了不同程度的反垄断调查、起诉,甚至处罚。

我国针对平台领域垄断问题发布了一系列政策文件。2019年8月1日,国务院办公厅发布《关于促进平台经济规范健康发展的指导意见》,首次提出查处互联网领域不正当竞争等违法行为。2020年1月2日,国家市场监督管理总局就《〈反垄断法〉修订草案(公开征求意见稿)》向社会征求意见,希望将平台经济等新经济领域纳入《反垄断法》体系中。2020年11月10日,国家市场监督管理总局发布《关于平台经济领域的反垄断指南(征求意见稿)》向社会征求意见。2020年12月11日,中央政治局会议提出加强反垄断监管,并成立互联网反垄断专项行动小组。2021年2月7日,国务院反垄断委员会正式印发并实施《国务院反垄断委员会关于平台经济领域的反垄断指南》。

全球范围内,针对平台经济垄断的严格规制将成为未来一段时间的总体趋势。美国自2019年以来针对Facebook、Apple、Amazon和Google 4个大型互联网平台企业展开了反垄断调查和诉讼。2017—2019年,欧盟对Google做出了3次反垄断处罚,总计罚款82.5亿欧元。另外,英国、德国、日本、加拿大、意大利、新加坡等国家的反垄断执法机构相继对Google、eBay、PayPal、Amazon、Airbnb、Uber等大型互联网平台企业展开了反垄断调查。全球针对大型互联网平台企业的反垄断监管力度仍在持续加强。

二、阿里巴巴垄断事件概述

2021年4月10日,国家市场监督管理总局对阿里巴巴做出行政处罚决定,认定其构成《反垄断法》第十七条的“没有正当理由,限定交易相对人只能与其进行交易”的滥用市场支配地位行为，并对其处以182.28亿元的高额罚款。根据处罚公告，阿里巴巴自2015年便开始利用其在电商市场中的支配地位对平台商家提出“二选一”的要求，禁止平台内商家在其他竞争平台开店和参加促销活动等，还通过平台规则、数据技术、算法技术等保障“二选一”的执行，以维持、增强自身的市场力量。其中，阿里巴巴的“二选一”要求包括：禁止平台内核心商户在其他竞争性平台开店，使其专注于在阿里巴巴平台开展网络零售业务，或将阿里巴巴平台作为中国境内唯一的网络销售渠道；禁止平台内经营者参加其他竞争性平台促销活动；采取多种奖惩措施保障“二选一”要求的实施，如流量激励、人工/互联网监控商家等。

阿里巴巴“二选一”的行为遭到了竞争平台的反击：2019年，阿里巴巴多次和拼多多就“二选一”问题展开对峙；2020年11月28日，京东起诉阿里巴巴旗下电商平台天猫“二选一”一案开庭。“二选一”只是阿里巴巴垄断行为的一部分，其垄断行为还包括收购饿了么、侵犯版权、恶意删除对手软件、封杀顺丰等。

三、阿里巴巴垄断事件的负面影响

（一）对电商平台的负面影响

对于电商平台来说，阿里巴巴垄断事件增加了中小型电商平台获取优质商家资源的难度，大型电商平台的优势地位进一步凸显，电商平台的行业垄断可能会加剧，其他平台的公平竞争会受到影响。同时，市场竞争机制的积极效用将难以发挥，大型电商平台可能会因此怠于创新。

（二）对平台内经营者的负面影响

对于平台内的经营者来说，“二选一”逐步从仅针对大型平台内的经营者向中小型平台内的经营者顺延；中小型平台内的经营者对电商平台具有更强的依赖性，“二选一”要求将直接阻断其在其他电商平台与消费者所建立的潜在联系，使其发展受阻。

（三）对消费者的负面影响

对于消费者来说，阿里巴巴垄断事件使得其只能以平台内的经营者为导向来选择电商平台，客观上缩小了消费者购物时的选择空间，这无疑是对消费者选择权的间接限制。另外，部分中小型平台内经营者以往的薄利多销的经营模式将受到挑战，他们可能会通过提升商品价格来弥补其在“二选一”行为中所遭受的损失，但这最终会影响到消费者的利益。

（四）对我国金融业的负面影响

对于我国金融业来说，阿里巴巴垄断事件暴露了平台垄断可能造成的金融风险。阿里巴巴等垄断平台往往占据着市场主导地位，具有跨领域、交易量大、交易额高等特点，一旦因经营不善而出现财务问题甚至倒闭，将对我国金融业造成广泛影响，甚至可能通过多渠道引发金融风险，形成系统性金融风险。另外，一些大型平台也可能依靠其在多个市场的大份额和高地位进入金融领域，并利用其数据优势快速抢夺客户资源，从而导致金融业出现不公平竞争的现象。

四、阿里巴巴垄断事件的法律认定

(一)相关市场的界定

相关市场是指经营者在一定时期内就特定商品和服务进行竞争的商品和地域范围。通过对相关市场进行界定,可以明确平台经济模式与传统零售行业的商业模式有许多不同之处。因此,对网络零售平台服务市场进行清晰的界定,有助于监管者在了解平台经济自身特点的前提下进行反垄断规制。

(二)市场支配地位的认定

根据《反垄断法》第十八条、第十九条,《电子商务法》第二十二条,《国家市场监督管理暂行规定》第十一条的规定,电商平台经营者市场支配地位的认定应当考虑以下因素:市场份额;相关市场竞争程度;掌握经营者相关行业、资金和技术条件的能力;其他经营者对经营者交易的依赖程度;其他运营商进入相关市场的难易程度;等等。

(三)是否滥用市场支配地位的认定

该案例中,是否滥用市场支配地位的认定将从以下3个方面展开。第一,平台是否具有拒绝交易的行为。这种行为是指:平台强行关闭商家店铺,或者通过下架/屏蔽店铺、降低搜索力度、限制流量等方式拒绝、中断、减少或延迟商家在平台上的交易。第二,平台是否具有限制交易的行为。这种行为是指:平台限制商家仅在其平台上进行交易,或限制商家在其他平台上进行交易。第三,平台是否具有附加不合理条件的行为。这种行为是指:平台对非独家商家加收不合理的费用,或施加一个不合理的限制,或限制企业最低交易量等。若平台具有以上行为,则认定其滥用市场支配地位。

案例讨论题:

试从互联网经济学的角度分析阿里巴巴垄断事件的形成机理,并讨论如何认定互联网企业的垄断行为。

本章小结

本章描述了互联网市场的结构特征,探究了互联网经济的市场结构度量,分析了互联网市场运行的一般性规律,重新定义了企业的合并与收购,并从市场运行和结构的角度分析了互联网是怎样颠覆旧格局的。本章第一节介绍了经济学对市场结构的分类。本章第二节介绍了互联网经济中的市场结构特征,包括完全竞争、完全垄断、垄断竞争和寡头垄断。本章第三节着重分析了互联网经济的市场结构度量。本章第四节进一步分析了互联网经济的市场运行规律,包括三大定律、基础规律和发展规律。本章第五节重新定义了合并与收购,并将传统企业与互联网企业的合并与收购进行了对比。本章第六节详细阐述了互联网是怎样颠覆旧格局的。

思考题

1. 由于互联网经济市场与传统经济市场存在差异,因此市场结构的度量还存在很大的困难。请根据互联网经济案例探索适应互联网经济市场的动态度量方法。

2. 互联网经济市场中更容易发生企业并购,包括横向并购和纵向并购,甚至会出现“扼杀式并购”的情况。那么,应如何识别这种“扼杀式并购”的企业行为,并对其进行有效的政府规制呢?

本章参考文献

[1] 彼得森,刘易斯.管理经济学[M].吴德庆,译.北京:中国人民大学出版社,2009:231-273.

[2] 陈清风,杨宇琪,丁晨阳.西方经济学[M].天津:天津大学出版社,2016:102-125.

[3] 程英.电子商务与网络经济[M].天津:天津科学技术出版社,2017:48-50.

[4] 芮廷先.网络经济学[M].上海:上海财经大学出版社,2017:203-301.

[5] 石群,罗家丽.浅析互联网经济[J].现代商业,2015(18):57-58.

[6] 张秀冰.网络经济运行规律及其对传统经济理论的影响[J].财金贸易,2000,185(8):8-11.

[7] 姜宜辰.互联网企业并购协同效应研究[D].北京:首都经济贸易大学,2018.

[8] 许春芳.网络经济发展规律与网络信息商品和服务定价理论研究[D].吉林:吉林大学,2007.

[9] 苏治,荆文君,孙宝文.分层式垄断竞争:互联网行业市场结构特征研究——基于互联网平台类企业的分析[J].管理世界,2018,34(4):80-100+187-188.

[10] 王健伟,张乃侠.网络经济学[M].北京:高等教育出版社,2004.

[11] 张铭洪.网络经济学[M].北京:高等教育出版社,2004.

[12] 杨建文,周冯琦.产业组织学[M].北京:高等教育出版社,2007.

[13] 徐水尚.论网络经济的边际递增规律[J].科技和产业,2006(4):31-34.

[14] 谢康,肖静华,李礼.电子商务经济学[M].北京:电子工业出版社,2003.

[15] 周鸿铎.网络经济[M].北京:北京广播学院出版社,2001.

[16] 干春晖,周习.互联网接入价格机制研究[J].财经研究,2006(2):54-66.

[17] 马庆国,王毅达.网络市场效率与价格离散研究[J].浙江大学学报(人文社会科学版),2006(4):50-57.

[18] 孙健,麻志华.网络经济学的公理体系和几个相关理论问题[J].上海交通大学学报,2003(4):626-628.

[19] 向蓉美.建立衡量网络经济的指标体系[J].统计与决策,2003(3):12.

[20] 曾雄.平台“二选一”反垄断规制的挑战与应对[J].经济学家,2021(11):91-99.

[21] 陈庭强,沈嘉贤,杨青浩,等.平台经济反垄断的双边市场治理路径——基于阿里垄断事件的案例研究[J].管理评论,2022,34(3):338-352.

第五章　互联网经济下的市场竞争策略

虽然互联网市场的市场结构以寡头垄断和垄断为主，但不同于传统市场的是，这种垄断的市场结构并未带来预想中的垄断行为，互联网市场与传统市场的最大区别在于其网络产品具有传统商品所没有的网络外部性。当然，产品差异化、技术追赶等因素的存在，使得寡头垄断和垄断成为互联网经济下互联网市场较为普遍的市场结构特征。在互联网经济下，在位厂商们的竞争依然激烈。为了维持和扩展自己的客户群，抢占市场先机和技术制高点，标准竞争和兼容策略等手段成为互联网经济时代下垄断厂商的生存法则。本章着重讲述互联网经济下企业应采取的市场竞争策略。

第一节　差异化定价策略

众所周知，价格是企业销售产品过程中最灵活的因素，也是对企业经营最有影响力的因素之一。

商品的特征差异是导致网络市场所销售商品产生价格差异的显著原因。这里既可能包括商品物理形态方面的差异，也可能包括商品售后服务方面的差别。在信息技术发展迅猛的网络经济时代，消费者获取信息的能力越来越强，他们可以很方便地获得全面的商品信息。这也导致消费者的议价能力大大提高，企业的信息优势越来越弱，因而定价策略是网络经济下企业竞争策略的核心内容之一。

在网络经济下，数字产品具有特殊的成本结构，这使得产品差异化与产品定价策略密切相关，因此多样化的产品有助于企业针对不同的细分市场采取不同的定价策略（如价格歧视、动态定价、捆绑销售等）。

由于价格并不是一成不变的，因此不可能给出所有的具体解决方案，但只要涉及网络经济下数字产品的定价问题，就不得不考虑一些基本的定价原则，这些原则将是企业制定价格策略的出发点。

一、互联网市场的价格离散度

所谓价格离散度，是指在市场上同类商品价格分布相对于某一中心价格分布的偏离程度。价格离散度同样也是衡量市场效率水平的一项重要指标。如果一个市场的效率水平较高，那么消费者和商家之间的信息不对称程度就会大为降低，市场上某种商品的均衡点的价格水平一般等于商家边际成本的价格水平，即实现了资源要素配置的“帕累托最优”的价格水平。在这种情况下，同类商品价格分布的离散程度也就较小。而如果一个市场的效率水平较低，市场中存在较强的市场分割和市场垄断，新商家进入的成本相当高，消费者和商家之间的信息不对称程度相应增强，那么市场中同类商品价格水平的离散程度也就较大，这样的市场效率水平也就相当低。

从理论上而言，价格离散度一般产生于较高的信息搜索成本，或者是消费者并未获得有关产品价格水平的最充分的信息，即消费者和商家之间存在很强的信息不对称性。既然互联网能够在很大程度上降低信息搜索成本和数据收集成本，也就能够在很大程度上降低信息不对称程度。所以，互联网市场的价格离散度理论上应该比传统市场上的价格离散度要低。

但是，理论上的分析并未得到证实。相反，许多数据表明：互联网市场的商品的价格离散度要高于传统市场。例如，布林约尔森(Brynjolfsson)和史密斯(Smith)发现互联网市场中相同的书和CD唱片在不同零售商之间的价格差异大约在50%左右，其中书籍的价格差异平均为25%。他们把这种差异产生的原因归结为以下几个：市场不成熟、客户对零售商的信任以及客户对商品关注程度存在差异。另外，还有些学者通过跟踪对比不同旅行网站或航空公司官网的机票价格，发现票价差异在20%左右。他们认为这种差异是商家实施价格分割战略以及对不同消费者实施价格歧视策略的结果。

二、数字产品的成本特征对价格的影响

数字产品具有特殊的成本结构——高固定成本、低边际成本，这种特殊的成本结构使得网络经济下的企业必须采取与传统经济不同的定价策略。根据传统的经济学理论，在完全竞争的市场中，企业是市场价格的接受者，没有能力影响市场价格。但是，在数字产品市场中，完全竞争的市场并不存在，因为任何人的降价行为都会导致产品价格下跌并使之逐渐向边际成本移动，也就是说，产品价格会在竞争的驱使下，逐渐接近边际成本。

特别地，在互联网环境中，由于数字产品具有边际成本几乎为零的特殊成本结构，于是便自然而然地形成了这样一个结论：这些数字产品会以零边际成本的价格出售。如果是这样的话，厂商初期投入的巨额固定成本将得不到补偿，将没有任何厂商有动力去研发新的数字产品。这明显与现实情况不符，传统经济学理论在解释数字产品定价时出现了一定的障碍。

在这里要特别区分一组概念，即产品和商品。商品在此是特指已经泛化了的、以几乎相同的形式被普遍制造的产品。由于商品是丧失了特征的产品，所以一旦产品“沦为”商品，企业就不能再依靠其获取超正常的利润，这也就是通常所说的“商品化陷阱”。明确了二者的不同之处后，也就不难理解为什么在商品化之前的产品市场中会存在着价格高于边际成本的现象。

三、数字产品差异化的概念和功能

差异化定价的前提是产品的差异化。所谓产品的差异化是指企业以某种方式改变那些基本相同的产品，以使消费者相信这些产品存在差异，从而产生不同的偏好。产品差异化并不是要改变产品的种类。产品经过差异化之后，虽然还是原来的种类，但又与同类产品有所

不同。例如:中国移动的移动通信服务产品里面有不同的品牌(如神州行、动感地带、全球通等),即使是同一品牌也有可能包含多种不同的套餐(如18元、38元、58元、198元等)。由此可见,产品差异化总是相对于产品的种类而言的,产品的种类不同,则产品差异化的范畴也不同。就上面的例子来说,不同品牌的移动通信服务产品都属于差异化产品;而不同的套餐种类,又都属于同一品牌的差异化产品。

产品差异化有效降低了产品之间的替代性。随着产品替代性的降低,一家企业产品降价的行为并不会显著影响另一家企业产品的市场份额,这属于垄断竞争的市场结构。在这种情况下,能够成功地进行差异化的产品就可以抵御降价的不利影响,使自己的价格维持在边际成本之上。因此,产品差异化会直接影响到价格竞争的强度,也就是可以在很大程度上抑制同类产品企业之间的不受任何约束的竞争。产品差异化之所以能够导致产品替代性降低,是因为产品差异化建立了一个固定的客户群,这在很多情况下被称作市场壁垒。由于固定的客户群对差异化的产品有某种特别的偏好,因此他们不会轻易把同类产品中的其他产品作为替代品。这样就使得实行产品差异化的企业拥有了对这些固定客户行使的某些市场权力,其中最主要的权力就是定价权。

当然,产品差异化也不是随意的。企业不可能将所有在技术上可行的产品都生产出来,而是事先从所有可能的模型中选择出若干种进行生产,这主要与固定成本的存在有关。如果把所有可能的产品都生产出来,必然会耗费大量的固定成本,同时过度的产品差异化会使顾客的支付意愿愈发分散,这就会导致多数产品面临着需求不足的问题。因此,固定成本在很大程度上限制了产品差异化的范围和程度。

四、数字产品差异化的实施

产品差异化不能随意进行,我们接下来就要讨论如何实行产品差异化。任何一种产品都可以被认为是各种特性的组合,而消费者可能对某种特性或特性组合具有不同的偏好。当然,有些特性表现得比较明显,如产品的颜色、外观设计、体积、用途等;而有些特性表现得不明显,如质量、CPU核数、内存容量等。产品的特性和特性组合的多样性,使我们可以按不同的方式对其进行差异化。比较常见的差异化方式有两种类型:横向差异化和纵向差异化。

(一)横向差异化

对于横向差异化,产品不存在通常意义上的“好”或者“坏”的区别。横向差异化的产品价格通常是一致的,因为允许用户做出选择所耗费的成本并不能带来价格上的差异。对于产品的某些特性而言,在给定价格相同的情况下,用户所做出的最优选择仅与个人的偏好有关。最明显的例子就是产品的颜色,如果用户对颜色具有不同的偏好,那么即使横向差异化后产品价格一样,它们也都会在市场中各占有一定的份额。例如,iPhone 6和iPhone 7的用户更偏爱金色,而iPhone 5的用户则更偏爱白色。

(二)纵向差异化

在纵向差异化产品空间中,所有用户对大多数特性的偏好次序是一致的。经典的例子就是质量。大多数人都认为较高版本的质量更好，例如，Windows 10 比 Windows 8 更好，Windows 7 比 Windows XP 更好，iPhone 7 比 iPhone 4 更好。

纵向差异化的产品价格通常也是不同的，但是这种价格差异并不一定是线性的、等差的，质量好的产品往往比质量差的产品具有更高的价格。我们知道，在竞争性的市场中，价格差异是由原材料、人工费用等成本不同而引起的，这样来看，反映着不同成本的价格差异应该是等差数列分布或者线性分布的。然而在实际情况下，质量改变时所产生的价格差异却不是这样的。例如，某个网络杂志的提供商对普通用户的收费是每月 10 元，而对高级用户的收费是每月 15 元，尽管高级用户得到了更好的信息服务，但是该提供商仅需每月为此多支出 3 元的成本。那么，我们可以说这 15 元的收费就是由质量的改变所引起的价格差异。如果使高级服务的收费少于 13 元，即成本大于收益，则会出现质量折扣的现象。一般而言，质量加价比较普遍，而质量折扣非常少见，这是因为需要高质量产品的用户往往具有很强的支付意愿，他们比较容易接受高价。

除了上述两种差异化方式之外，产品还可以同时进行横向和纵向的差异化。例如，两家横向差异化的券商提供相似的服务，如果其中一家券商开始提供在线交易服务，那么和另外一家券商相比，这家券商就实现了纵向差异化。

对于横向差异化和纵向差异化，我们需要注意如下 3 个问题。

第一，注意横向差异化与纵向差异化之间的区别。前者的产品没有通常意义上的好坏之分，消费者对这些产品特征的偏好完全依赖于个人品位。而对于后者而言，消费者对于其所涉及的产品特征的偏好是一致的，例如，他们都喜欢质量好、功能多、性能强的产品，是否选择更优的产品则取决于消费者个人的支付能力。

第二，纵向差异化的方向既可以从低级到高级，也可以从高级到低级。消费者对从低级到高级的纵向差异化并不陌生，但是可能不理解从高级到低级的纵向差异化。事实上，生产数字产品的企业为了盈利常常要降低产品的等级，以适应市场的不同需求，所以有时候低级产品的成本比高级产品的成本还要高。

第三，纵向差异化所导致的价格差异并不完全反映其对应的生产成本，即价格与成本之间并不一定是正相关的。

五、数字产品差异化定价

差异化定价也称歧视性定价，被认为是网络经济中的一种基本的定价策略。一些人甚至提出要在网络经济环境下始终坚持差异化定价。简单来说，所谓的差异化定价就是根据市场、顾客的不同对企业生产的同一种产品采用不同的价格。

由于顾客具有不同的喜好和价格敏感度，所以相同的数字产品在他们眼中可能具有不同的价值。这就要求企业必须以顾客的价格取向为信息产品的定价依据，而不是以生产成本为定价依据。例如，假定某些顾客希望软件供应商在原有功能基础上提供更强大的功能，并且愿意为此出更高的价钱，那么按照边际成本等于边际支付意愿的原则，软件供应商必然会生产出一个更高级的版本，当然其价格也会更高一些。这样，软件供应商通过版本划分吸引了不同需求层面的顾客，同时利润也增加了。差异化定价的经济学解释如图 5-1 所示。

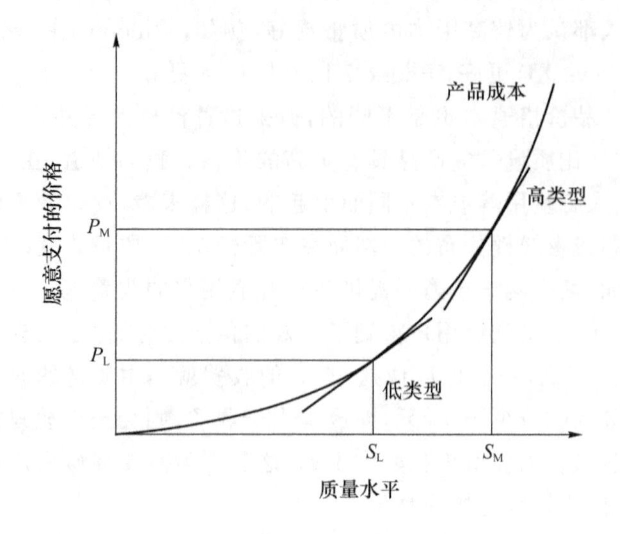

图 5-1　差异化定价的经济学解释

图 5-1 描述了向两个消费者群体销售差异化产品的情况，其中，曲线表示产品成本，横轴代表某种产品的质量水平，纵轴 P 代表顾客对该产品的某个质量水平所愿意支付的价格，下标 L 和 M 分别代表对同一产品具有不同质量要求的两类消费群体。如图 5-1 所示，当顾客愿意支付的价格等于生产某种特定性能产品所需要的边际成本时，无论是高需求用户还是低需求用户，他们都能得到令自己满意的产品。不同需求层次的市场所对应的价格和质量也不同，不同的直线代表不同顾客的需求偏好。在图 5-1 中，直线与成本曲线的切点代表某一特定需求层次的顾客所愿意支付的最高价格，切点以下的部分都是该层次顾客所乐于接受的交易价格。由此可以得出结论，顾客愿意以适当的价格购买那些最适合自己的产品，企业要对顾客和市场需求进行充分的了解，以此选择适当的定价方式，并形成产品的差异化。

差异化定价在实施过程中会遇到以下问题。

第一，差异化定价存在着巨大的风险，一旦失败，它会影响产品销售和公司经营，失去消费者和渠道伙伴的信任。

第二，选择适当的差异化定价方法存在一定难度：一方面，产品差异化之后，因为用户的兴趣和用途不同，定价方法将变得极其复杂；另一方面，数字产品的成本结构与多数实物产品不同，由市场决定的价格对生产和消费无效。

总之，数字产品的定价是以顾客的评价为依据的，所以针对不同的评价（也可理解为偏好），要价也就自然不同，这就产生了差异化定价。当然，差异化定价不只发生在产品差异化的情况下，企业还可以对同一产品实行差异化定价。这方面的例子不胜枚举，例如，传统产业中的航空公司根据买票时间的不同进行差异化定价，网络经济下的数字产品提供商经常利用“延迟”来实行差异化定价。由此，下面引入一个重要的经济学概念——价格歧视。

六、价格歧视

所谓价格歧视是指企业在出售完全一样的或经过差异化的同类产品时，对不同的消费者索取不同的价格。

(一) 价格歧视的原因

作为企业追求利润最大化的一种有效手段,价格歧视早已在经济实践中得以应用,它并不是网络经济下的产物。之所以在这里着重讨论价格歧视,是因为在网络经济下实施价格歧视的条件更成熟,运用价格歧视所带来的效果也更加显著。具体来讲,有以下 3 个原因。

第一,信息技术不仅极大增强了企业了解消费者偏好的能力,还极大地降低了信息的不确定性。

第二,电子商务和管理信息系统帮助企业实现了"点对点"交易模式,使得其交易成本大幅下降,企业在定价上有了更大的空间和更高的灵活性。

第三,互联网及其他信息技术的飞速发展,使得数字产品的生产定制成本更加低廉。

(二) 价格歧视的条件

价格歧视有助于提高企业利润,但并不是所有企业都可以实施价格歧视。在网络经济下,企业成功实施价格歧视要满足以下 3 个条件。

第一,企业要拥有一定的市场力量,即能够将价格定在边际成本之上。如果企业能成功实现差异化,那么该企业就能利用消费者偏好的差异掌握一定的市场力量,从而拥有一定的价格支配权。否则的话就是竞相杀价、赔本赚吆喝的恶性竞争。

第二,企业必须知道消费者的支付意愿,而支付意愿会随着消费者数量或销售量的变化而变化。也就是说,企业必须明确两件事:一是向谁索要高价;二是这个高价能够达到多少。现在,利用客户关系管理系统和大数据分析很容易获得这些信息。

第三,企业必须有能力限制或阻止支付低价的消费者将产品转卖给支付高价的消费者,即防止套利(Arbitrage)。例如,企业通过设置产品识别码对保修和售后服务进行约束,或者采取惩罚渠道商等渠道控制方式防止窜货现象的发生。

如果网络经济下数字产品的生产向个性化定制方向发展,则产品的差异化就会使得转卖难以进行。但是,由于越来越多的信息都可以从网上获得,进行差异化定价会越来越难。

(三) 价格歧视的类型

价格歧视共分为 3 种类型,分别是一级价格歧视、二级价格歧视和三级价格歧视。

1. 一级价格歧视

一级价格歧视有时候也被称为完全价格歧视,当一家垄断企业能够向每个消费者索取他愿意为每单位产品支付的最高价格时,该企业就实现了一级价格歧视(也就是完全价格歧视)。这时,企业由于知道每个消费者的需求曲线,并且能阻止消费者之间的转卖套利行为,所以它能够获取全部的消费者剩余。在现实中,企业很难实施完全的价格歧视,要么是因为转卖的存在,要么是因为关于消费者偏好信息的不完全,要么是因为垄断势力没有形成。

2. 二级价格歧视

二级价格歧视是指价格的不同依赖于购买商品的数量,而不依赖于消费者,又称非线性定价。每个消费者面临的价格表是一样的,但购买数量不同,价格也不同。例如,数量折扣就是二级价格歧视中最常见的一个应用。除了上述这种情况之外,还有一种情况就是通过版本划分来区分消费者,从而进行歧视定价。例如:软件的专业版和普通版分别对应专业用户和普通用户;手机、电脑、单反相机等数码产品具有不同的版本;等等。

所以严格来讲,二级价格歧视严谨的定义是:在不完全掌握消费者个人偏好信息的情况下,企业可以利用消费者的自我选择机制来不完全地获取消费者剩余。对于自我选择机制可以这样理解:由于企业不知道消费者个人的需求曲线,仅仅了解人群中的需求分布,并根据这种需求分布进行非线性定价,所以企业向消费者提供不同的消费组合,通过观察消费者对不同消费组合的选择,来间接地对消费者进行划分。这样企业就可以在信息不完全的情况下,照样对消费者进行分类,并通过实施价格歧视来获取消费者的部分剩余。

3. 三级价格歧视

假设一家企业能够分辨顾客属于两个群体中的哪一个,并且这两个群体的总需求曲线是不同的。如果企业可以阻止两个群体间的转卖,并且清楚每个群体的总需求曲线,那么该企业会向两个群体索取不同的价格。这时候,该企业就实施了三级价格歧视。也就是说,企业可能会观察到某些与消费者偏好相关的信号(如年龄、职业、所在地等),并且利用这些信号实施价格歧视。例如,向学生提供打对折优惠;在一周的不同时间索要不同的价格;KTV工作日时段要比周末时段便宜;等等。与二级价格歧视不同的是,三级价格歧视利用了关于需求的直接信号,而二级价格歧视则是通过消费者对不同消费包(或消费组合)的选择来间接地在消费者之间进行挑选的。

(四) 两段收费与捆绑销售

在不知道消费者个人具体需求的情况下,企业还可以用更为复杂的方式来实施价格歧视,非线性收费中的两段收费就是其中之一。企业可以通过观察消费者在不同的两段收费中所做的选择,来判断消费者究竟属于哪一类消费者群体,这也就是所谓的自我选择机制。在这种情况下,企业不必费心去研究消费者的群体归属,因为每一个消费者的选择都会显示出其所属的消费者群体的特征。

两段收费是指企业先向消费者收取一笔固定的购买权费,然后再收取每单位的使用费,可以用等式 $T(q)=A+p\cdot q$ 来表示。其中,$T(q)$就是企业运用两段收费所制定的非线性价格;A 代表固定费用,通常是大于零的;p 表示边际成本(也称边际价格);q 为购买量。

可见,两段收费提供了一系列线性的消费组合,但是与纯线性定价的直线不同,这条直线不经过原点。两段收费最经典的例子就是:游乐场在收取门票之后,还要收取每项游乐设施和项目的使用费。还有些软件也是这样,例如,MATLAB 在收取基础软件使用费之后,还要收取不同功能插件包的费用。

软件的收费(基础费+升级费)和网络的收费(初装费或月租费+流量费)经常使用两段收费的方式。所以,作为一种传统的价格歧视方式,两段收费在数字产品的销售中也同样“大有作为”。

在网络经济中,捆绑销售的定价方式也很常见。例如,微软公司的 Office 产品就是很多应用软件产品的组合,它的 Visual Studio 就是很多可视化开发工具的组合。正是由于微软公司把它的 IE 浏览器捆绑在 Windows 操作系统中进行销售,网景公司才濒临破产,可见,这种捆绑销售对竞争对手的打击是很致命的。企业除了可以对自己的产品实施捆绑销售之外，还可以与相关企业产品进行捆绑销售。例如，很多PC厂商都与微软公司签订协议，要求微软授予他们在出售的计算机中预装Windows操作系统的权利。

单一的捆绑销售比较少见，企业一般会采取混合捆绑销售的方式。所谓混合捆绑销售，就是指除了捆绑销售之外，企业还可以把捆绑的产品包拆开来卖。例如，你可以购买全套Office产品，也可以单独购买其中一种产品。所以，混合捆绑销售的方式能更好地满足人们不同的需求。

注意，捆绑不是产品差异化的一种形式。产品差异化不会改变产品的种类，而捆绑则是把不同种类的产品组合起来，所以捆绑销售不是产品差异化策略。

第二节　战略锁定策略

一、转换成本、安装基础与锁定的逻辑

（一）转换成本

当消费者从一种品牌转移到另一种品牌的成本非常高时，就会出现第一章介绍过的锁定现象。因此，企业在寻求新消费者（试图挖墙脚）的时候，需要了解他们转换成本的构成，这样就可以针对不同的转换成本制定策略，从而协助消费者顺利实现产品的转移。

转换成本分为社会转换成本和私人转换成本两类。私人转换成本包括在最初采用的技术中所含的沉没成本、转向新网络所需要的支出；社会转换成本可以通过对比市场主体当前正在享有的网络外部性与预期从转移中获得的潜在网络外部性得出。

影响锁定程度的转换成本又可细分为如下几种类型。

合约成本：当用户被锁定在服务、零部件提供和采购的合约上时，会发生合约成本，它等于违约损失或违约方支付的赔偿。

培训与学习成本：当用户受培训后在特定标准下操作产品时，就会产生培训与学习成本，它包括采用新系统时损失的劳动生产率。

数据转换成本：当用户使用新软件时，就需要进行数据转换，这个过程将产生数据转换成本，它随着时间和存储数据量的增加而增加。

搜寻成本：当用户在搜寻新产品时，会产生搜寻成本，它等于为了搜寻某一产品所花费的各种费用、时间、精力及风险的总和。

忠诚度成本：当用户从一个产品换至另一个产品时，会产生忠诚度成本，它等于用户因忠诚度而积累的效益，如消费积分和老客户优惠等。

转换成本从两个相反的方向影响价格竞争。首先，如果消费者已被锁定在某种产品的使用上，因为厂商知道除非价格差超过转换成本，否则消费者不会轻易转换到竞争厂商的产品或服务上去，所以厂商可能会提高价格；其次，如果消费者未被锁定在某种产品的使用上，厂商则会通过提供折扣、免费赠送互补产品或服务来展开激烈竞争，从而吸引消费者，并最终将其锁定在自身的技术上。需要注意的是，转换成本是动态的概念，从消费者开始购买产

品到进行下一次产品转移为止,转换成本是在不断变化的,它有可能变大,也有可能变小。

(二) 安装基础

所谓安装基础,简单来说就是企业向购买者销售的且能够发挥锁定作用、产生转换成本的产品(或服务)。对于所有企业来说,安装基础是最具有战略意义的资产之一。这里所说的资产不是通常意义上企业所控制的资源,而是归购买者所有。安装基础能为购买者带来收益,更重要的是能为供应商带来稳定的预期收益。

企业对用户采取的策略依赖于企业对安装基础的评价,如果企业预计安装基础能为其带来巨大的预期收益,则企业应该协助用户建立安装基础,并且通过此安装基础不断增加用户潜在的转换成本,使用户不能轻易地发生转移。

对于企业来说,拥有大量的安装基础不但意味着拥有众多的用户和潜在的收益流,还意味着能更充分地发挥网络效应。

二、卖方企业锁定策略

销售者在制定锁定策略时,通常从两个方面入手:建立安装基础;利用安装基础(也就是开发安装基础的价值)。

同时,锁定策略并不是简单地以锁住用户本身为目的,而是以用户真正的需求为出发点,加强企业和用户的关系,使企业和用户双方都能从各自的选择决策中获取自身利益的最大化,从而实现双赢的局面,有效地发挥锁定的作用。

(一) 建立安装基础

建立安装基础之前,需要对不同类型的潜在顾客进行价值评估,这是建立安装基础关键的一环。评估是指通过过去某一段时期内向每名顾客出售产品所获得的利润来推算其安装基础中顾客的预期价值。

安装基础对于顾客的锁定价值由两部分构成:一部分是顾客的转换成本;另一部分是基于产品质量和成本的竞争优势。对安装基础价值进行量化有助于在争夺新用户时进行产品定价。在评估过程中,锁定现象是一个动态过程,相应地,安装基础的价值也一直在变,企业不能仅考虑传统的静态会计数据,而应把不同类型的顾客放在整个锁定周期之内进行个别分析。因此,企业一开始就应该提前预见整个锁定周期,把锁定顾客的策略看作一项系统工程,从全局进行评估和规划,以期达到投入最小化和收入最大化的目的。

(二) 利用安装基础

建立安装基础之后,就可以在锁定市场中获得超额回报了,但是要对顾客的转换成本有一个准确的估计,同时仍要不断设法增加顾客的转换成本,如增加会员福利、销售互补品、出售接入安装基础的机会(如门户网站、360 杀毒软件、微信、微博)等。

三、买方企业反锁定策略

买方企业反锁定策略的核心就是要尽量避免锁定的出现，或者是把转换成本所导致的不利影响降到最低。

通常，消费者在购买产品之前处于相对有利的位置，所以要尽量从销售商那里获取所有可能的优惠条件，并且要确保销售商的承诺切实可行，把条件落实到合同上。此外，买方还要避免事后被锁定的困境，注意选择已成为标准的产品（索尼的例子）；注意保持选择权的开放，也就是让销售商觉得你可以轻易地进行转移，因为你一直在使用不同的产品。

除了可以避免被锁定之外，用户在进行产品转移的时候，只要策略得当，仍然可以通过一些其他办法尽量减少转换成本的支出。

第一，消费者在购买之前向销售商传递这样一个信息——转换成本很高，一旦发生转移，就会给销售商带来很大的损失，从而让销售商觉得自己是一个有价值的客户，并以此争取更多的优惠，尤其是即时兑现的优惠。

第二，消费者在购买之后尽可能让销售商相信自己可以再次轻易地进行产品转移，从而让销售商不敢轻易获取锁定的超额垄断利润。此外，用户有关产品的使用信息很重要，因为新的产品提供商可通过这类信息更好地了解到该用户使用之前产品的难处。如果用户不能控制此类信息，那么将在产品转移过程中遇到很大的阻碍。

第三节 构建进入壁垒

身处具有规模经济的网络市场中，行业领先者应该清醒地意识到什么可以利用、可以利用到什么程度，如何恰到好处地运用进入壁垒为自己服务，以及如何有效地进行长期与短期的策略协调。在构建进入壁垒之前，首先我们要分析进入壁垒的概念和分类。

一、进入壁垒的概念

进入壁垒（Barriers to Entry）是影响市场结构的重要因素，是指产业内既有企业相对于潜在进入企业和刚刚进入这个产业的新企业所具有的某种优势的程度。换言之，进入壁垒是指潜在进入企业和新企业在与既有企业竞争时可能遇到的种种不利因素。进入壁垒具有保护产业内既有企业的作用，是潜在进入者成为现实进入者必须克服的困难。进入壁垒可以被理解为打算进入某一产业的企业而非既有企业所必须承担的一种额外的生产成本。进入壁垒的高低，既反映了市场内既有企业优势的大小，也反映了新进入企业所遇障碍的大小。可以说，进入壁垒的高低是影响行业市场垄断和竞争关系的一个重要因素，同时也是对市场结构的直接反映。

二、进入壁垒的分类与形成原因

进入壁垒的形成原因是多方面的，不同的原因导致了不同的进入壁垒，根据不同的形成原因，我们可以把进入壁垒分成以下几类。

(一) 行业自身天然形成的进入壁垒

在取得一定市场份额前,企业不能以最低成本生产产品。单位产品成本最低时的最佳规模(单位生产成本最低时的最小产量)占市场规模(产业需求量)比重很大的产业,往往集中度很高,是垄断程度较高的产业。新企业进入产业不仅需要大量的投资和较高的起始规模,而且难于站稳脚跟。例如,IT 基础设施行业存在着高昂的初始固定成本和沉没成本,这种天然的进入壁垒使资本不足的企业望而却步。又如,软件行业往往对员工的专业素质要求很高,对于不能网罗高素质创作人员的企业,即便侥幸进入了该行业,也会被竞争对手扫地出门。

(二) 政府干预所导致的进入壁垒

行政性壁垒和法律性壁垒是政府为了保证资源有效配置,采取行政管制、法律规定等形式指导和干预企业进入行为,调整企业关系的公共政策。从现象上看,无论是行政性壁垒还是法律性壁垒都要使用一定的强制手段,这是它们的共同之处。某些行业内存在的实业许可制、认可制,使得其他企业进入的可能性变得很小。例如,煤、电、水等行业的垄断性经营就属于此类,而关税、非关税壁垒等这些由国家制度形成的贸易障碍是难以用降低成本或增加广告费用的办法来克服的。当前,申请专利保护已成为企业抑制仿造、限制进入的关键策略。不过这种进入壁垒往往具有时效性,专利一旦过期,与之相随的进入壁垒也就不复存在了,这时在位企业可能面临潜在进入者的大举进攻。

(三) 企业创新形成的或故意制造的进入壁垒

对于信息时代中的知识密集型产业而言,拥有关键技术的企业往往会“赢者通吃”,其通过多年研究积累而得到的关键核心技术会形成一种进入壁垒。产品差别对企业产品的销路和市场占有率有很大的影响,当由产品差别(设计、广告等)形成的成本对新厂商来说更高时,产品差别才成为进入壁垒。消费者对差别化产品的心理上的认同感颇深。对于原有企业来说,他们只需在广告宣传上保持原有的力度或稍加改变即可,无须花费巨额的支出。但对于新企业来说,万事需从头做起,在解决设计和制造方面的难题之后,还要想方设法使公众相信产品是与众不同的,这无疑要比原有企业花费更多的广告和设计费用。例如,在汽车和家用电器行业,原有企业建立了区域性或全国性的推销网和服务网,新企业要建立与之匹敌的系统不是一朝一夕能做到的。因此,原有企业的产品差别程度便成为一道进入壁垒。

对于多数互联网企业来说,几乎没有天然的进入壁垒,多数企业的创意都是得不到保护的,互联网企业一个创意的产生,必然会引来其他类似企业的效仿,所以进入壁垒无法形成。由于互联网企业的发展处于初始阶段,专业性不强,不能利用关键技术使自己脱颖而出,所以正如大家所看到的那样,残酷得近乎失去理性的竞争策略已经使开办互联网企业成为一种名副其实的“烧钱游戏”。当然,这种“烧钱游戏”不会持续太久,从企业长远的、可持续发展的战略角度来说,故意制造进入壁垒只能是一种短期的战略部署,而真正的发展重点应该是研发核心技术吸引顾客。

(四) 投资人的选择偏好所形成的进入壁垒

风险投资在互联网经济的发展过程中起着举足轻重的作用,在互联网企业创立初期,投资人往往在看准互联网企业良好的发展前景之后,再选择投资方向和数目。于是互联网企业在获得投资后,便成了资本市场的宠儿,而成为成熟的互联网企业似乎也变得轻而易举。但是随着市场日渐成熟,互联网企业接踵而至,资本投入回归理性,新的互联网企业想要得到外界投资变得越来越难。这时,因投资人偏好改变所导致的可得资本规模的缩小成为一个重要的进入壁垒。

第四节　兼容和联盟策略

一、兼容的定义和分类

(一) 兼容的定义

事实上,兼容问题一直都存在,只是在网络经济出现之前,兼容问题更多的是技术问题,而在网络经济出现之后,兼容问题更多是企业之间的竞争策略问题。

兼容就是指相互替代或互补的产品能够直接或间接的共同使用。

兼容的例子:Windows操作系统可以兼容很多品牌的计算机;符合 USB 接口标准的 U 盘可以在很多电脑上使用。不兼容的例子:尼康的镜头不能安装在佳能相机上;其他自行车不能使用摩拜单车的零件。

(二) 兼容的分类

对于兼容,我们可以有不同的分类角度,具体如下。

按照兼容的产出,兼容可以分为物理兼容、通信兼容、习惯兼容。物理兼容:两个物理部件可以安装在一起共同使用,如水龙头和水管。通信兼容:不同设备之间利用共同的协议可以实现传输通信,如 TCP/IP 协议。习惯兼容:由于社会习惯统一而形成的兼容,如通用语言等。

按照兼容方向,兼容可以分为向下兼容和向上兼容。向下兼容:新型号兼容老型号,新版本兼容旧版本。向上兼容:与向下兼容相反。

按照兼容的层面,兼容可以分为横向兼容和纵向兼容。

按照兼容的相互性,兼容可以分为单向兼容、双向兼容、互不兼容。

按照兼容程度,兼容可以分为完全兼容、部分兼容、完全不兼容。

按照节点关系,兼容可以分为替代式兼容(可以替换使用)、互补式兼容(组合在一起)。

二、兼容的实现和影响

(一) 兼容的实现

兼容的实现方式有两种:一种是用标准化的方式;另一种是用适配器的方式(可能是硬件,也可能是软件、中间件)。

标准化是事前兼容，大家遵循相同的标准，无需通过中介转换，便可以直接结合在一起使用，这种兼容更加稳定，相对来说也更占优势。

适配器兼容是事后兼容，也就是相互之间的兼容要通过一个中介物进行转换，这种兼容不能实现完全兼容，大多数是部分兼容。这个中介物可以是硬件，也可以是软件。例如：计算机与计算机之间的网络通信要通过网络适配器进行转换，俗称网卡（有以太网卡和无线网卡）；两个应用软件系统之间交换数据，如果交换的数据格式不统一，则需要再制作一个程序来专门转换数据格式；如果不同的应用系统由不同的厂商来做，则需要软件适配器来保证兼容和数据共享。

虽然采用标准化的方式是兼容的主流，但是标准会降低产品的多样性，阻碍创新，而适配器却不会造成这种问题。

（二）兼容的影响

兼容的影响主要体现在3个方面：一是对消费者的影响；二是对厂商的影响，三是对产品（技术）多样性的影响。

1. 对消费者的影响

我们可以通过以下几个公式进行分析。

（1）假设市场上存在两个网络，则消费者选择网络1中产品的效用为

$$U_1 = a_1 + kN_1 - P_1 \tag{5-1}$$

选择网络2中产品的效用为

$$U_2 = a_2 + kN_2 - P_2 \tag{5-2}$$

（2）如果两个网络完全兼容，则效用分别为

$$U_1 = a_1 + k(N_1 + N_2) - P_1 \tag{5-3}$$

$$U_2 = a_2 + k(N_1 + N_2) - P_2 \tag{5-4}$$

虽然消费者的效用随着网络的增加而增加，但是在消费者决策过程中，备选商品自身的网络大小并未影响消费者的自身判断，因为无论选择哪个网络，消费者的协同价值都是相同的。这时候消费者最在意的是商品的自有价值，也就是某种商品自身的质量和价格。例如，当你在决定使用哪个银行的信用卡时，不是看刷卡网络的大小，更多的是看信用卡的年费、服务、活动等是不是令人满意。

（3）如果两个网络部分兼容，则

$$U_1 = a_1 + k(N_1 + \beta N_2) - P_1 \tag{5-5}$$

其中，β是衡量兼容程度的参数，$0 \leqslant \beta \leqslant 1$。当$\beta = 1$时，网络完全兼容；当$\beta = 0$时，网络完全不兼容。需要指出的是，这里假设兼容是双向而且无成本的，如果有成本，我们还需要再增加一个参数，并考虑这个参数对用户效用的影响，之后再做出决策。

2. 对厂商的影响

一方面，无论是通过标准化还是适配器来实现兼容，厂商的成本都会提高，同时产品或技术的性能（转换延时、损耗、不美观等）还会降低。另一方面，兼容对主导厂商、跟随厂商和新进厂商的影响各不相同。对主导厂商而言，主动兼容可能会进一步扩大市场份额，也可能会“引狼入室”，导致市场份额被蚕食；对于跟随厂商和新进厂商而言，主动选择与主导厂商兼容能帮助其迅速扩大网络规模和用户安装基础，从而突破临界容量，形成正反馈。

3. 对产品(技术)多样性的影响

有些学者认为兼容降低了产品或技术之间的差异程度,减少了产品或技术品种的多样性。还有些学者认为兼容可以通过混合配对不同系统的不同组件,增加产品(系统)的多样性。

之所以有这两种相互矛盾的观点,是因为他们看问题的角度不同。前者着眼于单一产品或单一组件的多样性;而后者着眼于不同产品或组件的组合使用,能组合到一起使用的产品越多,集成产品的功能就越多。

三、兼容和联盟策略

我们接下来看看在网络经济的市场竞争中,企业在不同情况下的兼容策略。

兼容策略的一个重要的问题在于,企业在进行兼容决策的时候,必须考虑兼容与否带来的两个效应:网络效应和竞争效应。当两个网络兼容时,消费者的效用会增加,会有更多的消费者选择加入网络,网络效应也会随之增加。与此同时,网络之间的竞争效应也会增加。所以,企业在做兼容决策前需要先判断网络效应增加值和竞争效应增加值的大小,如果网络效应的增加值大于竞争效应的增加值,则选择兼容,反之选择不兼容。

市场上没有永远的敌人和朋友,合作和竞争是相互依存的一个动态过程,网络外部性和正反馈使得合作比以往任何时候都重要,大部分企业需要通过和其他企业合作,建立一个兼容用户的网络。但是,在联盟中,各家企业都有自己的利益和得失,所以在合作中又存在着竞争。因此,在兼容和联盟战略上采取正确的措施,对一个企业来说十分重要。

本书中,我们主要将兼容和联盟策略分为 3 个步骤:寻求兼容和联盟的时机、选择兼容和联盟的对象、寻找兼容和联盟的方法。

(一) 寻求兼容和联盟的时机

兼容和联盟策略的第一个问题就是:什么时候进行兼容和联盟?

我们前面讲过,对任何厂商来说,实现兼容都会同时带来两个效应:竞争效应和网络效应。竞争效应意味着竞争加剧,因为兼容导致市场内的竞争者数量增多了;网络效应则意味着需求上升,因为消费者更喜欢规模较大的网络。因此,兼容问题就简化为这两个效应之间的比较。如果网络效应强大到足以抵消竞争效应的影响,那么厂商必然采纳兼容的决策;反之,厂商应当选择不兼容。

对于多个竞争市场主导地位的企业来说,如果它们认为自己的产品或技术在质量和功能上比其他企业先进,或者在制造能力和市场占有率方面有比较明显的优势,这时可以选择不兼容,因为不兼容稳住了它们的市场地位,而兼容可能带来的竞争效应则往往大于网络效应。

如果相互竞争市场主导地位的企业之间的力量相差不大,那么竞争将会持续很长时间,而且成本高昂。这时候,最好的解决方案就是竞争者们坐下来进行谈判,共同扩大彼此的网络规模。例如,美国 3Com 公司和 Rockwell 公司曾因 56k 调制解调器技术冲突而竞争,由于这种过度的竞争,56k 调制解调器的市场化进程被延缓,许多潜在客户也因此推迟了对调制解调器的升级。这不仅影响了两个公司的利益,还影响了整体市场环境。最终,这次竞争以相互妥协而告终，两个公司按照国际电信联盟的标准达成了兼容，实现了双方利益的最优化。

如果一个竞争者发现自己在标准竞争中的实力相对较弱，这时就要考虑主动与对方实现兼容，采用对方的技术，减少或中和自身的劣势。

（二）选择兼容和联盟的对象

兼容和联盟策略涉及的第二个问题是：和谁实现兼容和联盟？

一个进行标准竞争的企业必须意识到，合作者当中可能包括互补产品和替代产品的提供者，而替代产品的提供者就是自己的竞争对手。

首先，互补产品的提供者都是欢迎标准产生的，因为标准有利于网络效应的扩大，进而为他们的产品带来更多的需求。标准的产生也为互补产品生产商提供了便利，因为他们不必再为一种产品提供多种接口了。但是，互补产品的提供者不愿意和所有技术实现兼容，他们也像消费者一样，希望找到一个将来有希望成为真正标准的技术建立联盟。

其次，竞争对手也有可能是最好的联盟伙伴，企业可以通过一个创造性的协议，使彼此的利益都得到提高。其中值得强调的一点是：并不是只有占据大量市场份额的竞争者才是联盟的对象。有时，与许多小企业联盟可能会形成强大的网络效应，这个时候，向这些小企业授权并邀请它们进入市场，甚至给予它们补贴，可以逐渐蚕食主要竞争对手的市场份额，这反而可能是一个更为合适的联盟策略。

（三）寻找兼容和联盟的方法

找到建立联盟的合适的对象之后，竞争者面临的下一个问题是如何实现兼容和联盟？

兼容和联盟实际上是竞争的另一种体现，具体的方式有许多种，不同的方式带来的成本和利益是不同的。

在标准技术和产品的选择上，可以选择某一个竞争者的技术作为标准，其他技术与之兼容；也可以另外选择一种技术作为市场标准，每个竞争者的技术与之接口。做出哪种选择，主要视竞争者的实力而定。如果存在一个较强的竞争者，那么其技术被作为标准的可能性就会大些。如果最后以某一个竞争者的技术作为标准，那么其他竞争者必须保持警惕，以防这种技术未能实现开放共享，在产品标准、界面和规格等方面的关键部分依然被该竞争者独家占有。而对于这个以技术作为标准的竞争者来说，则应当在尽可能的情况下实现对技术的控制，至少是对技术发展的控制，这样有助于减弱将来的价格竞争。在采用一个其他标准的情况下，联盟成员必须注意这个标准是真的中立，还是对某一方特别有利。

即使实现了开放标准的建立，也并不意味着市场中从此再没有标准之争了。正如前面所讲过的那样，网络市场具有不稳定的性质，无论在哪种状态下都无法持续太久，建立联盟之后的网络市场也是如此。由于标准的保持和管理实际上是一个公共物品，这就必然使得标准管理欠缺。同时，每个厂商都愿意绕过价格竞争，单方面实现对产品的改进，获得额外利润，但这必将导致不兼容的出现。因此，认为可以在现有标准的基础上稳妥地实现网络规模并获取利润的企业是危险的，这种企业有可能被其他在产品上进行改进的竞争者远远地抛在后面。

四、标准竞争

(一) 标准的定义

对于“标准”这个词，相信大家都不陌生。简单地说，标准就是统一的规则或规范。国际标准组织和国家标准化管理委员会都给出了标准的定义。

国际标准组织给出的定义是：标准是由一个公认的机构制定和批准的文件。它规定了规则、导则或特殊值，供共同、反复使用，以在预定领域内实现最佳秩序的效果。

国家标准化管理委员会给出的定义是：标准是对重复性事物和概念所做的统一规定，它以科学、技术和实践经验的综合成果为基础，经过有关方面协商一致后，再由主管机构批准，并以特定的形式发布，以作为共同遵守的准则和依据。

从这个词条解释来看，标准是一个技术性概念。所以技术标准的定义就是：重复性的技术事项在一定范围内的统一规定。

业界流传着一句话：“三流的企业做产品，二流的企业做营销，一流的企业做标准。”

标准制定者拥有标准中的技术要素、指标及其衍生的知识产权。标准制定者以原创性专利技术为主，通常由一个专利群来支撑，其通过对核心技术的控制，能很快形成排他性的技术垄断，尤其是在市场准入方面，它可采取许可方式阻止竞争对手进入，从而达到市场垄断的目的。

因此，我们说标准是自主创新的技术基础。

(二) 标准的分类

对于标准的分类，我们可以从两个角度出发。

1. 从政府和市场的角度

从政府和市场的角度出发，标准可以分为官方标准和市场标准。官方标准就是由政府发布的标准，市场标准就是由市场竞争形成的标准。

若政府发布的官方标准具有法定强制力，我们称之为产品管制，如食品卫生标准、环境保护等级标准(汽车)、安全等级标准等；若仅具有建议和导向的性质，我们称之为产品标准。

由市场竞争形成的市场标准没有法定强制力，仅仅是大家普遍接受的事实标准，这个事实标准会随着新技术或竞争形势的改变而改变。

2. 从适用对象的角度

根据标准针对的对象是单个产品，还是多个产品的组合，我们把标准分为质量标准和兼容标准。这种分类角度和第一种分类角度存在交叉。

在没有特别说明的情况下，本书中提到的标准就是指兼容性技术标准。当然，兼容标准有可能是官方制定的，也有可能是市场自发竞争形成的。

由于标准兼具网络产品、数字产品、高科技产品的特性，所以对网络经济运行的意义重大。

(三) 标准的影响

下面从消费者、生产者两个角度阐述标准的影响。

1. 消费者角度

统一标准可以为消费者带来两个好处。一个好处是因价格降低而获益。因为标准统一能增强市场的竞争强度，使得各个厂商提供的产品标准化，性价比成为竞争点，所以消费者可因厂商的降价而受益。另一个好处是因可用的互补品数量增加、转换成本降低而获益。

除了上述好处之外，统一标准还可能给消费者带来两个困扰。一个是因为标准化的存在，商品的多样性减少了，个性化减弱了；另一个是由于大家都习惯了旧技术标准，从而被锁定在旧的技术上，导致新技术难以建立跨越临界值的安装基础，结果使得次优技术获胜。

2. 生产者角度

从生产者的角度来讲，小厂商和领导厂商对于统一标准的态度是不一样的。

由于互补品生产者、小厂商以及市场的新进入者急于扩大网络规模，产生更大的网络外部性，从而吸引更多的消费者，所以他们是欢迎标准的。但是，市场上的领导厂商对于统一标准的态度就不一定了，他们处理问题的核心在于标准当中所包含的知识产权的地位问题，据此有以下 6 种不同的做法。

第一种做法是一种极端的做法，即开发某种独立的技术，并将其变为事实标准或正式标准，然后对市场上使用该技术的各个厂商收取高额的专利使用费。

第二种做法就是将技术贡献给一个多方共同持有的标准，而收益来源于专利使用费和相关产品的销售收入。

第三种做法是为了让自己的技术被市场广泛接受而故意放水，不收取专利使用费，促使大家开发与其兼容的产品和服务，从而巩固自己的市场核心地位。这种做法适合平台类的技术标准，例如，微软的 Windows 做好一套操作系统平台之后，开发了最关键的应用软件和开发工具包 Visual Studio，之后又公布了一些应用程序接口，最后培育了一个产业生态，从而巩固了自己的核心地位。

第四种做法是与其他各方共同开发一种共用标准，促使使用该技术标准的产品在市场有一个好的销售价格。标准开发方收取的专利使用费很低，收益主要来自使用该技术标准的产品销售提成。USB(通用串行总线接口)就属于这类标准。

第五种做法是不开发新标准，采用各种方法来维持现存标准。这种做法体现了消极和短视的态度。

第六种做法是完全反对集中合作的标准，鼓励分散开发不属于任何人的知识产权技术，从其他途径获取收入，其中开源软件就属于这种典型的做法。例如，为了挑战微软在 PC 时代的垄断地位，一些极客采用全球开源协作的方式开发的 Linux，就是最早的大规模开源软件。现在开源软件越来越多，并有许多成熟的开源社区。

第五节　挖掘数据价值

如今，网络信息每天都在以爆炸式的速度增长，其复杂多样性越来越高，当人类的认知能力受到传统可视化形式的限制时，隐藏在大数据背后的价值就难以发挥出来。只有对客户大数据进行挖掘，才能发挥它的巨大价值和无限潜力。大数据分析和应用得到了各个行业的关注，人们试图从大量数据中发现蕴含的模式和规律，进而发现更多的价值，作为分析对象，数据在这个过程中所起到的作用是决定性的。

一、数据挖掘的内涵

数据挖掘一般是指从大量的数据中通过算法搜索隐藏于其中信息的过程。在开放的数据生态体系中，对海量数据资源的有效挖掘和利用可以充分释放数字价值。大数据和人工智能正驱动着传统产业的数字化转型升级、新业态的发展以及数字经济的持续创新。

一般来说，数据来源主要有3个层面：第一个层面是网络数据；第二个层面是网络传感器上面的数据；还有一些数据既不是网络数据也不是网络传感器上面的数据（如政府以及企业部门所收集的数据），这些数据就属于第三个层面，即社会层面的数据。基于数据库，我们可以先在应用的时候根据需要选择有用的数据，然后通过对其进行变换、利用，最终得到需要的东西。

大数据的类型多种多样，包括交易数据、人为数据和移动数据等。交易数据不仅包括电子商务购物数据，还包括行为交易数据，如Web服务器记录的互联网点击流数据；人为数据大多数是非结构化的数据，它广泛存在于电子邮件、文档、图片、音频、视频等通信工具以及博客、维基等社交媒体的数据流中；移动数据是智能手机或者平板电脑中所产生的数据，通过这些移动设备上App中的数据能够挖掘出相应的信息。

二、大数据分析

大数据分析的基础知识有以下几方面。

（一）可视化分析

大数据分析专家和普通用户对大数据分析最基本的要求就是可视化分析，因为可视化分析不仅能够直观地呈现大数据的特点，还能非常容易地被读者所接受，它就如同看图说话一样，简单明了。

（二）数据挖掘算法

数据挖掘算法是大数据分析的理论核心，只有基于不同的数据类型和格式，它才能更加科学地呈现出数据本身具备的特点。正是因为有了这些被全世界统计学家所公认的数据挖掘算法，我们才能深入数据内部，挖掘出公认的数据价值。另外，也正是因为有了这些数据挖掘算法，我们才能更快速地处理大数据。如果一个数据挖掘算法得花上好几年才能得出结论，那么大数据的价值也就无从谈起了。

（三）预测性分析

预测性分析是大数据分析最重要的应用领域之一，是指从大数据中挖掘信息，并以此科学地建立模型，从而利用该模型和既有数据来预测未来的数据。

（四）语义引擎

语义引擎就是通过用户的搜索关键词、标签关键词或其他输入语义，分析并判断用户需求,从而实现更好的用户体验和达成更精准的广告匹配。

(五) 数据管理

大数据分析离不开数据质量和数据管理。在商业应用领域,高质量的数据和有效的数据管理能够保证分析结果的真实性和有效性。

大数据分析的基础就是以上几个方面,当然,要想更加深入地进行大数据分析,我们还可以采用更具特色、更加专业的大数据分析方法。

三、挖掘数据价值的基本步骤和作用

(一) 挖掘数据价值的基本步骤

第一步:确定需要解决的问题和需求。

互联网企业首先需要知道解决什么问题,解决什么需求,其中需求是核心;其次,根据问题和需求展开,逐个击破;最后找到解决的办法。这样以问题和需求为导向的数据应用才有意义,才不至于在茫茫的互联网平台数据海洋中迷失方向。

第二步:确定分析逻辑。

确定需要解决的问题和需求后,接下来需要把问题逐层分解,这时最常用的分析逻辑就是“逻辑树”。所谓逻辑树,指的是一种思考的框架,也就是将包含前提事件在内的问题,按照与其相关的因素,拆分成小的问题。当然,在复杂的互联网经济市场环境里,每个问题和需求都存在着很多影响因素,如宏观因素、价格因素、销量因素、广告因素等,这些因素中有真假关系和强弱关系之分,需要形成一张网把它们贯穿起来,这个就是分析的逻辑推导,但许多时候数据分析人员往往只看数据,缺乏整体思维逻辑,所以分析逻辑是一个周密地解决问题的模拟过程。

第三步:清洗数据,深入判别关系,寻找数据的规律。

明确了需要解决的问题,理顺了分析的逻辑之后,接下来应该按需清洗数据,通过数据挖掘再次分析因素间的关系,并寻找数据规律。我们知道,对于绝大部分的数据来说,单从表面上是很难看出关系的,只有经过数据清洗才能更好地还原本貌。数据清洗是一个对缺失值、噪声和不一致性进行处理的过程。而处理的关键点(往往容易被忽略)就是对互联网市场的认知和数据逻辑的理解,这也是区分数据挖掘能力的关键之一。

一般来说,各种因素之间只要有关系,就会存在着两种最基本的形态,我们可以建立两类模型对其进行分析:一种是因果关系类模型(Causal Model);另一种是相关关系类模型(Correlation Model)。正确区分这两类模型是很重要的,在实际运用中,不同的关系模型所解决的问题也存在着根本性的差异。这种关联性为实际的互联网经济数据发掘提供了理论基础。在相关关系模型里,最典型的例子就是购物车分析。通过购物车分析,企业决策者可以知道哪些商品被频繁地购买,从而给消费者推荐相关联的商品,该分析已经被运用于营销规划、广告策略或者分类设计等商业活动之中。例如,在淘宝、京东等互联网购物平台,商家会根据用户的浏览行为来推荐差异化产品。

深入判别关系后,就需要顺藤摸瓜,寻找数据的规律。在这个过程中,也许需要一些数据的变形，使得寻找规律更加得心应手。

第四步：应用数据，验证效果，优化迭代。

把数据应用于现实，需要做到理论、编程、统计建模和可计算思维四位一体。在应用层面，最经典的例子就是预测服务。数据的应用是一个不断循环迭代的过程，相关性模型在大数据的分析中不断应用、验证、优化、再应用、再验证、再优化，如此循环往复。

（二）挖掘数据价值的作用

（1）通过挖掘数据价值，可以提高网络营销的精确度

互联网平台企业可以通过对客户行为规律的分析，明确网络产品的经营结构，并据此进行市场预测，从而挖掘潜在的客户需求。另外，互联网平台企业还可以根据数据库中的竞争者信息来制定更优的定价和促销策略，提高营销的精准度。

（2）通过挖掘数据价值，可以扩展服务范围

互联网环境的重要特点之一即交互性强，使得顾客和企业间的直接沟通成为可能。在大数据分析的基础上，互联网平台企业可以有针对性地开展互动营销，并采取信息群发式营销、服务营销、会务营销、增值服务营销及会员制营销等方式来开拓业务市场。

（3）通过挖掘数据价值，可以提高客户服务质量

首先，基于数据挖掘的结果，互联网平台企业可以更容易地定位到目标客户群。其次，根据目标客户群的消费需求，互联网平台企业可以明确具体的服务内容和服务偏好。最后，通过挖掘数据价值，互联网平台企业可以不断地提高客户服务质量。

（4）通过挖掘数据价值，可以促进互联网平台企业的品牌建设

当客户与企业的依赖关系逐渐形成后，企业可以不断地强化与客户的联结程度，并通过传递企业的品牌文化和价值，使客户获得更多的满足感。

经典案例：消费软件的“大数据杀熟”陷阱

一、携程软件的“大数据杀熟”事件

2021 年 7 月 7 日，浙江省绍兴市柯桥区法院审理了胡女士诉讼上海携程商务有限公司（以下简称“携程”）侵权纠纷一案，原告方认为携程存在“大数据杀熟”的侵权行为，法庭一审判决原告胜诉。

2020 年 7 月 18 日，原告胡女士在携程 App 预订了舟山希尔顿酒店的一间豪华湖景大床房，并支付了 2 889 元，次日却发现酒店该房型的实际挂牌价格加上税金、服务费仅 1 377.63 元。胡女士认为：作为携程软件的钻石贵宾客户，她非但没有享受到会员的优惠价格，还支付了高于实际产品价格的费用，遭到了“杀熟”。

之后，胡女士将携程告上了浙江省绍兴市柯桥区法院。法院审理后认为，携程 App 作为中介平台，有如实报告标的实际价值的义务，但其未如实报告。携程向原告承诺钻石贵宾客户享有优惠价格，却向原告展现了一个溢价 100％的失实价格，未践行承诺。

同时，胡女士以携程采集其个人非必要信息，进行“大数据杀熟”等为由，要求携程 App

为其增加不同意“服务协议”和“隐私政策”时仍可继续使用的选项，以避免被告采集其个人信息，掌握原告数据。

法院认定，下载携程App后，用户必须点击同意“服务协议”和“隐私政策”方能使用，如不同意，将直接退出携程App，这是以拒绝提供服务的方式强制用户同意相关使用要求的行为。

据此，法院当庭作出宣判，判决被告携程赔偿原告胡女士差价243.37元，以及订房差价1 511.37元的3倍金额，共计4 777.48元，且判定携程应在其运营的App中为原告增加不同意其现有“服务协议”和“隐私政策”仍可继续使用的选项，或者为原告修订App中的“服务协议”和“隐私政策”，去除对用户进行非必要信息采集和使用的相关内容，修订版本需经法院审定同意。

二、“大数据杀熟”陷阱的类型

（一）根据用户消费历史“杀熟”

针对同一产品或服务，有过消费历史的用户比没有消费历史的用户所需要支付的价格高。例如，在使用打车软件时，新用户的价格比老用户的价格低。

（二）根据用户消费频率“杀熟”

针对同一产品或服务，消费频率高的用户比消费频率低的用户所需要支付的价格高。例如，经常买机票的人比很少买机票的人的票价高一些（同一公司，同一航班，同一时间）。

（三）根据用户消费位置“杀熟”

当软件被允许获取用户定位时，所在地离消费地点近的用户比离消费地点远的用户所需要支付的价格高。例如，在使用订酒店的软件时，如果用户站在离酒店很近的地方，那么所看到的价格就会比站在远处所看到的价格高。

（四）根据用户消费水平“杀熟”

针对同一产品或服务，消费水平高的用户比消费水平低的用户所需要支付的价格高。例如，在使用某购物软件时，在该软件上每年消费三万的用户和每年消费三千的用户相比，其所需要支付的同一产品的价格更高。

三、“大数据杀熟”的市场现状

大数据“杀熟”在消费行业中已经屡见不鲜，除了携程多次陷入大数据“杀熟”风波之外，美团、飞猪等平台也都曾被爆出过相关事件，但该类问题依旧得不到有效解决。

2022年3月，北京市消费者协会发布《互联网消费大数据“杀熟”问题》，对淘宝、京东、拼多多、苏宁易购、唯品会、携程旅行、去哪儿旅行、同程旅行、飞猪旅行、美团（旅游）、美团单车、哈啰、滴滴青桔、盒马、叮咚买菜、多点、美团外卖、饿了么等18个消费者常用的网络平台进行了消费调查。调查结果显示，超七成受访者认为仍然存在大数据“杀熟”现象，超六成受访者表示有过被大数据“杀熟”的经历。

在大数据“杀熟”问题所涉及的领域中，网络购物中的大数据“杀熟”问题最多，其次是在线旅游、外卖和网约车。调查结果显示，超八成受访者表示在网络购物过程中遭遇过大数据“杀熟”，超七成受访者在在线旅游消费中遭遇过大数据“杀熟”，在外卖和网约车消费过程中遭遇大数据“杀熟”的受访者均达到六成多。此外，还有部分受访者表示在电影消费和视频消费时也遭遇过大数据“杀熟”。这说明受访者认为大数据“杀熟”问题主要集中在网络购物、在线旅游、外卖和网约车等消费领域。

关于大数据“杀熟”问题的表现形式，61.21%的受访者认为，大数据“杀熟”主要体现为不同用户享有不同的打折或优惠；45.76%的受访者认为，其主要体现为多次浏览后价格自动上涨；36.92%的受访者认为，其主要体现为同一时间不同用户的价格不同；26.69%的受访者认为，其主要体现为只提供符合用户特点的商品或服务。此外，针对消费者同时在一个平台消费，有人有消费券而有人却没有的现象，83.95%的受访者认为发放打折券或优惠券的结果不公平，76.07%的受访者认为发放打折券或优惠券的规则不透明。

可见，大数据杀熟事件在消费市场中已经具有一定的普遍性，且涉及领域众多，受波及的消费者群体也比较广泛。虽然数字产品的差异化定价策略是企业营销的重要方式之一，但“大数据杀熟”是在未经消费者允许的情况下，通过进入条款便利地获取消费者的个人及购物信息，从而实行差异化定价并严重影响消费者权益的行为，这种差异化定价的合理性和法律边界问题亟需进一步探讨。

案例讨论题：

讨论大数据“杀熟”行为的法律边界，以及消费者遇到大数据“杀熟”陷阱后应如何维护自身权益。

本章小结

互联网经济市场催生了新的生存法则，本章主要从定价策略、战略锁定策略、限制进入策略、兼容和联盟策略以及数据挖掘策略等方面分析了互联网经济市场中厂商的竞争策略。本章第一节介绍了差异化定价策略。本章第二节介绍了战略锁定策略。由于安装基础、转换成本和锁定效应的存在，卖方企业需要制定战略锁定策略，同时，买方企业也需要探索反锁定策略。本章第三节介绍了进入壁垒的概念、分类及形成原因。本章第四节介绍了兼容和联盟策略，包括兼容的定义和分类、兼容的实现和影响、兼容和联盟策略以及标准竞争。本章第五节介绍了数据挖掘策略，即如何挖掘数据价值。

思考题

1. 虽然差异化定价是企业追求利润的方式之一，但不合理的差异化定价策略势必会影响到消费者权益。例如，电子商务领域中的“大数据杀熟”现象——同样的商品或服务，老客户看到的价格反而比新客户要贵出许多。请思考一下这种现象形成的原因，以及客户应如何保护自身的合法权益。

2. 本章探讨了进入壁垒的相关内容，而退出壁垒则是指企业在计划退出市场时所遇到的阻碍退出的因素。那么,退出壁垒有哪些类型?其形成原因是什么?

本章参考文献

[1] 陈富良,黄俊.双边市场中平台产品差异化程度与定价策略研究[J].产业经济评论,2015,14(2):25-38.

[2] 黄敏学,朱华伟,肖莉.国外网络价格研究成果评介[J].外国经济与管理.2003(6):45-48.

[3] 周涛,鲁耀斌,张金隆.网上市场与传统市场价格对比的实证分析[J].管理评论,2006(11):26-30+63.

[4] 高孝平.互联网企业产品定价策略试析[J].商业经济,2017(1):75-77+152.

[5] 吴文杰,谭玲玲.网络经济中的数字产品差异化与定价策略分析[J].科技视界,2012(31):54+93.

[6] 汤卫君,浦徐进,朱晨.数字环境下产品定价与一种产品差异化机制模型分析[J].运筹与管理,2007(1):137-143.

[7] 张地生,陈宏民.网络效应与产品差异化[J].预测,2000(4):54-56+58.

[8] 彭峰.信息产品差异化定价策略研究[J].软科学,2008(2):61-63.

[9] 干春晖,钮继新.网络信息产品市场的定价模式[J].中国工业经济,2003(5):34-41.

[10] 蒋传海.网络效应、转换成本和竞争性价格歧视[J].经济研究,2010,45(9):55-66.

[11] 王玉霞.价格歧视理论中的若干问题[J].财经问题研究,2000(11):18-21.

[12] 邓勇兵.价格歧视的经济学分析与应用[J].商业研究,2001(4):141-142.

[13] 唐小我,傅崇伦.价格歧视有效性研究[J].电子科技大学学报,1996(2):200-205.

[14] 彭赓,寇纪淞,李敏强.信息商品捆绑销售与歧视定价分析[J].系统工程学报,2001(1):1-6.

[15] 张丽芳,张清辨.网络经济与市场结构变迁——新经济条件下垄断与竞争关系的检验分析[J].财经研究,2006(5):108-118.

[16] 帅旭,陈宏民.转换成本、网络外部性与企业竞争战略研究[J].系统工程学报,2003(5):457-461.

[17] 傅晓未.网络经济下的锁定成因及其反锁定策略[J].中国商贸,2014(25):206-207.

[18] 陈林,朱卫平.创新、市场结构与行政进入壁垒——基于中国工业企业数据的熊彼特假说实证检验[J].经济学(季刊),2011,10(2):653-674.

[19] 罗党论,刘晓龙.政治关系、进入壁垒与企业绩效——来自中国民营上市公司的经验证据[J].管理世界,2009(5):97-106.

[20] 聂辉华,谭松涛,王宇锋.创新、企业规模和市场竞争:基于中国企业层面的面板数据分析[J].世界经济,2008(7):57-66.

[21] 刘戒骄.产品兼容、网络效应与企业竞争力[J].中国工业经济,2002(7):28-33.

[22] 潘小军,陈宏民,胥莉.基于网络外部性的产品升级与兼容选择分析[J].系统工程理论方法应用,2006(2):97-102.

[23] 李太勇.网络效应与标准竞争战略分析(上)[J].外国经济与管理,2000(8):7-11.

[24]　邬贺铨.挖掘释放大数据价值[J].中国经济和信息化,2014(14):90-91.
[25]　大岛祥誉.麦肯锡工作法[M].王柏静,译.北京:中信出版社,2014.
[26]　韩家炜，坎伯,裴坚.数据挖掘概念与技术[M].范明,孟晓峰,译.北京:机械工业出版社,2012.
[27]　郭晓韫.挖掘数据价值的四个基本步骤[J].互联网天地,2017(6):24-27.
[28]　王丽丽.网络环境下数据库营销的价值挖掘[J].集团经济研究,2007(5X):140-141.

第六章　推陈出新的互联网商业模式

互联网经济的发展，带来了市场和商业的颠覆性创新，互联网经济下的市场竞争从特点、模式到竞争策略都受到了很大的影响。同时不可避免地，互联网商业模式也在互联网经济时代的冲击下迎来了突破。本章从互联网商业模式的分类展开，分别介绍了几种典型互联网商业模式的特点，之后对引导互联网商业模式创新的新技术进行了梳理，并对互联网商业模式的发展历程和战略转变进行了分析，最后论述了互联网对三大产业和政府政务的模式改革。

第一节　异彩纷呈的商业模式

一、"工具＋社群＋电商"模式

在互联网没有普及之前，商业营销模式往往是将产品推销给个人，只有投放大量的广告才能保证宣传覆盖面，让更多的人看到产品，再在茫茫人海中寻找对产品感兴趣的人。而这样的模式并不能长久地吸引用户，一次交易结束后，可能需要更大的宣传投入才能吸引其他用户。

随着近年来一些社交工具的普及，互联网的双向传播属性给志趣相投的人带来了更加广阔的交流空间。一群有着相同兴趣、爱好、个性和价值观的人，能够通过互联网进行交流、聚集。在这个过程中，互联网涌现出很多基于兴趣、爱好、身份、需求而衍生的社交关系链，这类关系链后来被称作"社群"。于是，基于社交工具和社群用户的商业模式应运而生，图 6-1 简要展示了社群电商的商业模式，如今的微信、小红书等平台，都是这样的新型商业模式。

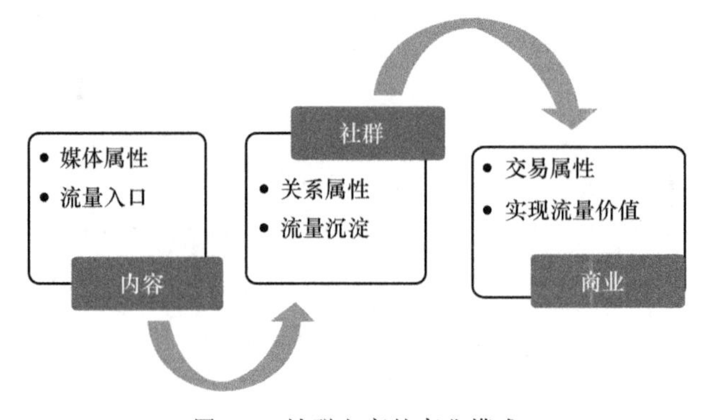

图 6-1　社群电商的商业模式

微信可以说是一个典型的“工具＋社群＋电商”混合的商业模式。2011年年初微信推出时，其定位主要为即时通信与社交分享，3年的时间，其用户数就达到了4亿多，月活跃用户数高达3.55亿。2013年8月，微信更新到5.0版本，从此以后，微信的商业化进程正式迈开步伐。2014年3月，微信支付接口正式对外开放，这标志着微信的定位不仅局限于通信社交，而开始向其他方面转型。微信推出以来，其月活跃用户一直实现着正增长，2012—2017年的月活跃量（季度统计）如图6-2所示。如今，微信的月活跃用户数已超过10亿，可以说，微信已经成为中国的一款“国民应用”。

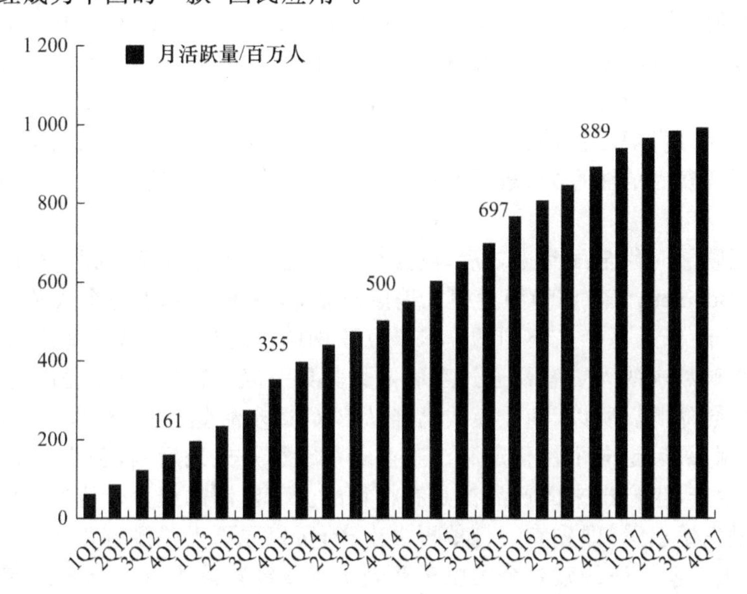

图6-2　2012—2017年的月活跃量（季度统计）

凭借着积累的用户数，微信早已超出了它初期的定位，其功能结合了生活服务、游戏娱乐、电子商务等领域，并且成为每个人在互联网时代的重要名片。对于用户来讲，微信的价值已经不仅局限于社交，以公众平台和朋友圈为载体的信息分享、以微信支付为载体的消费、以小程序为载体的娱乐和生活服务近几年来发展迅猛，这让用户与微信的联系更加紧密了，可以说，如今的微信已经变成了一种生活方式。而对于企业来讲，10亿多的微信用户能给企业提供庞大的流量入口，朋友圈广告、企业公众平台能够让企业更快速地推广产品、提供服务、宣传价值理念。在“工具＋社群＋电商”混合的商业模式下，微信成功地将自己定位为“平台”，它既是普通用户和普通用户之间交流的平台，也是普通用户和企业之间沟通的平台，企业和企业之间往来的平台，更是开展线上与线下服务的平台。

社群就像一根长长的线，将散落在各地的星星点点的分散需求串联起来，聚拢到一起，形成一定规模的新的共同需求。在共同的目标下，聚合的价值不断体现，以此为基础的互联网“工具＋社群＋电商”模式也正在不断更新。

二、个性化定制模式

传统的二八法则认为，20％的核心客户或产品会带来80％的利润，于是商家的目标市场主要集中于此。长尾效应描述了企业从面向大量用户销售少数核心产品，到销售数量庞大的非典型产品的转变，这样的非典型产品被称为利基产品。虽然每种利基产品相对核心产品而言只带来小额销售量，但利基产品的销售总额却可以与传统销售模式下的销售总额相媲美，这样的商业模式的核心是“多款少量”。互联网普及极大地推动了长尾效应，这一效应是对传统二八法则的颠覆。在这样的颠覆下，传统的商业模式迎来了革新。

uFlavor是一家神奇的饮料公司，它可以像3D打印机那样帮消费者生产个性饮料并出售。在uFlavor提供的开放的平台上，用户可以依照自己的兴趣设计一款饮料，并由uFlavor卖出。

工业时代的商业模式是B2C(Business-to-Customer，商对客)，其中B指企业，C指消费者，是一种以商家为核心来推动消费的模式。与uFlavor不同，其他饮料公司制造的饮料旨在满足最大数量的客户与最广泛的人口统计学，商家是整个商业模式的重点。商家先进行用户调研、新产品开发等工作，同时猜测消费者需求，并推出自己的商品；其次开展广告营销等工作，以吸引消费者的注意力；最后通过渠道把产品推到消费者面前。这是以商家为核心的运作机制。

但是，在互联网时代全面到来之后，商业模式发生了巨大转变，以消费者为核心的C2B(Customer-to-Business，客对商)商业模式悄然出现，这种模式基于每个人独一无二的想法、每个人不同的个性以及每个人不同的需求。互联网的出现把将消费者聚集到一起的成本降到了最低，有相似需求的人更容易通过互联网聚集到一起，这时若企业提供定制化的服务与产品，成本必然会降低。所以，商业模式已经从B2C逐步演化成C2B，也就是从大规模生产走向大规模定制，最后走向个性化定制。工业经济往往是先采后销，企业制定生产计划并采购原材料进行生产，生产出来的产品都是有存货的。而定制的最大价值在于消灭存货，顾名思义，定制就是先销后采，即先有了订单再去生产，所以原则上是没有存货的。

世界五百强企业之一的戴尔公司由于开创了直接经营模式，在其与供应商、客户之间构筑出了一个平台，该平台集成了供应链之中的多个环节，极大地提高了供应链的流转效率，使得戴尔的库存周期缩短到了4天。要知道，传统制造企业的库存周期往往都在30～40天。事实上，戴尔的供应链系统早已打破了传统意义上“厂家”与“供应商”之间的供需配给，在戴尔的业务平台中，客户变成了供应链的核心，直接经营模式可以让戴尔从市场得到第一手的客户反馈和需求，之后，生产部门等其他业务部门便可以及时将这些客户信息传达到戴尔的原材料供应商和合作伙伴那里。

定制是一个效率比大规模生产高得多的商业模式，在模式构建中，整个商业过程会从供应链变成“协同网”。工业时代的典型特点是大规模、标准化、流水线作业，供应链是线性、单向的。但从进入互联网时代开始，我们逐渐意识到，随着人们需求的不断增加，人们不再满足于标准化商品，而是趋于个性化，市场由用户接受商品转变为商品服务用户，所以千篇一律的标准化商品不可能形成大量用户。互联网不仅让信息更加透明，还使得传统的商业模式受到了挑战。互联网是一个并发的、同步的、分布式的、点状的、实时的网络，整个商业体系越来越扁平化、知识化、平台化。供应链会逐步向“协同网”转变，一个订单产生后，信息会同步分享到可能跟这个订单有关的所有企业。以前，这样做的成本几乎是无法承受的，但是有了互联网之后，这种信息同步传输在产品上是能够实现的。

三、跨界模式

银行不改变，我们就改变银行。这句话引发了整个互联网行业不小的轰动，很多金融行业大咖对这句话持否定态度，认为根本不可能。然而支付宝推出的理财项目余额宝仅仅5个月就吸金1 000亿的景象令传统银行和金融机构跌破了眼镜，银行稳固的地位受到了极大的冲击，银行存款流失严重。时至今日，中国的移动支付已经被称为“新四大发明”之一，在人们的日常生活中占据着非常重要的地位。同时，在2018年的政府工作报告中，连续第五年提出了对互联网金融行业的风险治理工作，这说明作为一种新业态，互联网金融行业已经逐渐站稳脚跟，并受到了政府的高度重视。

小米也同样紧随跨界潮流，不甘局限于手机生产制造的标签，开始向互联网服务以及新零售进军，力求形成硬件、互联网和新零售相辅相成的“铁人三项”模式，如图6-3所示。除此之外，从2013年开始，小米进行了“小米生态链”的布局，且已经以硬件、生态链的形式打造出了独特的“米家”品牌。“米家”品牌几乎涵盖了所有硬件周边产品以及家用电器，凭借着高性价比获得了许多家庭的青睐。

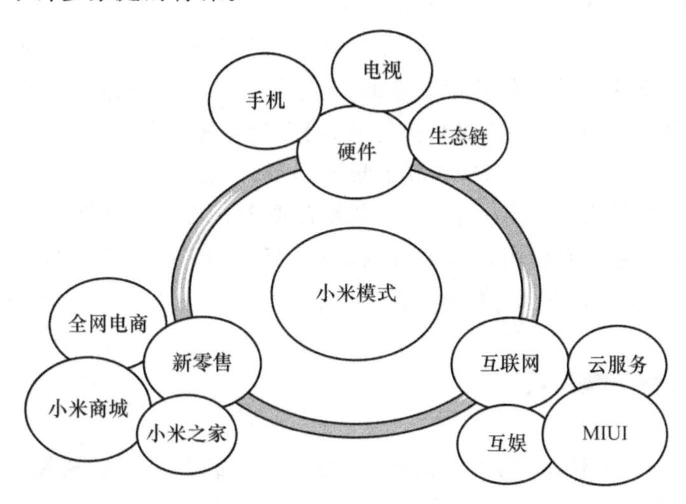

图6-3　小米“铁人三项”模式

互联网预言家凯文·凯利(Kevin Kelly)曾说过这样的一句话：“不管你们是做哪个行业的，真正对你们构成最大威胁的对手一定不是现在行业内的对手，而是那些行业之外你所看不到的对手。”我们可以看出，在互联网的影响下，跨界行动对传统行业产生了极大的冲击。这样的例子还有很多：网约车颠覆了传统出租车；网络自媒体颠覆了传统纸媒；网络销售颠覆了传统零售；等等。究其原因，互联网经济环境下的跨界行为是对传统产业核心要素的再分配，这种行为不仅整合了传统行业要素，还重塑了生产关系，大大提升了整体系统效率。互联网企业通过减少中间环节、所有渠道不必要的损耗、产品从生产到进入用户手中所需要经历的环节来提高效率、降低成本。

互联网在进入其他领域的时候，思考的都是如何打破原来传统行业链条的利益分配模式，把原来获取利益最多的一方“干掉”。正是基于这样的思维，互联网跨界商业模式得以诞生发展并走向成功。

四、免费商业模式

互联网刚刚进入生活的时候，我们因为其中丰富多彩的资源(免费的知识、免费的信息、免费的电影和音乐、免费的聊天通信工具)而震撼不已，尽情享受着互联网带来的便利。如今的互联网时代是一个“信息过剩”的时代，也是一个“注意力稀缺”的时代。人们已经不再满足于获取单一的互联网资源，人们的注意力被越来越多的信息所分散。于是，怎样在无限的信息中获取有限的注意力，便成为“互联网＋”时代的核心命题。我们这里所提到的“注意力”实际上指的是用户流量，这是互联网产品最重要的东西，有了流量，企业才能以此为基础构建自己的商业模式。

互联网的核心就是资源共享，在互联网高速发展的这些年中，成功的免费商业模式比比皆是。谷歌一直是免费策略的倡导者和实践者，它先后对图书馆资料检索、照片管理等服务实行了免费策略，如今已成为全世界数一数二的互联网公司。而在国内，巨人网络、盛大游戏的“游戏免费、道具收费”策略也是免费商业模式的成功案例。短短四五年的时间，网游行业的用户数从 1 000 万增长到 2 亿多，收入从 20 多亿元激增到 300 亿元。

那么，我们不禁要问：互联网的免费商业模式如何才能取得成功呢？事实上，互联网开发产品的成本大体上是固定的，互联网企业所有的商业模式都基于海量的用户基数，而通过互联网将产品传递到用户手里的费用非常低，接近零。因此，一项互联网产品或服务的用户基数越大，分摊到每个用户头上的成本就越低，甚至趋于零。免费是最好的营销手段，它不需要花很多的广告费用去做推广，本身就能形成口碑。用户在免费资源中会对相关的增值服务和其他产品产生好感，进而为其买单。传统商业模式为了进行推广，需要花费几千万的推广成本，而互联网企业依靠用户口碑打响品牌，节约的广告费用可以用于产品的深入研发，进而为用户提供更好的服务，使用户建立对品牌的认知、忠诚、信任，这比广告更加有效。

五、线上线下融合模式

O2O 是 Online to Offline 的英文简称，意思为线上到线下。从狭义上来理解，O2O 就是线上交易、线下体验并消费的商业模式。线下的商务机会与互联网结合，使得互联网成为线下交易的前台。O2O 主要包括两种场景：一是线上到线下，用户在线上购买或预订服务，再到线下商户实地享受服务；二是线下到线上，用户在线下实体店体验并选好商品，然后通过线上下单来购买商品。O2O 商业模式如图 6-4 所示。

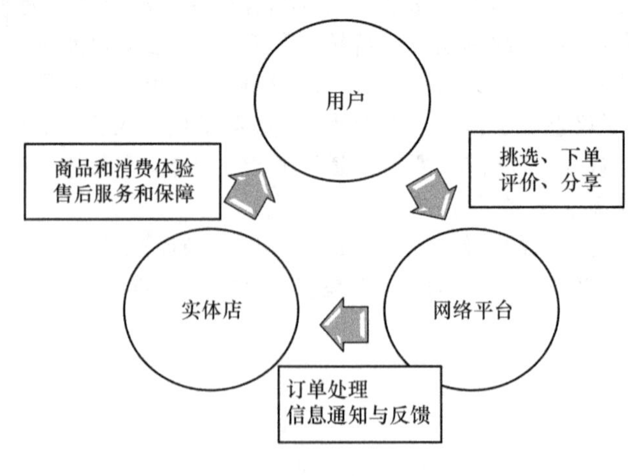

图 6-4　O2O 商业模式

绫致时装是丹麦BESTSELLER集团在中国的全资子公司，于1996年进入中国。作为最早进入中国的服装企业，绫致时装旗下的ONLY、JACK&JONES、VEROMODA、SELECTED一直在中国市场上拥有很高的销量，在全中国覆盖300多个城市，有6 000多家门店。但是从2012年起，绫致时装遭遇了店铺客流下滑明显、消费者体验单一、客流转化率低的问题。因此，绫致时装通过与微信合作，开展了O2O商业模式。微信给予了绫致时装场景和底层数据上的支持——基于移动位置服务将客流导向店铺，然后通过服装吊牌上的二维码打通用户与线下商铺之间的通路。当用户扫描吊牌后，这位用户是不是会员、偏爱立领还是圆领、条纹控还是格子控等一系列划分都会传送到导购员手机的导购客户端上，导购员可以据此适时地介入，提供针对性的建议。同时，用户自己也可以在手机上查看推荐的搭配。当用户对服装满意时，可以在手机上下单；当用户对服装有所犹豫时，也可将相关资料收藏，回家再与家人、密友商量，自主决定是否购买。

由上可知，从引流、驻流到转化，二维码是链接买卖的语言，数据是贯通买卖的主线，通过O2O模式，绫致时装给用户带来了恰当、贴心的服务，提高了用户黏性。

O2O的发展突破了线上和线下的界限，实现了线上线下、虚实之间的深度融合，其模式的核心是基于平等、开放、互动、迭代、共享等互联网思维，利用高效率、低成本的互联网信息技术，实现上下游以及相关资源的产业优化，改善传统产业链中的低效率环节，降低社会的综合成本。

六、平台模式

《平台革命》一书指出：平台正在吞食整个世界。平台模式是互联网时代重要的商业模式，它利用产业思维和互联网力量实现与外部的开放连接，巨大的信息数据由此形成。以平台为导向的经济变革为社会和商业机构创造了前所未有的价值，主要体现在创造财富、增进交流、满足人们的需求等方面。同时，平台模式通过对用户消费行为数据进行分析，对接用户需求与外部资源，进而产生了巨大的经济效益和价值。

平台模式具有三个特征。

一是平台模式是一个双边或多边市场。例如：网络招聘平台一边连接求职方，另一边连接招聘方；互联网金融平台一边连接借款人，另一边则连接投资人。

二是平台具有开放性。平台模式的成功依赖于用户规模和流量，平台可以拓宽企业边界，有效对接社会资源，从而建立一个更大的商业生态圈，以满足用户的个性化需求。

三是平台能够有效缩短产业链。由于一些传统行业价值链过长、协同性不高，且过于强调标准化，因而难以满足用户的个性化需求，所以这些行业已不再适应互联网经济环境。然而，这些行业通过向平台转型，就可实现“去中心化”“去中间化”“去边界化”，从而适应互联网经济环境。

如今世界上排名靠前的企业几乎都是平台企业。平台企业一直处于稳步上升的状态，而且在发展过程中的优势越发显著，甚至抢占了以往能源企业和金融传统企业的地位。那么，为什么会发生这样的现象呢？我们可以用网络效应来解释，梅特卡夫定律告诉我们，网络价值同网络用户数量的平方成正比，即N个连结能创造N的平方量级的效益。例如，Uber是一个诞生于美国硅谷的打车应用软件，它作为一个平台连接了大量的司机和搭车者，在这个平台当中，想要打车的人越多，就会吸引越多的司机加入，一个正反馈循环由此形成。传统的经济理论讲的是供需平衡，而当用户效用随着其他用户的加入而增加时，网络效应就会凸显。这也是平台模式能够成功的一个重要原因。

第二节　通过信息技术创造新模式

一、互联网促进电子商务发展

互联网在中国的发展很大程度上决定了中国电子商务的发展进程，许多人对电子商务的印象或许还停留在“网络购物”的阶段。实际上，电子商务的发展不仅仅是消费者购买商品这么简单，它已经覆盖到了商业服务、金融服务、仓储服务以及其他相关的综合服务中。电子商务的发展分为以下几个阶段。

（一）萌芽阶段（1999—2002年）

在萌芽阶段，中国的网民数量比起今天可以说是九牛一毛，根据2000年年中公布的统计数据，当时中国网民仅有1 000万人。在这个阶段，网民的网络生活方式还停留在浏览电子邮件和新闻上，网民和市场还未成熟，以8848网站为代表的B2C电子商务站点是当时最闪耀的亮点，但可惜最后没有取得成功。在这个阶段，电子商务平台几乎没有发展前景，只是孕育了一批初级的网民。在这个阶段发展电子商务的难度可想而知。

（二）高速增长阶段（2003—2006年）

在高速增长阶段，当当、卓越、阿里巴巴、慧聪这几个响当当的名字成了互联网热点。这些生在网络长在网络的企业在短短的数年内崛起，和网游、互联网服务商等企业一起颠覆了整个通信和网络世界。前程无忧曾经是专门发行招聘报纸的企业，2003年年初的时候还是投放报纸广告送网络招聘会员，到今天已经变成了投放网络招聘广告赠送报纸招聘广告。由此可见变化之巨大，这也反映了网络应用发展对传统业务的深远影响。

（三）纵深发展阶段（2007—2010年）

纵深发展阶段最明显的特征就是，电子商务已经不仅仅是互联网企业的天下。数不胜数的传统企业和大量的资金流入，使得电子商务世界变得异彩纷呈。

阿里巴巴、网盛上市标志着B2B领域的发展步入了规范化、稳步发展的阶段；淘宝调整战略、百度试水意味着个人对个人的C2C市场将在高速发展的同时不断进行优化和细分。亚马逊和京东商城的发展不仅引爆了整个B2C领域，更让众多传统商家按捺不住纷纷跟进。

（四）移动端普及阶段（2010年至今）

2010年至今，中国电子商务快速发展，呈现出以移动互联网、网络视频、网络社交、网络购物等为代表的纵深化普及应用。智能手机的普及使得移动端成为主流市场，移动支付为电子商务带来了新的机会。移动设备不仅是消费者的使用载体，也是电子商务与消费者之间的参与媒介。因此，众多的品牌产品将注意力由传统的集中化展销转向大众化和分布式的营销，更注重和消费者之间的互动。这一转变促进了电子商务的个性化、定制化发展。同时，大数据、人工智能等新技术的应用，让人们的生活更加智能化、便捷化。

二、大数据驱动商业模式创新

当今世界，数据呈爆炸式增长，企业可获取客户、供应商和自身运营状况数以亿计字节的信息。大数据——大量可被获取、交流、集聚、存储和分析的数据，现在已是全球经济活动中每个部门和每一功能的核心，已成为与实物资产和人力资本同样重要的生产要素。

商业模式创新与时代背景有着密切的联系，大数据背景下的商业模式创新具备全新的特征。苹果、亚马逊、淘宝等一批卓越的公司均已制订大数据驱动商业模式创新的规划。布朗(Brown)指出，大数据时代的商业模式创新应该具有突出的标志，企业家们应当学会使用大数据的思维去思考问题。

传统油烟机的商业模式主要是由制造商靠工作经验设计和生产产品，之后再投入销售。如果预测准确，产品就能大卖，商家就能实现盈利；如果预测不准，产品难以迎合广大消费者的喜好，就会导致产品积压，资金链断裂，甚至会影响到商家的正常运营。苏宁电器通过大数据分析，改进了油烟机的设计，从而实现了商业模式的创新。2014 年，苏宁电器在 818 大促时推出了一款新式油烟机，其因功能强大得到了公众的认可，销量大增。该款油烟机之所以能够畅销还要归功于苏宁电器的大数据平台，苏宁电器的大数据研究成果推动了油烟机产业的升级，并延伸到了产业链的各个环节。苏宁电器的大数据平台不仅从产品的研发和设计开始就提供了相关的支持服务，还为产品的设计指明了方向，并为后续的销售和售后服务提供了保障。

大数据对传统商业模式的影响巨大。企业能够从大规模、多样化的数据中发现有价值的数据，从而改进原有运营模式，最终实现盈利。在大数据背景下，企业首先通过大数据技术瞄准目标客户，挖掘客户的需求，并依此进行企业决策；其次根据这些需求以及决算，从产品、技术或者服务上进行创新，必要时也会重新设计供应链、优化流程，以达到降低成本的效果；最终通过提升运作效率、拓宽收入渠道的方法实现盈利。

三、人工智能引领自动化

有人说：世界经济过去二十年主要靠信息技术，但未来五十年靠的是人工智能。2017 年 7 月 20 日，国务院发布《新一代人工智能发展规划》称，将在政策方面全力支持人工智能企业的发展。《新一代人工智能发展规划》提出：到 2030 年，中国人工智能理论、技术与应用总体将达到世界领先水平，核心产业规模预计超过 1 万亿元。这宣告着以人工智能为主要核心驱动的产业升级之战正式全面打响。就在《新一代人工智能发展规划》出台的同一天，2017 联想全球创新科技大会上“让世界充满 AI”的主题也刷爆了朋友圈。联想集团发言人表示，智能互联网在未来十年是最好的投资机会。

早在 2016 商业评论大会上，阿里巴巴集团首席战略官就曾表示，在未来，智能将无所不在。如今,社会云计算、大数据、人工智能等领域的变化带来了社会各个方面(如基因工程、新材料、人工智能物联网等)的进步。而在这样巨大的变革背景下,最重要的变化则是一切商业的未来都必须智能化。商业智能化是未来最重要的发展趋势。智能物联时代和智能商业化时代的到来,不仅意味着传统行业面临被倒逼升级的挑战,更多的是带来创新发展的机遇。

眼下,各大科技巨头纷纷布局人工智能。在可以预见的未来社会中,首先被人工智能代替的就是流水线工人、企业客服、司机等单纯机械重复和缺乏创造力的从业者,随后是具有较高附加价值、相对机械重复、可替代度高的网络编辑、语言翻译及医疗人员等从业者。在未来的社会中,人工智能将充分发挥其社会价值。智能化技术将让交通变成智能交通,医疗变成智能医疗,同时将推动智能农业、智能城市等的出现。

未来的城市将是万物互联的智慧体,智能化、数据化手段将进入各行各业。以工业、农业、房地产业为代表的各行各业都将迎来智能化的挑战,而这也是未来创新商业模式的机遇所在。

四、技术革命促进转型

历次科技革命通过科技成果的产业化、市场化催生新的行业、改造传统的产业、塑造产业格局、推动产业革命爆发,孕育发展中的新科技革命和产业变革也不例外。

当前,消费升级换代和新技术革命正在重构中国零售业,新兴技术手段与传统商业形态的融合,开辟出独具一格的中国零售新格局,成为解决全球消费问题的一个"中国方案"。2017年12月,天猫无人超市概念店亮相乌镇互联网国际会展中心,超市里并无服务员身影,消费者只需通过人脸识别认证即可进入超市,选择好商品后,出门扫码便可完成自动扣款。无人超市运用的物联网支付技术融合了计算机视觉、传感器融合、深度学习、生物识别等多种前沿技术,改变了人们对形态的认知。

科技革命是产业革命的先导。科技发展受多重因素影响,这些因素既包括人类好奇心和科技发展惯性等内在因素,也包括与经济、安全、社会紧密相关的外在因素。未来的科技发展强调以人为本,促进和保障人与自然、人与社会和谐相处将成为科技创新的基本理念,绿色、健康、智能将成为引领科技创新的重点方向。

新产业革命是新科技革命的结果。一方面,无论是从重大科学发现和技术演进趋势,还是从人类共同面临的可持续发展需求,孕育发展中的新产业革命的爆发将更基于多重技术的交叉融合。另一方面,第二次技术革命和第二次产业革命爆发以来,科学革命、技术革命发展到产业革命的时间越来越短。从目前最有可能催生新产业革命的几大科技领域来看,还未出现有广泛关联性和全局性并对人类社会生产生活方方面面产生深刻、持续影响的重大科技突破和发明应用,或许还需要一段时间的积累。此外,孕育发展中的新产业革命将有可能从根本上改变技术路径、产品形态、产业模式,促进产业生态和经济格局发生重大调整。因此,相比历次产业革命,新产业革命对制度的要求将更为苛刻,它更可能发生在具备良好制度条件的国家和地区。

第三节　从产品向服务的战略转变

一、转变客户关系管理模式

传统的商业里有“客户就是上帝”的说法，这样的经济关系包含两个角色：商家和客户。商家负责生产产品，客户负责消费。然而，商家并不是像对待上帝那样对待所有的客户。在与客户的交易过程中，商家严格遵守着“二八”效应的法则，20%的客户能够给他们带来80%的利润。于是，在传统的商业中，客户被严格地划分成三六九等，几乎不可能从商家那里获得平等的待遇。

到了如今的互联网时代，互联网带来了全新的商业模式，这种商业模式完全颠覆了传统的商业模式。商家和客户的关系不仅仅是买卖双方这么简单，大部分客户是产品或服务的使用者，而由于免费模式的影响，用户在使用过程中未必需要支付全部费用。加上客户的喜好分散性较大，选择多样化程度高，“二八”法则在互联网商业模式下并不适用。如果继续用传统商业的思维在互联网时代谋求生存，认为商家和用户仅仅存在交易关系，那么就很难与客户产生连接和信任，更不要说提高用户忠诚度和用户黏性了。

在互联网时代，安装基础在构建互联网商业模式上起着关键作用。传统企业想在互联网时代的浪潮下推陈出新，开创新兴互联网商业模式，首先就要转变思想、转变企业文化。在互联网商业模式下，客户关系是最重要的一点，企业需要遵循“客户至上”的原则，而不是仅仅服务于购买产品的人。安装基础是互联网商业模式的关键，也是改变用户对于产品和服务认知的首要环节。“引入客户关系管理，开展系统化的客户研究，优化组织体系和业务流程，改善企业与客户的关系”成了一种新型的管理机制。互联网技术有助于增强企业与客户之间的关系。

二、战略转型，开放合作

长期以来，IBM一直以“硬件制造商”的形象示人。但进入90年代，由于硬件等传统支柱产品进入衰退期，IBM陷入了前所未有的困境。仅90年代的最初3年，IBM就亏损了160亿美元，并在1993年单年亏损81亿美元，濒临破产的边缘。1993年4月1日，路易斯·郭士纳(Louis Gerstner)出任IBM首席执行官，在他的率领下，IBM开始了一场从制造商到服务商的战略转型。

经历了90年代初的失败，IBM首先做出了改变，开始与其他公司进行横向与纵向的合作。1999年，IBM与戴尔公司签署了一个160亿美元的战略性技术合约，根据此协议，两家公司将进行横向技术合作，戴尔公司将向IBM购买与存储器、网络及显示器有关的技术，今后，两家公司还会继续进行深度合作，互相交换最新技术。1998年年底，IBM将其苦心经营多年的IGN产品转卖出去，专注于其核心的信息系统数据管理服务，并采取了代工模式，向其他厂商供应中间产品。IBM在产品方面也做出了改变：摒弃了原有的自设产品接口标准，改为遵循公用标准并使用开放式软件，以便各种平台的接入和使用。

如今的IBM是全球最大的信息技术和业务解决方案公司,如果不是及时进行了战略调整,适时地将自己的定位从“制造商”转向“服务商”,或许当今的世界就要失去一个伟大的科技公司。

互联网时代是一个风口频出的时代,无论哪一个行业的企业,想要凭借一己之力,在当今时代站稳脚跟并立于不败之地几乎是不可能的。企业为了实现长远目标,更快更好地进行发展,适时的改革是非常必要的。从单纯的“制造业”向“服务业”探索融合是互联网时代的大趋势。在互联网的大浪潮下,新兴商业模式层出不穷,这也需要企业积极探索基于互利的开放合作,通过“强强联合”进一步巩固和发展自己。当今的经济既是竞争经济,也是合作经济,开放与合作是企业发展的前提与背景,企业只有加强彼此间的合作才能在利益共享的基础上共同发展。

三、从以产品为利润中心到以服务为利润中心

在传统的商业模式中,企业会划分不同的责任中心,分别为利润中心、收入中心、费用中心、成本中心和投资中心,这些责任中心分别代表着不同的业务责任层次。对于一般的制造企业来讲,利润中心的主要作用是将大部分产品销售给外部客户,选择大部分原材料、商品和服务的供应来源。商业制造的根本目的是获取利润,能否成为利润中心实际上是评价一个产品的重要指标。因此,传统制造业会将大量人员、投资放到作为利润中心的产品上,无论是改善产品性能、优化产品体验,还是更新产品质量,都是围绕“产品”进行的。

随着逐步进入互联网时代,许多传统行业都在进行商业模式的创新,并将互联网的商业模式引入企业,促进企业的转型升级。在众多不尽相同的互联网商业模式中,却有着非常相似的利润中心,它颠覆了传统商业模式的“产品”利润中心,而是带来了新的“服务”利润中心。

这样的颠覆代表什么呢?在传统的商业中,生产制造企业将大量的人力、财力、物力投入研发和生产的环节,然而信息闭塞这一弊端使得企业的研发环节更像是在“闭门造车”。这样生产出的产品进入市场存在风险,如果销售情况乐观,那么产品就会成为新的利润中心;如果市场的反馈不是正向的,产品就会逐渐被抛弃,企业就会进入新产品的研发和迭代。在互联网高速发展的今天,信息的流通速度达到了难以置信的程度,信息不再是由一小部分人生产,每个人都是信息的源头。企业逐渐意识到,消费者的本质已从使用者转变为市场需求。市场需求对于一个产品的意义甚至大于研发和生产,其实,企业销售产品本质上就是在销售服务。商业模式由此达到了一个新的阶段——从以产品为利润中心到以服务为利润中心。

四、服务创新,追求差异化

随着工业的发展和科技的进步,生产力水平较过去有了飞速的提高,产品已经不再是用户关注的焦点。近年来,作为产品附加值的服务成了聚焦用户、形成商业优势的关键点。所以说,20世纪做产品,21世纪做服务,这是时代发展的潮流。

互联网商业模式总希望尽可能持续地保持用户黏性,从而将新用户转化为可以带来收

入的用户。互联网企业最希望获得的是用户的注意力和时间,因为有了这些就有了一切。而我们所讲的互联网商业模式,已经不再局限于互联网企业。以“用户为核心,互联网为渠道”为特征的互联网思维已经渗透到了传统的商业模式,传统行业也想充分利用这种特征来创造新的商机。

在互联网时代,人们对于资源的需求扩大了,互联网使得消费者的需求变得越来越丰富。消费者选择产品或服务的决策心理已经发生了巨大的转变,对产品和服务的需求不再停留于功能层面,更想在使用产品的过程中得到更加周到和超出预期的服务,渴望获得专属的满足感,这样的需求代表着消费者追求差异化的心理。考虑这样的消费心理,如果企业仍然墨守成规,批量化生产统一标准的产品,那么将不会在互联网的洪流中占有一席之地。于是,企业不仅要秉承以服务为中心的战略,还要提供创新的差异化服务。

在使用手机的过程中,我们最头疼的就是手机出现故障。在过去的很长一段时间里,手机的售后维修有两种方式:一种是去生产厂商的售后服务维修点维修;另一种是去街边私人的手机维修店维修。生产厂商的售后服务维修点往往分布不够密集,距离用户较远,而街边小店则可能存在虚高报价、以次充好等问题。这两种维修方式还有一个共同的弊端,那就是用户都需要把故障手机留在网点,无法及时与外界保持联系。但对于华为手机用户来讲,它的售后服务就显得更加贴心。截至目前,华为在全国建立了千余家客户服务中心,覆盖了全国 299 个城市及县区,用户可以直接到店享受服务,甚至可以享受双向免物流费用的寄修服务。另外,P 系列和 Mate 系列的用户还可在维修期间使用华为任意维修点的高端备用机,免去了手机维修时通信间断的烦恼。华为的售后服务充分体现了差异化战略,通过提供高端备用机的举措来看,华为在服务方面的目标是致力于打造贴心服务,这既是对用户的尊重,也是在服务方面进行创新的体现。

第四节 现代服务业与云计算

一、现代服务业的定义

早期的服务业被称为第三产业,国内外学者普遍认为“第三产业”这一概念的提出最早起源于 1935 年出版的英国经济学家阿·费希尔(Aylmer Fisher)所著的《安全与进步的冲突》一书。正式运用第一、二、三产业的概念,并在统计上采用三次产业分类方法,始于英国经济学家科林·克拉克(Colin Clark)。

我国的“现代服务业”一词是在 1997 年党的十五大报告中被提出的。2000 年,中央经济工作会议上提出:既要改造和提高传统服务业,又要发展旅游、信息、会计、咨询、法律服务等新兴服务业。伴随着信息技术和经济的发展,现代服务业应运而生。现代服务业用现代化的新技术、新业态和新服务方式改造传统服务业,以达到创造需求、引导消费的目的。它是一种向社会提供高附加值、高层次、知识型的生产服务和生活服务的服务行业。

服务业的发展由远及近可以分为 3 个阶段:第一阶段是初级阶段,生产生活以单一的农业为主,服务业也以发展住宿、餐饮等个人和家庭服务等传统性服务为主;第二阶段为工业化阶段,与商品生产有关的生产性服务在这一阶段迅速发展,该阶段初期以商业、运输业、通信行业为主，后期才出现了金融业、广告业等新型业态；到了第三阶段，社会呈现后工业化时代，金融、保险等行业进一步发展，科研、信息、教育等现代知识型服务业迅速崛起，并有着广阔的发展前景。

世界贸易组织将现代服务业划分成九大类：商业服务、电讯服务、建筑及有关工程服务、教育服务、环境服务、金融服务、健康与社会服务、与旅游有关的服务、娱乐文化与体育服务。

二、现代服务业的特点

（一）以“轻资产”为主

新兴现代服务业是典型的“轻资产”行业。行业内的企业通常以拥有知识产权、人力资本、开发工具、软件、品牌等无形资产为主，房屋、机器设备等固定资产所占比重较小，企业的发展并不依赖固定资产等“重资产”投入，而是依靠技术创新、服务能力提升、供应链管理等高附加值的“轻资产”。

（二）商业模式不断创新

现代服务业是商业模式创新的产物，现代服务业的发展推动着商业模式的不断创新。支付和信用问题一直是困扰网络购物行业的核心难题，支付宝的出现则充分解决了这两个难题。支付宝本质上是一个信用中介，在买卖双方交易时，它将提供一种支付担保服务，替买卖双方暂时保管货款，这样的支付模式充分解决了交易过程中的诚信问题。阿里巴巴集团依托支付宝这一交易平台，形成了淘宝和天猫两大网购平台，以较低成本为广大企业和个人商户建立了与消费者直接交易的全新网络交易模式，极大地推动了网络购物模式的普及，有效地降低了社会交易成本，有效地促进了社会分工协作。淘宝、天猫等网购平台不仅改变了人们传统的消费习惯，还深刻地影响了零售业、制造业、物流业等传统行业的发展方式，促进了我国生产销售和流通领域的变革。

（三）人才成为关键要素

现代服务业应用的技术通常都比较前沿，提供的服务内容的科技含量通常都比较高。另外，产业形态、商业模式等也发生了重大变革。在此背景下，发展现代服务业需要大量专业人才。现代服务业成为人力资本高度密集的行业。目前，我国高端人才的国际竞争力逐渐增强，我国企业的自主创新能力也随之增强。现代服务业的发展为人才提供了充分的发展环境，同时人才的进步也为现代服务业的发展提供了有力保障。

三、我国现代服务业的发展现状

改革开放以来，我国服务业一直快速发展，服务业占国内生产总值的比重从 1978 年的 24.6％上升到 2001 年的 40.5％，但进入 2002 年以后，服务业产值比重一直在 40％左右徘徊不前甚至略有下降。我国服务业比重较低与我国工业的高速发展密切相关，事实上，我国服务业的发展已经处于国际领先的速度，但由于我国处于工业高速发展阶段，国内生产总值增长更为迅速,较之而言,服务业产值的比重就处于增长较为缓慢的状态。2007 年 3 月,国务院发布《关于加快发展服务业的若干意见》,家庭、养老、文化创意等服务业的发展指导意见随之出台,为现代服务业奠定了较好的发展基础。2014 年 8 月,国务院发布《关于加快发展生产性服务业促进产业结构调整升级的指导意见》和《关于加快发展现代保险服务业的若干意见》等,体现了我国对于发展现代服务业的紧迫需求以及现代服务业对于国家发展的重要意义。2014 年的中央经济工作会议首次提出,我国已经进入了经济发展的新常态时期,在“新常态”的经济形势下,产业升级和经济结构的调整已经成为未来一段时期中国经济发展的重要方向之一。国家主席习近平曾指出,要大力发展服务业特别是现代服务业,并将现代服务业的发展作为调整优化产业结构的重要内容。现代服务业不仅是未来一段时间的重要发展目标,还成了中国经济的重要支柱。可见,现代服务业的发展已成为衡量一个国家或地区经济发展现代化程度的重要指标之一。

然而,当前我国现代服务业的发展现状并不乐观,还存在如管理体制机制不健全、专业技术人才匮乏、技术水平发展程度低等许多弱点,这些都成了制约现代服务业发展的原因。

四、云计算助力现代服务业的发展

当今现代服务业的发展,已经开始融合先进的信息技术,其中云计算的应用占据了重要的地位。云计算是一种能够通过网络以便利的、按需付费的方式获取计算资源(包括网络、服务器、存储、应用和服务等)并提高其可用性的模式。这些资源来自一个共享的、可配置的资源池,能够以最省力和无人干预的方式被获取和释放。通俗来讲,云计算就是一个云厂商已经建立好了一个资源库,任何需要使用空间或资源的人,只需要通过连接,就可以自由地使用资源池中的空间或共享信息。这样的模式降低了成本,大大提高了信息流转效率。云计算模式如图 6-5 所示。

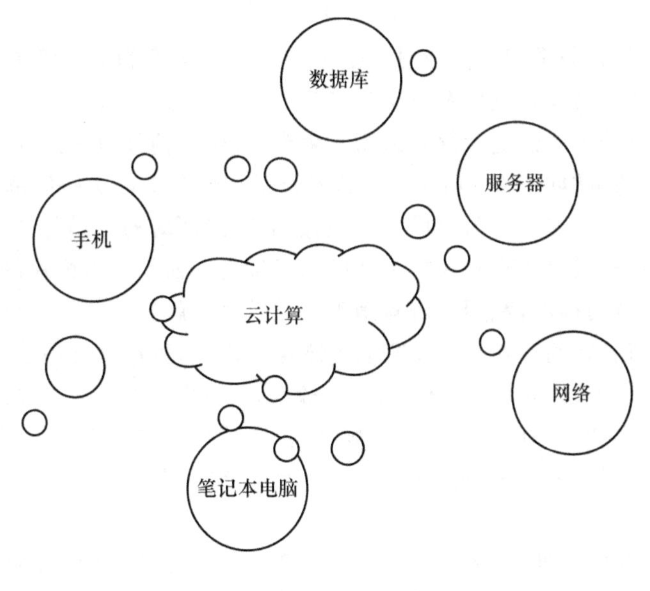

图 6-5　云计算模式

医药企业与医疗单位一直是国内信息化水平较高的行业。在"新医改"政策推动下，医药企业与医疗单位积极对自身信息化体系进行优化升级，以适应医改业务调整要求。在此影响的推动下，以"云信息平台"为核心的信息化集中应用模式孕育而生，这种模式会逐步取代目前各系统分散的应用模式，以此实现医药企业的信息共享，进而提高医疗信息公共平台的整体服务能力。

目前，云计算应用已经深入到了教育行业，在清华大学、中科院等单位得到了初步应用，并取得了很好的应用效果。未来，云计算将在我国高校与科研领域得到广泛的应用，各大高校将根据自身的研究领域与技术需求建立云计算平台，并对原来各服务器与存储资源加以有机整合，提供高效可复用的云计算平台，为科研与教学工作提供强大的计算机资源，进而提高研发工作的效率。

云计算为电信领域带来了新的发展，国外的大型电信企业除了向社会公众提供互联网服务外，同时也作为"云计算"服务商，向不同行业用户提供产品应用服务。这些电信企业创新性的产品增值服务，也强力地推动了国外公有云的快速发展。因此，国内电信企业也将成为云计算产业的主要受益者之一，云计算服务商通过对国内不同行业用户的需求进行分析，提供各类付费性云服务产品，打造自主品牌的云服务体系。

目前，尽管云计算已经在中国得到了一定程度的普及，越来越多的云应用开始融入人们的日常生活与企业的经营过程，然而，云计算技术目前的应用仍旧只是"冰山一角"，未来云计算的发展依然能够给各行各业带来新的前景。

第五节　从封闭走向开放

一、传统商业思维模式

思维是最基本的判断常识。商业思维是指站在哪个角度和立场考虑商业问题，在传统商业思维中，商家往往站在自己以及所生产产品的角度思考问题。

一直以来，传统的工业制造业都是封闭式生产，由生产商经过一系列环节决定如何生产商品，传统企业"价值链"如图 6-6 所示。厂家的产品一般需要经历中间商、零售商等好几个环节才能到消费者手中，在传统商业模式中，制造商直接面对的并不是消费者而是中间商和零售商，这样的商业模式只能建立在需求旺盛的基础上。而消费者面对的也是零售商，这些零售商往往会进行营销推广，利用广告营销等活动扩大品牌及商家知名度，消费者被动接受信息，生产者与消费者之间存在着信息割裂的现象。因此，生产商并不能第一时间了解到消费者对产品的评价、建议以及要求，从而具有一定的服务滞后性。除此之外，传统商业模式的营销媒介主要是电话、传真、信函和传统媒体，主要依托实体店铺进行现场交易，在信息传播过程中，这样的商业模式会造成中间环节多、流程缓慢、信息不对称、信息传输成本高等问题。

在电子商务兴起的初期，实体店拥有了一个转型的机会，电商平台巨大的用户量吸引各大店铺纷纷转站线上，在一定程度上，平台会给店铺引来更多的用户量。但是商家仍然采取传统的商业模式，并没有注重用户管理，更没有针对用户展开恰当的营销推广。对于当时的商家来讲，网上店铺仅仅是一个营销渠道，互联网也仅仅代表着传统商业模式的一个工具，只是作为信息传输媒介为商业带来一种新方式，和以往的电话通信、报纸或电视媒体没有本质的区别。

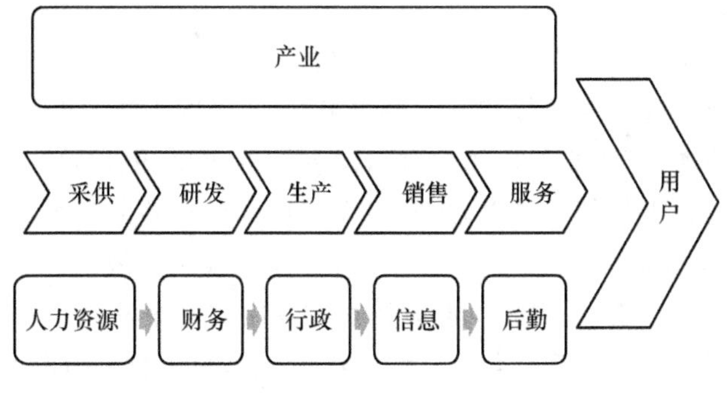

图 6-6　传统工业“价值链”

二、走出信息的边界，走向实体产业

随着互联网的逐步发展，互联网商业模式的推陈出新，互联网作为信息媒介的定位已经逐渐被打破。互联网的发展领域已经开始向传统产业渗透和延伸，以资本为纽带的实体企业向以契约为联系的互联网企业发展，互联网作为新经济的核心正对传统商业模式中的管理架构、营销方式等方面产生着影响。

以往传统企业管理模式呈垂直型，信息交流主要是在上下级之间进行，中层管理人员是基层和高层的关键纽带，负责上传下达，然而，信息在层层管理和流转中可能会失真。冗长的决策机制严重影响企业的发展效率和发展速度，从而使企业失去最好的市场机会。在互联网的影响下，企业组织机构的层次将明显减少，组织将呈扁平化，这有利于企业对变化的市场及时做出灵活的反应。

传统企业靠市场信息不对称以及价格垄断产生利润，互联网条件下的企业和消费者通过网络迅速连接起来，消费者成为购物的主导者。购买商品或服务的意愿完全掌握在消费者的手中，这样传统的“销售商向顾客推销”的方式正在转变为以“消费者满意”为中心的主动的个人营销。

随着互联网的发展，信息不对称性被消除，市场竞争更为公平，产业边界更加模糊，企业间的竞争进一步加剧，大企业不仅面临同行中小企业的竞争，还面临着其他行业企业的竞争。电子商务平台技术在商业的广泛应用为企业提供了巨大的市场潜力和全新的销售方式。在网络的冲击下，企业的创新意识被激发，“适者生存”的含义体现得淋漓尽致。

在传统的运作方式下，企业每做一个产品，基本都会思考如何盈利。在互联网背景下，企业采取免费或者微亏的策略，在客户的分类增值服务上采取收费的方式，在特色的服务上采取更激进的盈利方式。

每一种新技术的出现，都有可能带来商业模式的改变，同时也意味着一个新的商业机会的出现。互联网技术的不断发展，新技术边界的不断扩大，从管理方式、营销模式、竞争业态、盈利模式等方面给传统商业模式带来了颠覆性改变。

三、互联网思维带来新动力

2012 年,百度 CEO 李彦宏首次提出了“互联网思维”。

互联网的本质是连接。对于传统商业模式来讲,互联网不能改变生产制造本身的成本,能够做到的是缩减成本,其本身所连接的事物没有发生变化,但连接的方式发生了变化,并产生了互联网存在的巨大价值。所以,我们到底应该如何解释互联网思维?我们首先要确定的一点是,不是因为出现了互联网,才有了互联网思维,而是因为互联网科技的发展及其对传统商业形态的不断冲击,才导致了互联网思维集中式的爆发。

互联网思维是指在(移动)互联网+、大数据、云计算等科技不断发展的背景下,对市场、用户、产品、企业价值链乃至整个商业生态进行重新审视的思考方式。互联网是平台,与以往的平台相比,其连接的范围更广泛,效率更高,更能呈现一种网状形态。同时,互联网主张开放、共享、平等和协作,其中平等、开放意味着民主,意味着人性化,从这个意义上讲,互联网思维代表的是以人为本的思维。和传统工业模式中的“价值链”不同,互联网思维下的商业模式更倾向于“价值环”的模式,如图 6-7 所示。

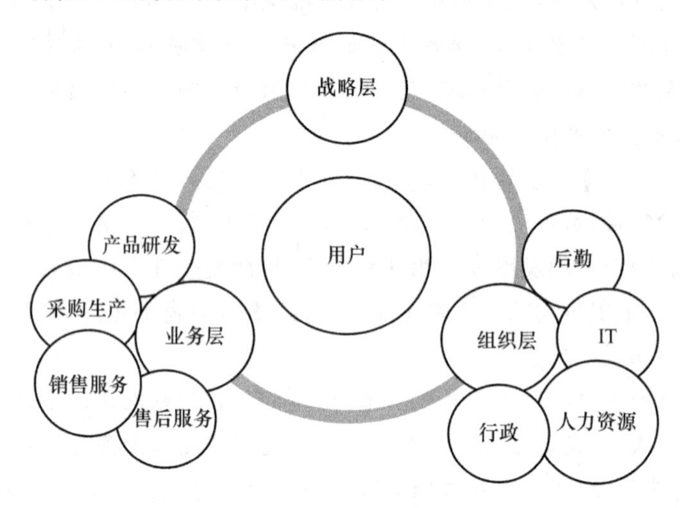

图 6-7 “价值环”

第一,互联网思维要求企业运用“用户思维”,在价值链的各个环节中做到以用户为中心,并以此形成企业文化,通过提升用户参与感、用户体验感等方式进行服务。第二,在信息爆炸的互联网时代,互联网思维要求企业拥有简约却不简单的关注点,在短时间之内吸引用户的注意力,同时确立所对应的品牌定位,只有这样才能带来事半功倍的效果。第三,企业要拥有“极致思维”,把产品和体验做到超乎预期的效果,这样自然能够形成口碑效应。第四,企业要在“敏捷开发”的基础上保持“迭代思维”,以人为核心,循序渐进,在持续迭代中改进产品。第五,企业要明白,流量即体量,体量能够带来分量,流量能够带来大量入口。

可以说,互联网思维带来了一种新的商业态度,并在互联网的不断发展中形成了独有的思维体系,为传统商业模式带来了新的发展动力和发展前景。

四、开放与分享

在互联网经济的大潮中，全球市场的产业链发生了重组，许多企业致力于构建自己的“生态圈”。信息的开放与共享成为新时代的重要特征。传统的封闭式生产销售模式正在逐渐被开放性的网状互动体系所取代。

互联网企业具备开放性、创新性、高效率的特点，其拥有众多传统企业所不具备的优势。互联网企业可以通过共享信息与开放平台的方式，帮助传统行业完成转型升级，促进彼此的共同发展。其中，开放与共享的途径包括：与第三方服务公司合作、投资传统行业、与传统行业进行跨界合作。

第一，第三方服务公司的崛起为传统企业的转型提供了极大的便利。由于缺乏技术上的优势，传统企业往往无法有效适应互联网经济环境。第三方服务公司可以利用大数据平台等技术支持，优化传统企业的组织结构，帮助传统企业收集及分析用户数据，并提供精准营销策划方案或口碑传播方案。

第二，投资传统行业是解决方案之一，互联网思维逐渐被传统行业所接纳，推动了其在产品研发、推广营销、经营管理等环节的优化升级。对于传统行业而言，利用互联网的开放与共享是完成转型升级的重要手段。

第三，传统企业主动与互联网企业跨界合作，也是一种不错的解决方案。传统企业可以通过合作，获得互联网企业的用户资源与营销渠道，学习互联网企业的运营管理模式。跨界合作的成功案例有很多，例如，海尔加入苹果“智能家居”生态链战略，就是传统家电企业与互联网企业的强强联合。

这里的开放性主要是指信息与平台的开放。互联网可以说是市场中最佳的平台，企业与互联网相结合可以在最大程度上挖掘用户资源。在用户高度追求互动参与的互联网环境中，平台必须是开放的，开放能够吸引更多的用户参与进来。没有用户，就没有品牌；用户越多，品牌也就越有价值。

这里的共享性指的是企业对生产资料、资产、资本的共同开发和使用。这主要包含以下两层含义。首先，共享性追求互动性。无论从哪个角度来看，共享都是双向的。单向地公开信息不等于共享，只有互动才是真正的共享。像我们平时使用的社交即时通信软件，如果没有企业与用户之间的双向互动，这些社交平台就失去了意义与价值。其次，共享性以共用平台为基础。互联网中会出现开放源代码的现象，这是一种共享机制。开放源代码就是通过互相协作孕育更大创新的途径。实际上，它就来源于共用平台，这种共用平台指的就是云计算、云存储等。自从互联网经济进入大数据时代后，云计算等大数据平台正逐渐成为打通各产业、构建生态圈的主要推手。

共享与平台的开放已经成为互联网经济的特征之一。没有开放与共享思维的企业，就相当于在今天的市场竞争中自缚手脚。无论是互联网企业还是传统企业，既要善于利用互联网的共享与开放来促进自身发展，也应当在力所能及的情况下做共享与开放的先行者。

第六节　互联网＋各行各业

当前，以移动互联网、云计算、大数据等为代表的信息技术发展迅猛，信息科技及其在社会经济生活方方面面的应用广泛并深刻地影响和改变了人类社会，信息在继物质与能源之后，已经成为人类社会生存和发展的第三大战略资源。2015 年 7 月，国务院发布了《关于积极推进“互联网＋”行动的指导意见》，这是国家层面对于“互联网＋”战略的积极部署。从国际大背景来看，作为发展的大趋势，“互联网＋”可以说是掌握全球竞争主导权的重要标志。随着信息技术的不断发展，互联网与经济社会各行业、各领域的跨界融合不断深化，带来了各个产业的转型升级，为人们的生产生活带来了难以置信的改变。

一、第一、二产业焕发新生机

我们将直接从自然界获取资源的产业称为“第一产业”，农业、畜牧业、林业、渔业等都属于这一范畴。“第二产业”则是对初级产品进行再加工的一系列产业，如制造业、采矿业、建筑业等。本小节选取“互联网＋农业”和“互联网＋制造业”为代表，重点介绍了第一产业和第二产业在“互联网＋”时代下的新的商业模式。

（一）互联网＋农业

以前的农业生产具有区域性，大家都是自给自足的生活模式。随着交通方式的进步，人们逐渐可以吃到来自全国各地，甚至是国外的蔬菜水果，但是由于交通运输时间较为漫长，运输成本较大，这些果蔬的价格往往比较昂贵。对于广大的农民来讲，如何将农产品顺利地卖出去，并卖出好价钱，是他们最关心的事情。网购模式的悄然出现，改变了农产品的销售途径，互联网的普及给农民带来了新商机，互联网信息的即时性和传播的高速性，使得农产品的网络销售变得方便、快捷。

很多人认为所谓的“互联网＋农业”就是通过互联网销售农产品的农村电商模式，其实不然，农村电商模式只能算是其中的一个模块。“互联网＋农业”的模式是基于互联网平台的农业新业态，它贯通了从生产、加工、销售到服务的农业全产业链。

从农产品的生产开始，农民利用智能的互联网技术，通过智能化农场的搭建，从农产品信息供给、生产管理、生产技术支持、销售活动等多个方面对农产品的选种、种植、管理、采收进行智能化指导。农民通过充分利用信息，对农业活动进行科学指导和有效规划，从而避免因信息不对称导致的一系列问题，有助于稳定农产品价格、保护农产品市场。

任何产品的竞争力都来源于品牌效应，农产品的品牌构建则需要优质的产品以及良好的口碑，网络营销的力量在其中能够起到很大的作用。传统农产品的品牌传播，从宣传推广到形成口碑，起码要经历几年的时间。农产品溯源技术和农村电商的结合，使得农产品从农场到餐桌的流程完全透明化、可追溯，消费者吃得健康安全，反馈信息就会迅速通过电商平台公开发布，之后再借助于网络营销策略，便可快速完成品牌推广。

互联网经济时代催生了这样的一群人，他们有着互联网思维、创新基因和农业技术，他们充满新鲜的活力，有一个特殊的名字——“新农人”。“新农人”有着互联网思维，能够运用互联网工具和媒介对接市场，改变信息不畅通的状况，开始从产业链的后端走向前端。“新农人”拥有创新的精神，他们能够利用互联网进行多行业的跨界融合，开创新的农业模式。社区支持农业农场就是由“新农人”开创的。社区支持农业农场的初衷是建立一个无农药、无化肥的天然农场，在这种模式下，消费者与农民之间建立了高度的信任，消费者用高于市场价格的预付费用购买农民的收成，同时农民保证所种植的农产品天然无公害。这样的农业模式不仅为农产品的经营打开了新的出路，还保护了环境。通过分享、透明、开放的互联网特征，“新农人”凭借创新吸引了消费者的目光，并通过自己的努力将互联网变成了一种创造的力量。

2018年6月召开的国务院常务会议听取了深入推进“互联网＋农业”促进农村一、二、三产业融合发展情况汇报，“互联网＋农业”促进一、二、三产业的融合发展逐渐进入了人们的视野。三大产业有着相互依赖、相互制约的关系。第一产业为第二、三产业奠定了坚实的基础，作为核心的第二产业起到了带动整体的作用；第一、二产业为第三产业创造了条件，第三产业又促进了第一、二产业的进步。依托“互联网＋”发展农业，不仅可以使得农业生产管理更加精准高效，还可以更好地实现亿万小农户与瞬息万变的大市场的对接，这对推动农业提质增效、增加农民就业和拓宽增收渠道意义重大。

（二）互联网＋制造业

互联网在与各行各业融合发展的过程中，给各个行业带来了巨大的改变，作为国民经济支柱的制造业也同样如此。从原材料的采购、产品的研发与生产、市场的营销到售后服务，互联网改变了制造业的各个环节。互联网的加入使得制造领域中所有的业务流程都得到了效率上的提高。互联网对作为传统行业的制造业所起到的作用更像是“助力者”而非“颠覆者”，帮助制造企业加快转型升级才是“互联网＋制造业”的真正意义。

传统制造业更加关注的是机械设计。在如今的科技发展水平下，人们对于产品的需求更加多元化，产品拥有更加复杂的系统，除了基本的机械部件外，还搭载电子芯片、软件系统。因此，在产品研发层面，制造企业需要与时俱进，研发并生产新型材料。只有通过强大的数据平台掌握客户需求、改善产品性能，传统制造业才能实现升级转型。

智能化已经在不知不觉中改变了制造业中许多的产业结构和生产流程。智能化生产是一个系统工程，它强调人、技术以及设备的有机结合。智能化生产通过严格的系统流程来实现产品生产、人员调配、计划协调、仓储运输等功能。互联网技术的应用，为制造业优化生产流程、提升生产效率提供了可靠的保障。互联网的加入也给制造业的市场营销、客户服务带来了新方式。畅通的信息流通提供了稳定的市场供求关系，保障了市场的稳定；大数据和云计算的应用，能够帮助制造企业广泛获取用户的需求、意向和偏好；客户的信息反馈也能够通过互联网第一时间到达制造企业的手中，这为改善产品性能和提升客户服务体验带来了便利。

二、第三产业展现新面貌

我们已经提到，第三产业（也就是服务行业）是指除第一产业、第二产业以外的其他行业，包括信息传输、计算机服务和软件业，金融业，卫生、社会保障和社会福利业，文化、体育和娱乐业等。由于互联网的本质就是分享、互动和服务，所以它本身就属于第三产业的范畴，相比第一、二产业，“互联网＋”时代的第三产业与我们的日常生活关系密切，可以说是息息相关。

2014年，共享单车开始出现在一些高校当中，短短两年的时间，它以风一般的速度席卷了整个社会，正当自行车站在“互联网＋”的风口时，它以绝对的速度冲击着城市传统的公共出行模式，如今已经成为日常生活中必不可少的出行工具。以共享单车为代表的共享经济，作为移动互联时代的商业创新，已经成为驱动第三产业发展的引擎，为人们的生活带来了颠覆式的改变，人们一边惊叹于互联网共享经济如此奇妙，一边享受着它所带来的便捷生活。

2018年4月28日，国务院办公厅发布《国务院办公厅关于促进“互联网医疗健康”发展的意见》，表达了政府对“互联网＋医疗健康”工作的高度重视。“互联网＋医疗健康”已经成为中国推动医疗改革的重要力量。电子健康档案、在线疾病咨询、电子处方、远程会诊等多种医疗健康服务方式已经出现在我们的日常生活当中。“互联网＋医疗健康”服务模式的发展，为构建更加智慧的医疗健康体系、提升高质量个人医疗服务体验提供了帮助，为政府与各医疗、健康服务机构共同解决服务效率、服务质量、服务范围等问题提供了有力保障。

事实上，第三产业中的“互联网＋”远远不仅如此。“互联网＋金融服务”给人们带来了新惊喜，网络借贷、众筹等方式为人们的金融服务需求带来了新的释放出口。“互联网＋教育”的新模式改变了传统教育的体制与结构，让教育从封闭走向开放，使得人人都能创造和分享知识，这样不仅提高了教育资源的利用率，还实现了教育资源的均衡配置。同时，互联网教学使教师和学生突破了传统教育方式在空间上的限制，既丰富了教学手段，也创造了新的学习方式。“互联网＋交通服务”力求利用大数据监测提升交通规划效率、提供有效的交通应急保障、提升交通智慧治理能力。“互联网＋物流服务”旨在建立高效的物流体系，把智能化服务应用到仓储、配送、跟踪等多个环节，打通物流信息链，充分发挥资源整合能力。

在第三产业的领域，互联网作为载体发挥其高效、便捷的优势。“互联网＋”战略能够切实提高人民的生活水平与生活质量，可为人民生活带来实实在在的改变与便利。

三、“互联网＋”助力政务服务更上一层楼

十八届三中全会要求：必须切实转变政府职能，深化行政体制改革，创新行政管理方式，增强政府公信力和执行力，建设法治政府和服务型政府。在“互联网＋”的大背景下，“互联网＋政务服务”为创新服务型政府治理模式提供了全新的解决路径。政府的政务服务不仅要借助于“互联网＋”的技术优势，还要借助于互联网思维，持续创新，从根本上改善政府政务服务的模式，形成政务服务的新生态机制，提升政务服务的水平及社会治理能力。

（一）政务公开，政府工作透明化

科学执政、高效便民是构建服务型政府的基础要求。“互联网＋”战略的实施，将信息技术融入了政府工作当中，开展政务信息公开使得政府工作更加透明化，保障了民众的知情权，提高了民众参与政治生活的积极性。同时，开展政务信息公开能使民众获取需要的政务信息资源，满足了以人为本的政府服务原则。“互联网＋政务服务”的有序推进，是实现我国

政府向服务型政府转型至关重要的一步。

(二) 推进政务服务,提高治理能力

国务院印发的《促进大数据发展行动纲要》提出,大数据已成为提升政府治理能力的新途径。"互联网+"战略下,政府在现有网上政务服务平台的基础上,运用大数据技术,对数据进行有效整合、集中和共享,也就是以信息为纽带,将政府与公众连接起来,为公众提供更加系统化、高效化的政务服务。大数据等信息技术在优化政府办事流程,构建智能化、便捷化、透明化的政府治理与运行模式,向社会提供新模式、新治理结构下的管理和政务服务产品等方面取得了独一无二的成就。

(三) 信息共享,提高服务效率

当前,我国社会的主要矛盾已经转化为人民日益增长的美好生活需要和不平衡不充分的发展之间的矛盾。公众对政府服务的需求已经不满足于传统政府所提供的服务,对于政务服务的质量和水平也有了更高的要求。"互联网+"下的政务服务运用了智能化、数字化的技术,打破了信息壁垒,解决了"信息孤岛"等问题,促进了部门间的数据共享。"互联网+政务服务"改变了以往公民办事"流程多、跑断腿"的状况,为公民提供了更加优质、便捷的政务服务,有效提高了政府服务效率。

"互联网+政务服务"不仅是政府进行社会治理方式创新的重要工具,也代表着公民享受便捷、优质的政务服务的基本利益诉求。在"互联网+"战略下推进政务服务是政府社会治理能力现代化的可靠保证,有利于打造共建共治共享的社会治理目标格局。在互联网信息技术迅猛发展和普及的当下,政务服务与"互联网+"的结合是体现时代发展的产物。只有保持"互联网+政务服务"的意识,推动符合创新治理要求的改革,才能进一步完善"互联网+政务服务",实现政府职能的转变,完成建设人民满意的服务型政府的目标。

经典案例:直播电商模式的兴起与繁荣

一、我国直播电商的发展现状

纵观我国电子商务的发展历程,可见我国电子商务自诞生之日起就快速迭代创新,从传统电商、现代电商、社交电商不断发展到内容电商。而在数字经济蓬勃发展的时代背景下,网购消费随之升级,"电商+直播"的商业模式应运而生,消费者的购物理念和行为习惯也发生了改变。除了互联网平台的知名主播之外,商业高层也陆续加入了线上直播带货的浪潮中,例如,格力电器的董事长董明珠就曾多次亲临直播间。作为迅速崛起的新经济业态,直播经济正迎来黄金发展时期,国内各大平台也正在纷纷进入直播赛道。随着直播电商在推动消费、促进就业、创造经济新增长点等方面的作用日益凸显,新冠疫情前后,多地政府将发展直播电商经济作为推动当地经济发展的重要措施,这推动了直播电商的繁荣发展,加速了消费的迭代升级。

二、我国直播电商的发展历程及典型事件

真正的直播电商起源于2016年,直播电商从2016年发展至今,可归结为4个时期,依次是萌芽期、探索期、成长期、爆发期。

(一)萌芽期

2016年,电商行业投资者看到直播电商的发展前景后,纷纷开始加入直播大军,直播电商行业生态和产业链开始随之建立。这一年,电商平台与短视频平台都陆续上线了直播功能,其中的标志性事件有:1月,快手上线直播功能;3月,蘑菇街上线直播功能;5月,淘宝开通直播平台;9月,京东上线直播功能。2016年,直播电商处于萌芽期,多个平台加入直播大军,“直播+电商”模式基本成型。

(二)探索期

2017年,各个平台在不断尝试的过程中力求探索“直播+电商”的新商业模式。2017年的标志性事件有:7月,苏宁App正式上线直播功能,蘑菇街直播功能加入女装小程序,组件商家联盟解决供应链问题;12月,淘宝推出“超级IP入淘计划”,以推动淘宝直播的发展。艾瑞咨询发布的《2020年中国直播电商生态研究报告》显示:2017年,中国直播电商的市场交易规模达到了209.3亿元。这一年,直播电商产业链更加完善,主播类型和带货商品种类也趋于多元化。

(三)成长期

2018年,直播电商行业已经相对成熟,这一年,淘宝“双十一”正式引爆直播带货概念,平台开始推出直播电商发展战略。2018年,直播电商行业发展的标志性事件有:3月,抖音推出购物车功能,开启直播带货;5月,抖音上线店铺入口;6月,快手与有赞合作推出“短视频导购”,增加“快手小店”。

(四)爆发期

2019年至今,直播电商行业进入爆发期,艾瑞咨询发布的《2020年中国直播电商生态研究报告》显示:2019年,直播电商整体成交额达4 512.9亿元,同比增长200.4%。2020年,受新冠疫情影响,直播电商带货更是发挥了其独特的优势,带动了经济的复苏。2020年4月23日,商务部新闻发言人表示,据商务部大数据监测,2020年第一季度电商直播超过400万场,其中,明星大规模参与了直播带货,并且政府机构和电视台也都加入了直播带货大军。例如,2020年3月,罗永浩入住抖音,首次直播带货成交额超1.7亿元。

三、我国直播电商的发展模式

在消费社会中,商品种类的丰富性与类型的多样性时刻分散着消费者的注意力,而网络直播自诞生以来,凭借其视觉化、娱乐化等特征,迎合了青年群体的个性化需求,逐渐在注意

力的争夺中占据压倒性优势。直播经济的形式转变是指从媒介逻辑下的展演经济转为工具逻辑下的流量电商,这一转变实现了网络功能的工具化转向。

在发展过程中,直播经济衍生了4种重心不同的发展模式:一是“直播+虚拟礼物”,这种发展模式强调主播的品牌塑造,以主播形象来增强平台黏性;二是“直播+服务”,这种发展模式设置了用户等级特权,注重为受众提供个性化服务;三是“直播+广告”,通过双向互动提供优质的内容服务,从而实现精准营销;四是“直播+电商”,将购物的自主权交给受众,以加强消费过程的趣味性、知识性与社交性。

案例讨论题:

直播电商模式的优势及劣势分别是什么?很多传统企业都开始倾向于直播电商的战略布局,是否可以举例并分析上述企业的直播电商战略?

本章小结

本章围绕互联网经济时代的商业模式展开。本章第一节介绍了几种典型的互联网商业模式及其特点,如社交工具所带来的“工具+社群+电商”模式、个性化定制模式、跨界模式、免费商业模式、线上线下融合模式和平台模式。本章第二节对引导互联网商业模式创新的新技术进行了梳理。本章第三节介绍了商业模式从产品向服务的战略转变,包括转变客户关系管理模式、战略转型和开放合作、以服务为利润中心以及服务创新等。本章第四节不仅介绍了现代服务业的定义、特点以及在我国的发展现状,还介绍了云计算助力现代服务业发展的相关内容。本章第五节解释了互联网模式如何从封闭转为开放。本章第六节围绕“互联网+各行各业”,展开叙述了“互联网+农业”“互联网+制造业”“互联网+第三产业”等相关内容。除此之外,本章第六节还介绍了“互联网+”助力政府政务更上一层楼的相关内容。

思考题

1. 阿里巴巴集团由一家电子商务公司蜕变为一个以技术驱动为基础,且涉及众多领域、场景、行业的综合性平台,其商业模式有诸多借鉴之处。请根据本章对互联网商业模式的介绍,分析阿里巴巴商业模式的核心逻辑。

2. 后疫情时代,国有企业更需要加速数字化转型的进程。请根据本章对商业模式转变过程的分析,思考国有企业数字化转型道路应坚持什么样的“互联网思维”?目前我国的国有企业数字化转型存在哪些困难?

本章参考文献

[1] 简书网.社交+服务——基于九要素模型的微信商业模式分析[EB/OL].(2017-11-27)[2018-09-30].https://www.jianshu.com/p/eaa66968cd13.

[2] 夏思倩.长尾效应引发的商业模式革新[J].商,2014(26):89-89.

[3] 简书网.公司商业模式和网络效应的研究[EB/OL].(2017-12-04)[2018-10-02].https://www.jianshu.com/p/2cb16cf050e4.

[4] 燕山雪.互联网企业:六大商业模式[EB/OL].(2015-09-18)[2018-09-28]. http://www.360doc.com/content/15/0918/18/329139_499953080.shtml.

[5] 覃特,马文方.谁看懂了戴尔?解读其成功的真谛[EB/OL].(2004-03-08)[2018-09-30]. http://www.ccidnet.com/2004/0308/94566.shtml.

[6] 人人都是产品经理网.免费——颠覆传统、颠覆互联网的商业模式[EB/OL].(2016-05-26)[2018-10-01]. http://www.woshipm.com/chuangye/344624.html.

[7] 中国投资咨询网.平台模式是"互联网+"时代的重要商业模式[EB/OL].(2016-10-28)[2018-10-01].http://www.ocn.com.cn/shangye/201610/kswwf28122253.shtml.

[8] 周鸿祎.周鸿祎的互联网思维[M].北京:中信出版社,2014.

[9] 王宇露.从制造商到服务商IBM成功的战略转型[J].中国市场,2005(28):26-27.

[10] 高新民,安筱朋.现代服务业:特征、趋势和策略[M].杭州:浙江大学出版社,2010.

[11] 来有为.我国新兴现代服务业的产业特征[EB/OL].(2013-02-20)[2018-10-02]. http://sdcom.gov.cn/public/html/news/250366.html.

[12] 盛耀玉.我国现代服务业发展的现状[EB/OL].(2017-06-25)[2018-10-02]. https://www.unjs.com/zuixinxiaoxi/ziliao/20170625000008_1374869.html.

[13] 搜狐网.现代服务业发展模式、现状及前景分析[EB/OL].(2015-12-14)[2018-10-02]. https://www.sohu.com/a/48389526_255580.

[14] 刘鉴萱.浅析"互联网+"时代下政务服务发展现状、问题及对策[J].现代交际,2018(3):245-247.

[15] 苏高红.中国电子商务发展经历阶段[EB/OL].(2011-09-21)[2018-10-05]. http://abc.wm23.com/sugh369/106085.html.

[16] 张琪.大数据背景下的商业模式创新[J].经济师,2017(3):17-19.

[17] 曹磊,陈灿,郭勤贵.互联网+:跨界与融合[M].北京:机械工业出版社,2015.

[18] 夏皮罗,瓦里安.信息规则:网络经济的策略指导[M].北京:中国人民大学出版社,2000.

[19] 涂子沛.数据之巅:大数据革命,历史、现实与未来[M].北京:中信出版社,2014.

[20] 搜狐网.新一轮科技革命和产业变革趋势、影响及对策[EB/OL].(2018-08-03)[2018-10-05]. http://www.sohu.com/a/245038483_692693.

[21] 联商网.新技术革命重构中国零售业,新格局引领未来商业模式[EB/OL].(2017-12-26)[2018-10-05].http://www.linkshop.com.cn/web/archives/2017/393754.shtml.

[22] 王建磊,冯楷.从展演经济到流量电商:网络直播功能的工具化转向[J].传媒,2022(3):51-54.

第七章　互联网经济下的市场效率

由于信息流通障碍、行业进出壁垒等限制因素,传统市场不能满足“无摩擦市场”的假设条件,然而,20世纪末出现的电子商务却为其提供了可能。因此,互联网经济市场效率的研究越来越受学术界的关注。上一章不仅梳理了互联网商业模式,还分析了商业模式的发展历程和战略转变。在上一章的基础上,本章将着重对互联网经济背景下的市场形态进行深入阐述,包括网络市场规律性、市场效率及一些亟待解决的互联网市场经济学问题。

第一节　市 场 失 灵

一、帕累托最优

帕累托最优(Pareto Optimality)也称为帕累托效率(Pareto Efficiency),是指资源分配的一种理想状态。假定存在固有的一群人和可分配的资源,当从一种分配状态转换到另一种状态的过程中,在没有使任何人的资源情况变坏的前提下,至少有一个人的资源情况变得更好,这就是所谓的帕累托最优。帕累托最优状态不可能存在更多的帕累托改进的余地,换言之,帕累托改进是达到帕累托最优的路径和方法。总之,帕累托最优是公平与效率的“理想王国”。

经济学理论里,一个自由选择的体制下,社会中各类人群在不断追求自身利益最大化的过程中,可以使整个社会的经济资源得到合理的配置。市场机制就像一只“看不见的手”,它推动着人们从自利的动机出发,在各种买卖关系和竞争合作关系中实现互利的经济效果。在经济学家看来,虽然市场机制是迄今为止最有效的资源配置方式,但是由于实际市场本身的不完备,特别是市场交易信息的不充分,社会经济资源的配置依旧造成了很多的浪费。

提高经济效率意味着减少浪费。如果经济社会中任何一个人都可以在不使他人境况变坏的同时使自己的情况变得更好,那么这样就达到了资源配置的最优情况,此时的市场效率就达到了帕累托最优效率。如果一个人可以在不损害他人利益的同时改善自己的处境,那么他就在资源配置方面实现了帕累托改进。

二、福利经济学的基本定理

福利经济学(Welfare Economics)是研究社会经济福利的一种经济学理论体系。在西方经济学中,福利经济学属于规范经济学,其主要研究对象是经济行为的价值评价和价值判断。在福利经济学中，帕累托最优性是最重要的概念。福利经济学的许多定理和最优条件都是参照帕累托最优性提出的，因为帕累托法则是一种被广泛接受的价值判断，且帕累托最优是一个效率法则。近年来，国内外经济学界的部分学者在分析不同经济体制尤其是不同产权制度的优劣时，经常把效率作为评价的最高标准。

福利经济学是指从福利观点或最大化原则出发对经济体系的运行予以社会评价。经济学按研究内容的不同可分为实证经济学和规范经济学。实证经济学是排除了社会评价的理论经济学，它研究经济体系的运行，说明经济体系是怎样运行的以及为什么这样运行，回答"是"或"不是"的问题。规范经济学的任务是对经济体系的运行做出社会评价，回答"好"或"不好"的问题。福利经济学属于规范经济学。福利经济学的主要内容是"分配越均等，社会福利就越大"，主张收入均等化。在国民收入调节过程中，国家所发挥的作用越强，越容易使国民收入呈现出均等化的趋势。

福利经济学研究的主要内容有：社会经济运行的目标，或称检验社会经济行为好坏的标准；实现社会经济运行目标所需的生产、交换、分配的适度条件及政策建议等。福利经济学第一定理认为，只要是完全竞争达到的均衡状态，就是帕累托最优状态，这表明完全竞争市场可以使经济产生效率结果。福利经济学第二定理认为，从任何社会公认的公平的资源初始分配状态出发，要达到帕累托最优状态，都必须借助于竞争性市场机制。这表明在一个完全竞争的经济环境中，实现效率和实现公平并不矛盾。如图 7-1 所示，E_1 点和 E_2 点都是帕累托最优点(实际上，整条 mm 曲线上的点都是帕累托最优点)。从一个帕累托最优状态 E_1 点变动到另一个帕累托最优状态 E_2 点，是以牺牲 O' 的利益去提高 O 的福利；反之，从 E_2 点变动到 E_1 点是牺牲 O 的利益来提高 O' 的福利。

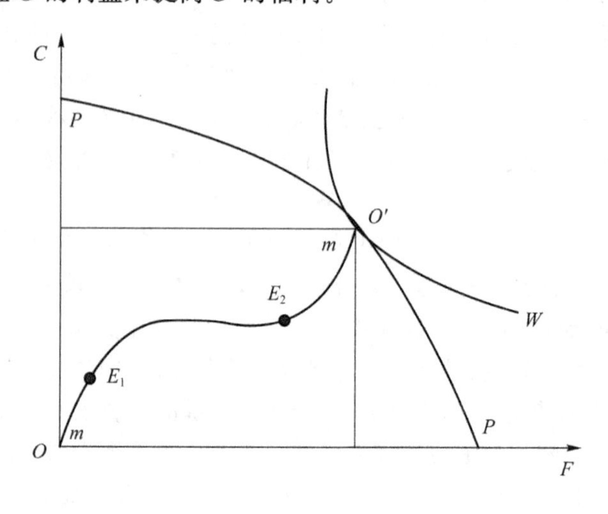

图 7-1　帕累托最优

三、互联网经济中的市场失灵

在"新经济"时代，经济增长的源泉是信息产业的崛起。以网络经济为主导的新经济模式使经济的运行方式发生了极大的变化。新经济主要包括两个方面：一是以互联网为代表的信息产业迅速崛起；二是经济全球一体化进程加快，世界贸易组织的影响力不断加强。在这个时代下，如前几章所讲述的那样，互联网经济市场存在垄断与寡头竞争局面，互联网经济中竞争与垄断的关系问题比传统经济中的要严重很多。因此，如果没有政府干预，那么该问题会进一步损害消费者的利益，降低社会福利。

（一）网络外部性所引起的市场失灵

网络经济市场上的产品普遍带有网络外部性。这一领域的其他经济学家普遍接受将网络外部性划分为直接网络外部性和间接网络外部性的看法。

间接网络外部性通常存在于由互补产品所构成的"网络"中，其本质是一种市场调节效应，且属于金钱外部性，本身不会造成福利损失。而直接网络外部性则是技术性的，即网络中使用者间的相互影响是外在于"市场机制"的，市场机制无力对产生外部性的企业给予奖励和惩罚。在某种程度上，技术外部性的场合需要政府进行干预，只有这样才能实现社会最优解。传统市场均衡是指在价格机制的作用下，市场供需均衡点是唯一的。而在网络市场中，由于网络外部性的存在，单一均衡会被多重均衡（Multiple Equilibrium）所取代，这就使得网络中使用者之间的影响外在于"市场机制"，从而引起市场失灵。

解决网络外部性所引起的市场失灵有两种办法：一种是在区分市场结构、产品特点等因素的同时，使用产权安排等市场化的方法来实现外部性的内在化；另一种是通过政府在价格、接入方面的管制，区分垄断行为的根源，并以此来制定不同的管制政策，从而实现社会福利最大化。

（二）暂时性垄断所引起的市场失灵

在互联网经济中，竞争性均衡显然是不存在的，垄断是突出问题，这也势必会导致"市场是完全竞争的"这一条件失真。在互联网经济环境中，垄断的形成与先天竞争优势的产生密切相关。一个行业的市场先入者通常主导着本行业，其不仅拥有主动权，还具有更多的技术优势。行业标准也一般由这些主体来制定，久而久之，这些主体就可以获取更多的机会和利润。而该行业的市场后入者则只能被动地跟随游戏，强者自然更强，弱者只能维持生存。因此，在互联网经济环境下，技术显然已经成为市场竞争的核心要素。对于互联网企业来说，谁先掌握主导行业的先进技术，谁就可能成为全行业的最大赢家。

互联网经济条件下，企业通过网络所获取的垄断地位呈现出一定的暂时性。传统的经济模式中，处于垄断地位的企业通常拥有庞大的规模，掌握许多核心技术，中小型企业或者刚进入市场的互联网企业想要通过扩张规模与大企业相抗衡是很困难的，这就形成了几家独大甚至是一家独大的市场结构。然而在网络经济中，边际利润对于潜在进入者有着很大的吸引力，潜在进入者如果有足够的资金，并且能够开发出新产品，就会通过互联网迅速蔓延，与处于垄断地位的企业展开激烈竞争。潜在进入者获取足够的市场份额后，势必会威胁到处于垄断地位的在位者，甚至使垄断者失去原有的市场份额，此时将发生市场失灵。

（三）信息不对称性所引起的市场失灵

互联网经济下，数字产品的边际成本几乎为零，消费上的非竞争性导致了数字产品的公共产品特征。与普通产品相比，数字产品在生产和使用过程中具有以下特点。

1. 投入的一次性

生产普通产品时，不管是否存在规模经济，只要增加一单位产量，普通产品的边际生产成本便始终为正，不会为零。生产数字产品则与生产普通产品不同，数字产品被生产后，只需要少量的维护成本就可以被无限次地使用。

2. 不灭性

普通实体产品有耐用品和非耐用品之分。大多数非耐用品在一次或数次消费后就不存在了。即使是耐用消费品，在消费者使用一段时间后也会变得陈旧，进而报废。以数字化学术信息商品为例，它理论上可以被无限次使用，只要它始终可以存储在相应的介质上且介质不发生损坏，这类商品就不会消失。因此，数字产品具有不灭性。

3. 非竞争性

以数字产品学术信息商品为例，当它被生产出来后，无数的人都可以同时使用它，且任何人对它的使用都不会减少其他人对它的消费水平。因此，数字产品具有消费的非竞争性。

4. 弱排他性

对于普通商品而言，只有支付了价格的人才能消费该商品，这就是普通商品的排他性。对于部分数字产品而言，虽然在法律角度上也是只有支付了价格的团体或个人才能消费它，但是由于这类商品容易被复制，“搭便车”现象非常普遍。因此，数字产品具有弱排他性。

数字产品是经验产品，我们只有使用后，才能了解它们的质量，这将在一定程度上导致经济信息的不完全对称。互联网市场经济信息不对称对经济的影响很大，可能会造成市场交易双方的利益失衡，影响社会公平的原则以及市场配置资源的效率等。同时，从数字产品的特征可以看出，信息和资本、土地一样，是一种进行经济核算的生产要素。市场经济的本质是用价格信号对社会资源进行配置，社会资源的分配和再分配过程实际上是人们围绕价格进行资源博弈的过程，对任何一种资源进行优先占有都可以在博弈中获得相关的利益，数字资源亦是如此。深层次的信息不对称问题还涉及产品品质和服务质量能否满足需求、生产商能否按照约定时间交付产品以及交易双方能否互相信任等。

第二节　市场势力的效率分析

一、市场势力

市场势力指的是企业控制自身产品价格并获得超额利润的能力。市场失灵的另一个可能的原因是市场势力。市场势力是指卖方(Seller)或买方(Buyer)不适当地影响商品价格的能力。对于卖方来说，市场势力就是卖方的垄断倾向，其表现形式主要有行业垄断、自然垄断、垄断竞争、价格-生产联盟等。该市场势力具体体现在企业通过对产品价格的影响与控制所带来的某种市场支配力量，如企业的经营控制、市场渠道控制、产业的组织化程度及企业联盟等。从企业的角度来看，企业拥有市场势力意味着其能获得更多的利润；从消费者的角度来看，企业拥有市场势力意味着消费者不得不从自己的钱包中掏出更多的金钱；从社会的角度来看，市场势力的存在意味着社会资源的低效使用。部分学派(如奥地利学派)认为市场势力是“功大于过”的。例如,假设镇里的每个人都需要水,但只有一口井,那么这口井的所有者对水的销售就有市场势力。在这种情况下,这口井的所有者是一个垄断者,其不受残酷竞争的限制;然而,在正常情况下,“看不见的手”正是以这种竞争来制约个人私利最大化的。此时,规定垄断者收取的价格就有可能提高经济效率。

企业自身市场势力的影响因素涉及众多方面,具体而言,主要是指多种“壁垒”,包括行业自身天然形成的进入壁垒、政府干预所导致的进入壁垒、企业创新形成的或故意制造的进入壁垒、投资人的选择偏好所形成的进入壁垒等,具体请见第五章第三节。

二、经济效率

(一) 经济效率的定义及分类

经济效率是社会经济运行效率的简称,是指在一定的经济成本基础上所能获得的经济收益。经济中的效率实际上包含了许多的变量,我们需要从诸多的变量中寻找均衡,使经济效率达到最大化。在西方经济学中,经济效率还可表示一种状态,即帕累托最优状态。

经济效率可以分为静态效率与动态效率。

静态效率是指在一个比较短的时期里实现的效率,即技术和偏好保持不变时的效率。如果偏离静态效率,就会引起技术变化率和生产率的提高,从而产生高于满足静态效率的条件时的消费者满足水平。

动态效率则是一个跨期的概念,它是在较长的时期里实现的效率的总和。在经济学领域,动态效率表明企业能对市场需求及其他外界变化做出快速、恰当的反应。

(二) 市场势力与经济效率的相关理论分析

1. 完全竞争的效率分析

(1) 完全竞争市场可以促使微观经济保持高效率运行

由于完全竞争市场全面排除了任何垄断性质和任何限制,完全依据市场调节运行,因而可以促使微观经济高效率运行。在完全竞争市场条件下,生产效率低和无效率的生产者会在众多生产者的相互竞争中被迫退出市场,生产效率高的生产者则得以继续存在;与此同时,生产效率更高的生产者又会随时进入市场并参与市场竞争,在新一轮的市场竞争中取胜。因此,完全竞争市场可促使生产者充分发挥自己的积极性和主动性,使企业进行高效率的生产。

(2) 完全竞争市场可以促进生产效率的提高

完全竞争市场可以促使生产者以最低的成本进行生产,从而提高生产效率。在完全竞争市场条件下,每个生产者都只能是市场价格的接受者。因此,如果他们要想使自己的利润最大化,就必须以最低的成本进行生产,也就是必须按照其产品平均成本处于最低点时的产量进行生产。生产者以最低的生产成本生产出最高产量的产品,且没有浪费任何资源和生产能力,这就是一种最佳规模的生产,此时的生产过程也是一个生产效率和效益不断提高的过程。

(3) 完全竞争市场可以提高资源的配置效率

在完全竞争市场条件下，资源能够不断地自由流向最能满足消费者需要的商品生产部门。在资源的流动过程中，资源在不同用途间、不同效益间和生产过程的不同组合间的有效选择均得以实现，这使资源发挥出了更大的效用，从而大大提高了资源的配置效率与配置效益。

尽管完全竞争市场在现实经济生活中几乎是不存在的，但研究完全竞争市场类型也有其积极的意义。分析完全竞争市场形式有利于建立完全竞争市场类型的一般理论，当人们掌握完全竞争市场类型的理论及其特征以后，就可以用其指导自己的市场决策了。

2. 完全垄断的效率分析

微观经济学分析的结论是：完全竞争是有效率的，垄断是无效率的；而从市场结构上来看，一个行业接近竞争市场结构要比接近垄断市场结构更有效率。在垄断市场下，垄断价格高于均衡价格，而高价格则需要通过低供应量来实现，因此，垄断企业的产出低于均衡产出。虽然生产者剩余增加了，但是不足以弥补减少的消费者剩余，这样会使消费者和生产者剩余的总和减少，由此可见，垄断降低了社会效率。从日常生活中可以看到，由于政策或者天然的进入屏障，垄断行业可以对消费者收取较高的垄断价格。垄断和完全竞争不同的是，垄断企业有定价权，而垄断企业常常利用其定价权来制定比均衡价格高的消费价格，从而减少了社会对垄断产品的需求。换言之，社会的有效需求没有达到最大化，社会效率被浪费了。由于缺少有效的竞争，所以垄断企业中会出现不思进取、效率低下、价格高却服务差等问题，这将导致老百姓享受不到物美价廉的服务，社会效率大大降低。其实，价格只要不等于均衡价格，社会就是无效率的。也就是说，只有在价格等于均衡价格，且供需相等的时候，社会才最有效率。

互联网经济下，技术的更新速度越快，金融市场制度越完善，资本进入壁垒越小，市场被打开的可能性越高，垄断者面临的威胁也更大。

3. 垄断竞争的效率分析

垄断竞争市场的经济效率介于完全竞争市场和垄断市场之间。当垄断竞争厂商处于长期均衡时，其市场价格高于厂商的边际成本，等于厂商的平均成本但高于平均成本最低点，这就导致了垄断竞争市场的经济效率低于完全竞争市场的经济效率。但从竞争程度上来看，垄断竞争市场又比垄断市场有效率。因此，垄断竞争市场对消费者和生产者而言，利弊同时并存。

(1) 对消费者的利弊

利：第一，垄断竞争市场的产品是有差别的，可以满足多样化的市场需求，充分体现消费者的消费个性；第二，由于产品的差别包含了销售条件(品牌、售后服务等)，所以企业会不断地提高某品牌的质量、改善售后服务。

弊：与完全竞争相比，垄断竞争下的价格高于边际成本，消费者需要被迫支付较高的市场价格。

(2) 对生产者的利弊

利：垄断竞争市场被认为是最有利于技术进步的市场结构。在完全竞争市场上，由于技术创新缺乏保护，所以企业技术创新的动力较低；而在完全垄断的市场结构中，由于不存在市场竞争，所以企业技术创新缺乏压力。在垄断竞争的市场结构中，既存在对技术创新的保护（如专利等），又存在着同类产品的竞争。因此，垄断竞争的市场结构被认为最有利于技术进步。

弊：由于企业不可能长期在平均成本的最低点实现最大利润，因此，垄断竞争市场的资源利用效率比完全竞争市场的低，存在着一定的资源浪费。

4. 寡头垄断的效率分析

一般而言，在寡头垄断市场上，市场价格高于边际成本，同时高于最低平均成本。因此，寡头垄断企业在生产量和技术使用方面应该是缺乏效率的。但从竞争程度上来看，寡头市场存在竞争，而且有时竞争还比较激烈，因而其效率比垄断市场的要高。同时，寡头市场上往往存在着产品差异，以满足消费者的不同偏好。此外，由于寡头企业规模较大，便于大量使用先进的生产技术，而且激烈的竞争又加快了厂商产品和技术革新的进程，因此，寡头垄断市场也有效率较高的一面。许多国家的政府都试图从限制寡头厂商低效率方面进一步鼓励寡头市场的竞争。互联网经济条件下，寡头结构是一种寡头竞争均衡，但不是寡头垄断行为的均衡，因此，此时不仅更易于实现网络经济条件下的规模经济和范围经济，还可以避免社会福利损失。总之，新经济时代的寡头垄断有利于技术创新。

三、互联网经济下市场势力的动态效率

互联网经济时代的市场结构发生了新的变化，主要表现为以垄断和竞争双双强化为主要特征的竞争性垄断结构的出现，这标志着传统产业组织理论中垄断低配置效率或静态无效率的论断在网络经济条件下已不再适用。因此，从创新激励的角度出发，网络经济条件下竞争性垄断市场的动态性得以论证。结论认为：企业暂时性的垄断地位推动着技术创新的进化和演进，创新、竞争和垄断这三者在网络条件下的互动机制保证了竞争性垄断市场的动态效率。

一般地，动态效率至少和静态效率一样重要。然而，传统经济模式只从静态效率这一单一的角度来衡量垄断的优劣，这种对静态效率的强偏好是不可取的。产业组织的不同形式意味着不同水平的静态效率和动态效率，完全竞争意味着最优的配置和最高的生产效率（最大的静态效率）。在那些技术进步非常快的行业中，静态效率并不是非常有意义的。

互联网经济条件下的企业创新：熊彼得将竞争视为非均衡的过程，他从技术创新的角度为垄断力量存在的合理性进行了“辩护”，技术创新能力已成为现代互联网企业的核心竞争能力。在不同时期内，市场被不同企业所垄断。垄断企业可以通过垄断定价来获得垄断利润，同时高昂的利润也会吸引新竞争者进入市场；当新企业生产了比垄断企业更为优异的产品时，就会取代原来的垄断企业，成为新的垄断者。这种以技术创新为动力的垄断企业不断替换的过程就是创造性毁灭。

传统理论认为：在存在市场势力的情况下，因为垄断互联网企业能获取垄断利润，因而没有足够的动机去进行技术创新，即市场势力的存在会扼杀企业创新的动机。而我们通过分析却得出了不同的结论：在互联网经济背景下，在垄断和竞争双双强化的竞争性垄断结构中，垄断不仅不会再抑制创新的发生，反而会促进创新的开展。正是这种新型的市场结构决定了互联网经济下企业的创新行为。这也进一步说明，这种竞争性垄断结构是有效率的。

竞争性垄断市场结构具有技术创新的优势，虽然它的竞争程度是最激烈的，但是激烈的竞争会成为企业技术创新的动力。同时，创新与规模经济密切相关，往往需要较多的投资。那么，若考虑创新投入的能力，则只有大企业才有足够的实力提供研发的巨额投入，且高度竞争条件下形成的垄断态势可以进一步扩大企业规模，从而为技术创新提供密集有效的人力和财力支撑。可见，这种竞争和垄断双双强化的市场结构内生了双双强化的创新动力和创新能力，企业真正具备了技术创新的动力和能力，竞争性垄断市场结构也真正具有了动态效率。

第三节　数字产品的公共性问题

数字产品最大的特点之一就是公共性。消费的非竞争性由其信息内容的特征所决定。我们可以将消费者消费产品并不影响其他消费者从该产品中获得利益理解为非排他性。未经保护的数字产品具有非排他性，即在产品消费中，很难将其他消费者排斥在产品的消费利益之外，但是通过制度性或技术性的设计就可以使得数字产品具有排他性，如加密过的数字产品等。

一、著作权保护

如图 7-2 所示，如果按照 MC＝MB 的最优原则，创造性活动的产出应当以边际成本价出售，最优价格应当是 p^*，这时消费者获得最大的消费者剩余△ADF。著作权保护或保护力度过大，都将降低消费者剩余，增大净损失。

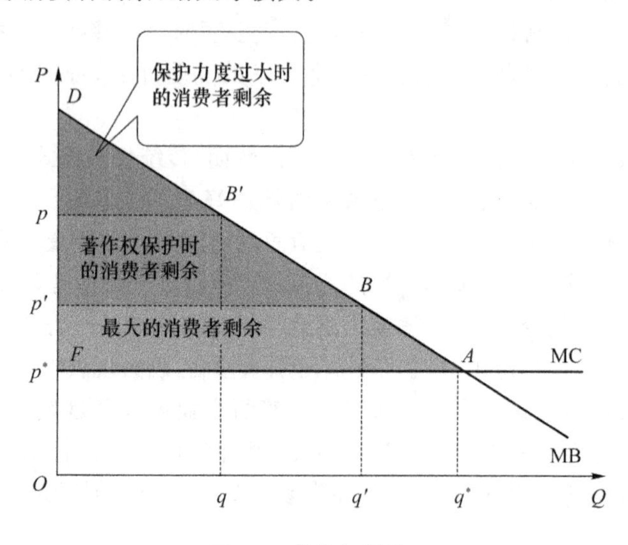

图 7-2　著作权保护 1

如图 7-3 所示，假定创造性活动的期望利润为 R，作者的时间和精力的边际成本为 MC，就会产生一个均衡点 E。如果期望利润线从 R 移至 R'，那么创造性活动所花费的时间由 t 增至 t'，净损失从△EGH 区域减至△E′G′H 区域。

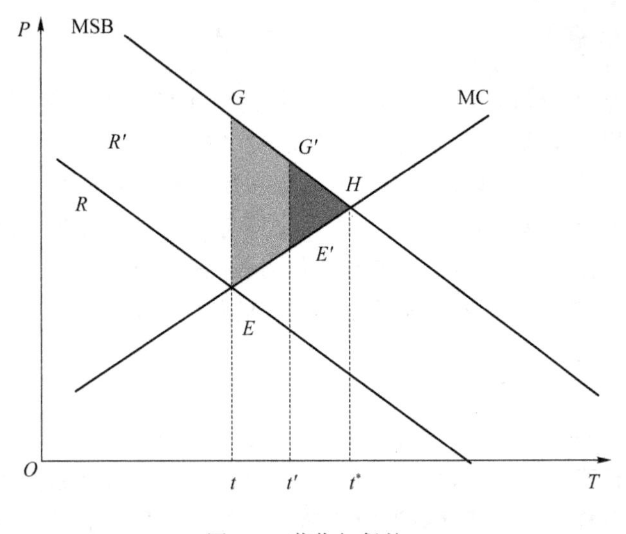

图 7-3　著作权保护 2

二、技术保护

技术保护措施包括访问控制措施和使用控制措施。访问控制措施包括口令加密技术和插入验证硬件两种。口令加密技术是一种基于口令的加密算法，其特点是以口令代替密钥，而口令由用户自己掌管。它采用随机数凑多重加密等方法保证数据的安全性。插入验证硬件即将硬件设计成验证硬件，采用形式化验证技术。使用控制措施包括电子文档指示软件、加密、电子签名以及电子水印等。

第四节　互联网经济中的不完全信息

一、信息的概念

（一）完全信息

信息是完全的，可以无成本地获得，并且都集中反映在价格上。完全信息是一个有效率的完全竞争市场所必需的理论前提条件。在某种意义上，它也是经济理论中"经济人（理性人）假设"所必需的条件。如果一个博弈处于不完全信息的环境下，那么这些个人博弈者们可能预测不出他们的行动会对其他博弈者产生怎样的效果（即使假定其他博弈者都是理性的）。所谓完全信息（Complete Information）是指市场参与者所拥有的关于某种经济环境状态的全部知识。完全信息博弈是指每一个参与者都拥有所有参与者的特征、策略集及效益函数等方面的准确信息的博弈。

(二) 不完全信息

所谓不完全信息(Incomplete Information)是指市场参与者不拥有某种经济环境状态的全部知识。新凯恩斯学派认为,不完全信息经济比完全信息经济更具现实性,市场均衡理论必须在不完全信息条件下予以修正。信息搜寻和处理要花费成本,信息非常有可能失真,不同市场不同程度地存在着不完全信息。不完全信息不仅是指那种绝对意义上的不完全,即由于认识能力的限制,人们不可能知道在任何时候、任何地方发生的任何情况,也是指相对意义上的不完全,即市场经济本身不能生产足够的信息并有效地予以配置。

(三) 不对称信息

不对称信息是不完全信息的一种特殊情形,是指市场中的一方比另一方掌握更多的信息。信息掌握得比较充分的人员,往往处于比较有利的地位;而信息贫乏的人员,则处于比较不利的地位。不对称信息可能导致逆向选择。不对称信息可能导致一些问题的产生,如代理人问题、道德风险问题及逆向选择(Adverse Selection)问题。

1. 代理人问题

代理人并不总是为了委托人的最大利益而行事。在委托代理关系中,由于信息不对称,股东和经理人之间的契约并不完整,需要依赖经理人的"道德自律"。股东和经理人追求的目标是不一致的,股东希望其持有的股权价值最大化,经理人则希望自身效用最大化,因此,股东和经理人之间存在道德风险,此时需要通过激励和约束机制来引导和限制经理人的行为,这也是股权激励的原则。

2. 道德风险问题

在交易完成之后,信息不对称状态会使交易双方面临道德风险问题。道德风险问题是经济学家在研究保险合同时提出来的问题,他们经常用道德风险概括人们的"偷懒"、"搭便车"和"机会主义"行为。

3. 逆向选择问题

从经济学方面解释的话,逆向选择问题就是指交易一方对交易另一方的了解不充分,双方处于不平等地位。

二、互联网经济下的不完全信息问题

互联网出现后,人们的生活更加便利,但同时也出现了许多问题。近几年,比较令人困扰的问题之一就是互联网用户信息泄露问题,这个问题轻则使得人们的日常生活受到干扰,重则使得人们遭受财产安全或生命安全问题。同时,客户与企业的信息不对称(或信息隐藏)问题、道德风险问题、互联网经济下平台监管不到位的问题也相继出现了。不完全信息所导致的安全风险问题在网络经济下将会有新的表现形式。

互联网企业的社会责任供给和社会责任需求信息都是极度不完全的,这是影响现阶段企业社会责任相对水平的根本原因。因此,企业不但要将本企业应履行的社会责任的相对水平传送给消费者,更要将消费者对于质量产品的支持意愿以及购买力转化的确定意愿传达给企业平台,即"双向沟通"。企业、消费者、政府 3 个主体必须共同努力,通过有效途径向企业传递消费者偏好的信息，让企业了解消费者对社会责任的需求，解决企业社会责任需求信息的不完全性问题。企业懂得社会责任的履行是企业与公众“双赢”的一种策略后，就会增加社会责任投入成本及其收益的确定性，从而增加企业充分履行社会责任的信心。

第五节　数字鸿沟

一、对数字鸿沟的认识

数字鸿沟又称信息鸿沟，即信息富有者和信息贫困者之间的鸿沟。这一概念最先由美国国家远程通信和信息管理局于1999年在名为《在网络中落伍：定义数字鸿沟》的报告中提出。随后，数字鸿沟最早正式出现在美国的官方文件——1999年7月份美国官方发布的名为《填平数字鸿沟》的报告中。2000年7月，世界经济论坛组织向八国集团首脑会议提交名为《从全球数字鸿沟到全球数字机遇》的专题报告。在当年召开的亚太经合组织会议上，数字鸿沟成为世界瞩目的焦点问题。

数字鸿沟主要表现在两个方面：一是信息技术及产品拥有方面的差距，如电话、电脑、互联网接入、宽带应用普及率方面的差距；二是信息技术及产品使用效果方面的差距。拥有信息技术并不等于正确运用信息技术，例如，有电话不打、有电脑不开机、联了网不用网等现象大量存在。

一些学者认为，所谓的“数字鸿沟”应当被称为“知识鸿沟”或者“教育鸿沟”。在互联网时代，现代信息社会中新媒体和网络技术的突飞猛进给社会人群带来了深刻的影响，在当今信息网络带来各种便捷的同时，他们在社会生活中的差距以及对新媒体认识的不同，也会造成一类新的不平等现象。数字鸿沟就是其中的一种社会表现。所谓“知识鸿沟”，就是一方面闲置着大量的劳动力；另一方面，这些劳动力却因为知识储备不足而无法被吸收到最具价值创造潜力的、占国民经济比重高于70%的经济过程中去，从而不得不挤在只占国民经济价值总额30%以下的传统农业和工业部门内。与我国的地形梯级分布相似，我国不同地区使用数字技术的程度也呈现出梯级分布的特点，只不过方向刚好相反，数字化程度从东部沿海城市到中西部地区呈现出逐渐递减的阶梯分布。无论是实际上网人数，还是上网人数所占的人口比例，东部地区都大大超过中西部地区。

二、数字鸿沟的影响因素

数字鸿沟的形成是由很多种因素共同导致的。由于发达国家与发展中国家在经济技术水平、政治文化水平等方面存在差距，数字鸿沟现象愈演愈烈。在基于经济学角度分析数字鸿沟的影响因素时，主要从宏观和微观两个层次考虑。

（一）国家和地区层面

1. 经济发展水平的差距

根据国家和地区在经济发展水平方面的差距，可以将数字鸿沟分为两种：第一种数字鸿沟是由于人们对于获取信息的意识、知识、能力的不同所导致的;第二种数字鸿沟是由于城乡之间经济水平和人口数量不同所导致的。

2. 基础设施建设和使用的差距

地区的基础设施建设既是基本消费品和投资品所必需的物质基础,又是影响网络和通信的重要因素。

3. 政府规制水平的差距

监管环境既是影响互联网普及的重要因素,也是数字鸿沟的形成原因之一。

4. 地理位置的差距

居住地的空间位置会影响信息通信技术以及其他高科技技术的使用状况,进而导致数字鸿沟。

(二) 企业和个体层面

1. 使用者的技能不同

数字技术的使用不仅包括常规化的一般操作,还包括从纷繁复杂的网络资源中挑选、处理和研究有用的信息。"使用鸿沟"是指一部分人能系统、有效地使用先进的数字技术并从相应的设备和服务中获益,而另一部分人只能运用基本的技能和简单设备并且将大部分时间用于娱乐。输入不同导致产出不同,最终导致了数字鸿沟的形成。

2. 使用者性别和年龄的不同

一般来说,青年人有更多的时间上网,这不是因为他们掌握了更高超的技能,而是因为他们能够更快地适应正在发展的新技术。

三、互联网的数字鸿沟

互联网正在让世界变得扁平化,但它本身却"沟壑纵横"。中国有近半数人口无缘分享互联网带来的文明进步。正因如此,在网络安全和信息化工作座谈会上,习近平总书记强调,网信事业发展必须贯彻以人民为中心的发展思想,让亿万人民在共享互联网发展成果上有更多获得感。

互联网本应该在去除中心化、打破垄断上发挥着巨大作用,但现如今却面临着数字鸿沟的撕裂。在国际环境下,关键信息基础设施上的数字鸿沟正在加剧国家间的不平等,例如,某些国家垄断了全世界网络软硬件核心产品的生产,并利用所掌握的不对称技术优势,在全球大肆监听、监控,这对全球互联网安全构成了严重的威胁。在国内,城乡之间、东西部之间的互联网发展也很不平衡。以网站建设为例,2020 年,我国东部地区网站占比 66%,中部地区占比 16%,西部地区占比 14%,东北地区占比 4%。

为了弥补和消除数字鸿沟,近年来,中国积极推行"宽带中国"和"互联网+"战略,并取得了不错的成绩。自政府信息公开条例施行以来,互联网不仅在建设透明政府、阳光政府方面发挥了积极作用,还推动了政务信息公开和政府信息资源公开。与此同时,诸如速度过慢、价格过高等问题,仍然严重制约着互联网公共服务的普及。

比起技术上的数字鸿沟,我们更需要重视观念上的数字鸿沟。不公开应该公开的信息,不共享必要的数据,不构建必要的数据中心,千方百计地将数据藏起来甚至用来牟利,这些行为使得政府掌握的许多重要数据形成了一个个信息孤岛。这种观念上的数字鸿沟，既不利于国家互联网战略的实施，也不利于信息技术优势的发挥，还会导致民众和企业在信息服务上的“办事难”。

我国政府亟须进一步消除互联网发展的数字鸿沟，以及基础设施、技术、观念上的数字鸿沟，破除体制与机制性的障碍。一方面，我国政府应坚持网络主权，推进互联网全球治理体系变革，加快国内及国际的关键信息基础设施建设，尽快实现核心技术上的突破，保障国家网络安全和人民的网络权利；另一方面，我国政府还需要加快国家信息化建设步伐，推动国家互联网战略加快实施，破除信息壁垒及数据地方保护主义和部门保护主义，使全社会能够共享基本公共数据，使研究机构和相关企业能够及时地、无偿地、有效地获取相关数据。

经典案例:“头腾大战”，没有输赢

“头腾大战”是指今日头条与腾讯之间的矛盾与冲突，这场“大战”从2018年持续到了2021年，起因正是互联网经济市场中逐渐凸显的不正当竞争问题。

一、从2018年打到2020年的“大战”

腾讯与北京字节跳动科技有限公司(下称字节跳动)的大规模冲突始发于2018年。2018年3月7日，腾讯创始人兼首席执行官马化腾在两会期间接受媒体采访时表示:腾讯已经注意到短视频，并正在探索、发展短视频。之后，字节跳动旗下的抖音和火山分享到朋友圈的视频链接仅为自己可见，且QQ空间也出现了类似的情况。腾讯方面回应外界称:这是系统的防刷屏机制。据字节跳动统计，自2018年4月11日开始，腾讯先后封禁抖音、西瓜、火山、飞书、多闪、飞聊等6款字节跳动产品，波及的用户数超过了10亿。

2018年6月1日，腾讯公告显示，已将今日头条和抖音的运营者即字节跳动、北京微播视界科技有限公司起诉至法院，理由是后者涉嫌不正当竞争行为，并对腾讯声誉造成了严重影响。同时，腾讯还宣布暂停与上述两公司的合作。而字节跳动官方就此回应称:我们已经对腾讯的不正当竞争行为提出诉讼。字节跳动依据《反不正当竞争法》和《民事诉讼法》向腾讯提起反不正当竞争诉讼，要求腾讯立即停止一切不正当竞争的行为并公开赔礼道歉，同时索赔9 000万元。

至此，双方之间的冲突进入常规化阶段，几乎每年都要向对方发起诉讼。据统计，2016—2020年，字节跳动与腾讯可查的相关诉讼就有416件，其中涉及反垄断、反不正当竞争诉由的就有18件。

二、2020—2021年，双方“大战”继续

2020年初，受新冠疫情的影响，大部分企业都开启了线上办公的模式，互联网会议平台之间竞争激烈，其中腾讯旗下的“腾讯会议”软件占据着较大的市场份额。2020年3月，字节跳动旗下的一款会议软件“飞书”在多个社交平台中启动宣传，但是，其通过微信公众号的

推广遭到了腾讯旗下微信应用的封杀:凡是对飞书软件进行宣传的文章都被微信平台以各种理由删除了,就连涉及此事件(封杀飞书软件)的文章也难以幸免。同时,在新浪微博上转发的关于"腾讯封杀飞书"的消息,也被腾讯举报成了不实消息。

2021年2月,在国家反垄断的背景下,抖音在北京知识产权法院向腾讯提起反垄断诉讼。抖音认为:腾讯通过微信和QQ限制用户分享来自抖音的内容,构成了《反垄断法》中所禁止的"滥用市场支配地位,排除、限制竞争的垄断行为"。抖音要求法院判令腾讯立即停止相关行为,刊登公开声明以消除不良影响,同时索赔9 000万元。然而,腾讯方面则表示:暂未收到关于抖音起诉的相关材料,相关指控纯属失实,系恶意诬陷。

虽然字节跳动在国内起诉腾讯垄断,但它旗下多款产品(包括抖音)通过各种不正当竞争方式违规获取微信用户个人信息,已被法院多个禁令要求立即停止侵权。而在大洋彼岸,美国联邦贸易委员会也开始注意到字节跳动旗下Tik Tok潜在的数据问题。2020年12月15日,美国联邦贸易委员会官网发布消息,要求字节跳动旗下Tik Tok等9家科技公司在45天内解释它们是如何收集并使用用户个人信息的,包括如何向用户投放定向广告、如何实现用户增长等。另外,抖音方面也存在屏蔽第三方链接的行为。

三、"头腾大战"落下帷幕

现今,随着互联网"破壁行动"的加快,头腾大战也即将落下帷幕。

2021年9月9日,工信部有关业务部门召开了"屏蔽网址链接问题行政指导会"。会上,工信部提出有关即时通信软件的合规标准,要求限期内各平台必须按标准解除屏蔽,否则将依法采取处置措施。当天参会的企业包括阿里巴巴、腾讯、字节跳动、百度、华为、小米、360、网易等。工信部提出的相关合规标准,有助于维护用户合法权益,营造开放包容、公平竞争的生态环境,夯实互联网行业长远发展的基础。

2021年9月13日,工信部新闻发言人、信息通信管理局局长赵志国表示,网址屏蔽是重点整治的问题之一。赵志国还表示,保障合法的网址正常访问是互联网发展的基本要求,在无正当理由的情况下限制网址链接的识别、解析和正常访问,严重影响了用户体验,损害了用户的权益,扰乱了市场秩序。下一步,工信部将加强行政指导,对整改不到位的问题,将继续通过召开行政指导会等多种方式,督促企业抓好整改落实。

对此,各个大厂都给出了具体回应。腾讯:我们坚决拥护工信部的决策,在以安全为底线的前提下,分阶段、分步骤地实施。阿里巴巴:互联是互联网的初心,开放是数字生态的基础,阿里巴巴将按照工信部的相关要求,与其他平台一起面向未来,相向而行。字节跳动:保障合法的网址链接正常访问是互联网发展的基本要求,事关用户权益、市场秩序和行业创新发展,字节跳动将认真落实工信部决策。另外,字节跳动还呼吁所有互联网平台行动起来,不找借口,明确时间表,积极落实,给用户提供安全、可靠、便利的网络空间,让用户真正享受到互联互通的便利。

2021年9月17日,腾讯发布了《微信外部链接内容管理规范》。同时,这也标志着腾讯与字节跳动旷日持久的相互诉讼迎来了终结。至此,互联网或将迎来重启。

案例讨论题：

互联网经济市场中的不正当竞争行为有哪些？不正当竞争行为会对市场效率产生什么影响？

本章小结

本章主要介绍了互联网经济下的市场效率问题。本章前两节主要对互联网经济背景下的市场形态进行了深入阐述。本章第一节主要介绍了市场失灵问题，包括帕累托最优、福利经济学基本定理和互联网经济中的市场失灵。本章第二节主要对市场势力的效率进行了分析，包括市场势力的概念、经济效率及互联网经济下市场势力的动态效率。本章后三节着重介绍了一些亟待解决的互联网市场经济学问题。本章第三节介绍了数字产品的公共性问题，包括对数字产品的著作权保护和技术保护。本章第四节介绍了互联网经济中的不完全信息问题。本章第五节从对数字鸿沟的认识出发，剖析了数字鸿沟的影响因素及互联网的数字鸿沟。

思考题

1. 由于数据产品本身具有公共性特征，那么，政府应该如何利用数据产品的公共性，为企业、居民以及社会提供公共服务呢？

2. 电信业是我国经济发展的重要领域之一。根据本章关于市场势力和效率的内容，探讨中国电信业的高速增长是源于行政垄断保护下的市场势力，还是源于拆分改革带来的经营效率的提高，或者是其他因素所导致的结果？并深入思考市场势力与经营效率会对我国电信业发展产生什么样的影响？

本章参考文献

[1]　林铃.美国新经济论质疑[J].世界经济，2000(5)：38-45.

[2]　周文娟.网络外部性及其引起的市场失灵文献综述[J].中国物价，2014(11)：37-39+47.

[3]　Orans R，Woo C K，Horii B，et al. Electricity pricing for conservation and load shifting[J]. The Electricity Journal，2010，23(3)：7-14.

[4]　田奇奇.网络经济环境下的垄断以及对技术创新的影响[J].河北企业，2017(5)：82-83.

[5]　李燕芳.数字学术信息商品的公共物品属性及其利用[J].职业时空，2006(16)：42-43.

[6]　郭海涛.市场势力理论研究的新进展[J].经济评论，2006(3)：132-139.

[7]　牟春艳.影响企业自身的市场势力的因素探析[J].理论界，2004(1)：26-27.

[8]　周绍东，朱乾龙.网络经济下垄断的动态效率探析[J].南方经济，2006(11)：5-13.

[9]　杨泽民，范全润.硬件设计的形式化验证技术[J].太原师范学院学报(自然科学版)，2007(2)：54-56.

[10]　孙圣和，陆哲明.数字水印处理技术[J].电子学报，2000(8)：85-90.

[11] 高红阳.不对称信息经济学研究现状述评[J].当代经济研究,2005(10):25-30.
[12] 邢会强.信息不对称的法律规制——民商法与经济法的视角[J].法制与社会发展,2013,19(2):112-119.
[13] 吴春雷,黄欢.企业社会责任需求信息不完全性问题分析[J].企业研究,2011(8):124-125.
[14] 刘艺.企业社会责任会计信息披露中存在的问题及对策研究[J].企业导报,2012(6):100-101.
[15] 刘志毅.数字经济的下半场:跨越信息鸿沟[J].中国信息化,2018(3):5-7.
[16] 桂栗丽.《反不正当竞争法》中竞争关系司法认定与立法改进——以“头腾大战”等平台型企业相关案例为引证[J].知识产权与市场竞争研究,2021(1):255-274.

第八章　互联网经济环境下的政府职能

随着我国改革开放的不断深化,全球科技信息化的快速发展,互联网络和信息网络发展迅猛,促进了网络经济的不断改革和创新。在此,互联网经济的发展不仅需要有效率的市场环境和公平有序的市场秩序,更需要政府发挥职能,为其发展提供更为优质、便捷的服务和及时、高效的管理。2015 年全国两会上“互联网＋”的提出,为我国网络经济的发展指明了方向,也对我国政府职能提出了新的要求。会议要求互联网经济在发展过程中必须按照社会主义市场经济的要求来进行。本章旨在探讨政府职能如何更好地适应网络经济的发展,在对互联网经济市场效率的研究基础上,从公共政策角度出发,对互联网经济下的政府职能该如何实现职能转变进行了研究。

第一节　Internet 基础设施的公共政策

一、Internet 基础设施面临的难题

基础设施产业是关系到国计民生的支柱产业,在国民经济中具有举足轻重的地位。在人类社会从后工业时代向信息时代转变的过程中,特别是在网络经济环境下,与信息工具和信息媒介密切相关的基础设施产业显得尤为重要。在信息技术和因特网中,Internet 基础设施是指用于连接计算机和用户的硬件,主要包括网络、硬件设备和基础软件三大项。

互联网经济是构架在互联网上的经济,它凭借联结性不断改变着社会生产和经营的方式。互联网经济的出现和发展离不开计算机和网络技术的发展:一方面,网络经济的产生和发展建立在计算机产生和发展的基础之上,计算机技术、集成电路技术、微电子技术、网络技术以及现代通信技术的迅猛发展,构成了互联网经济形成的物质基础;另一方面,各种网站的建成也为互联网经济的繁荣发展提供了强大的动力。现代通信网络的建成、计算机网络的飞速发展、国际信息资源网络的联网,特别是信息传输容量和传输速度的提高都为网络终端普及到一般消费者创造了良好的条件。局域网、企业内网、办公自动化系统等电子网络基础设施也为互联网经济的产生和不断发展提供了可能。最后,全球范围内综合性和专业性信息网络的建成和运营成为各国信息经济形成的标志。

加快构建泛在先进的国家网络基础设施

2016 年，我国发布了《国家信息化发展战略纲要》，明确指出未来 10 年我国信息化发展的目标、路线图和重点任务，要求加快构建天地一体、立体覆盖的国家互联网基础设施，不断完善普遍服务，让人们通过网络了解世界、掌握信息、摆脱贫困、改善生活、享有幸福。落实纲要任务要求，加快新一代信息基础设施建设，是实现我国信息化跨越式发展的重要组成和基本要求，是建设网络强国和推动经济社会转型发展的关键支撑。

自《2006—2020 年国家信息化发展战略》颁布实施以来，我国政府先后出台了一系列战略和政策举措，推动信息基础设施从小到大、从弱渐强，取得了跨越式发展，迅速跃升为全球网络大国。到 2016 年一季度，我国固定宽带网络延伸至全国的所有乡镇和 95%的行政村，基础电信企业宽带用户合计达到 2.7 亿户，再加上广电网络公司发展的 2 000 万宽带用户，以及民营企业超过千万的宽带用户，全国宽带用户合计超过 3 亿户，人口普及率超过 22%，快速逼近发达国家平均 27%的普及水平；4G 网络覆盖全国城市和主要乡镇，用户近 5.3 亿，超美国和欧洲之和，约占全球的 33.3%。

如上述所说，Internet 基础设施的存在和发展不仅为网络经济的发展提供了可能，也为其自身提供了不断发展壮大的动力。但是，从效用角度来看，Internet 基础设施目前仍然面临着两大难题，即拥塞问题和安全问题。

1. 拥塞问题

与现实世界拥挤的交通状况类似，Internet 也面临着数据传输过程中的拥塞问题。所谓拥塞，其实就是通信网络中的一种状态，即到达各网络通信输入站的呼叫数量高于网络处理的容量和能力。显然，呼叫数量(或者说用户需求)一旦超过了网络的承载能力，就会不可避免地产生拥塞现象。拥塞产生的物理原因可能是：存储空间不足、带宽容量不足以及处理器处理能力弱、速度慢。

我国网络拥塞现象较为严峻。首先，截至 2018 年，我国国际出口带宽已达到 8 826 302 Mbps，但网民规模只达到了 6.49 亿，“宽带不宽”的现象依然存在。其次，网络技术的发展对网络带宽的需求不断增加。早期互联网上传输的文件大多是文本格式，这种格式所占字节数较少，因而在传输过程中占有的网络带宽资源也较少。随着技术的发展，网上传输的文件格式越来越复杂，传递的信息除了文字内容以外还有声音和图像，这些格式所包含的字节数要比文本格式大得多。甚至到现在还出现了网络电话、网络电视以及网络会议等，这些信息传输所占用的网络宽带资源更大，也势必会造成网络的拥塞。

此外，由于我国网络基础建设起步较低，国内还未形成一个具有充分竞争性的网络供给市场。上网资费高和上网速度慢已成为两大难题。而人们又往往只重视上网资费的下调，而忽视了网络拥塞问题。举一个简单的例子，我国的包月收费是按用户在网上的时间计算的，即把用户的等待时间也计入费用，因而网络越拥塞，用户等待的时间越长，被收取的费用也就越高。因此，如何在网络供给方面促进一个竞争性市场的形成，并不断提高网络供给能力才是解决各种问题的一个治本之策。

2. 安全问题

安全问题也是 Internet 基础设施面临的一个重大障碍。与私有的 VAN 网络相比，

Internet在安全措施方面的缺陷很大。例如，信息在传输过程中被窃取、被篡改、被拦截等，都会使得接收方在收到信息之后对信息的真实性产生怀疑，不能肯定收到的信息与发送方发出的消息是否一致。为解决这一问题，可从以下几点入手：对重要信息实施物理隔离，以防止网络攻击；使用逻辑隔离保证信息的机密性和完整性；制定相应的法律法规来增强管理部门和管理人员的安全意识和管理意识。

二、Internet 基础设施行业的普遍服务原则

出于对社会公平的考虑，政府在 Internet 基础设施行业采取普遍服务的原则。普遍服务的原则强调以社会公平为出发点，为社会带来较高的效益，因此许多国家都把它作为 Internet 基础设施产业的一项重要公共政策。当然，不同的国家对普遍服务原则具体内容的理解各有差异，但是基本上所有的普遍服务都满足以下几点：首先，普遍服务必须是针对所有的（或者绝大部分）用户的；其次，普遍服务的价格是可以被普遍接受的；最后，普遍服务要有一定的质量保证。

基于上述共同特征，普遍服务的内涵可以被理解为：以可以承受的资费水平向所有用户（包括低收入消费者在内）以及所有地区（包括农村地区、边远地区或其他高成本地区在内）所提供的有质量保证的通信服务。然而，Internet 基础设施的提供商或运营商不愿意为边远地区、农村地区或其他高成本地区提供服务。这是因为这些地区的经济欠发达，Internet 基础设施的发展落后，服务提供商或运营商很难收回投资。在这种情况下，政府需要从经济的全面协调发展考虑，要求 Internet 基础设施的提供商或运营商按照普遍服务原则向高成本地区的用户提供服务，并且保证一定的服务质量，不按照投入和运营成本采取高资费定价。

三、中国的现状与对策

近年来，我国 Internet 基础设施产业的发展是有目共睹的。正是由于政府在价格、经营机制、投资体制以及转变政府职能等方面进行了一系列的改革，Internet 基础设施的供给能力才有了显著的改观。但目前仍然存在许多问题，这些问题集中表现在以下几个方面。

（一）Internet 基础设施企业的市场化程度不够、经济效率低下

该问题的主要表现是服务定价的不合理，造成了资源配置缺乏效率。政府为了调动企业的积极性，提高资源配置效率，已经对服务价格水平和结构进行了许多调整。但是政府过多地干预了服务定价。因此，许多服务定价不能反映服务的真实成本，价格机制的导向作用发挥不出来，资源浪费严重。

造成经济效率低下的原因是多方面的，其中最重要的一点在于产权制度改革不到位。Internet 基础设施企业仍然缺乏明晰的产权关系，产权关系不明晰就不能有效地避免政企不分的问题。我国 Internet 基础设施产业的主体是垂直整合的国有企业，Internet 基础设施企业不仅是追求商业利益的经济实体，同时又是一个兼顾社会目标的政府组织。企业在这种制度安排下被迫实现多重目标，但由于目标之间相互冲突，企业的绩效难以衡量，自然

也就无法提供合理的激励。此外,现存的多头管理格局也使得企业在经营中无所适从。

由此可见,明晰产权是提高市场化程度和经济效率的基础,明确管理控制权的分配是保证私人参与程度不断深化的必要条件。在市场经济体制下,政府不应该通过直接控制企业的办法来避免多重目标之间的冲突,而应该尽量维护企业的经营自主权,采取间接的调控手段诱导企业实现政府的意图。

(二) Internet 基础设施产业的投融资体制不完善

Internet 基础设施产业投融资体制的不完善主要表现在以下几点。

第一,地方政府滥用投资权。政府为改变对基础设施包揽过多的做法,已经采取了多项改革措施,如下放投资权、减少投资审批程序、鼓励地方政府和私人资本的参与等。而投资体制改革最大的特点就是将投资权下放给地方政府,采取"谁投资谁收益"的原则。虽然这样调动了地方政府参与基础设施建设的积极性,但是地方政府仍然缺乏投资约束,而且只追求局部利益和短期利益,这种情况不仅破坏了产业发展的整体规划,还挤掉了可能参与投资的私人资本。

第二,对待私人资本过于保守。由于 Internet 基础设施产业在国民经济中的地位非常重要,因此政府在引进外资或民间私人资本方面极为慎重,这在客观上抑制了私人资本的参与。

第三,没有充分发挥资本市场在融资方面的功能。从资本市场上看,企业债券市场不发达,债券流动性差;而股票市场的进入门槛又太高,地方企业或规模较小的企业根本达不到上市的资格要求。

因此,完善 Internet 基础设施产业投融资体制的工作要尽快进行。例如:在规范金融市场秩序的前提下,弱化国有银行与国有企业之间的"刚性依赖"关系;健全非公有制企业、中小企业的金融服务体制;大力鼓励和规范证券市场、基金市场、保险市场中各种中间业务的发展;打通"储蓄-投资"通道,使其转变为与基础设施投资主体多元化相适应的金融工具,真正起到优化配置资金的作用。

(三) 普遍服务的服务质量仍待提高

在新时代,我国网络基础设施产业正处于关键的发展期,它的发展对社会整体效益具有非常积极的作用。但是,企业在更加强调经济效益的同时,往往会忽视边远地区、农村地区对互联网服务的需求。受制于我国目前经济发展水平的现状,国家财政一时还拿不出足够的资金用于互联网基础设施方面的建设。因此,还需要适当的政府干预使企业在一定限度内履行普遍服务义务。随着改革的进一步深化和竞争机制的引入,目前迫切需要设计符合现实情况的普遍服务机制,使之成为既满足政府的宏观目标,又不构成竞争阻碍的一种中性机制。

经过近几年的不懈努力,政府在提供普遍服务方面已取得显著的成绩,但是网络基础设施依然是边远地区、农村地区的网络基础设施的发展瓶颈,普遍服务的服务质量仍不乐观。为了提高服务质量,政府可以考虑引入竞争机制,促进各企业间的竞争与合作,这对提高普遍服务的整体水平具有一定的积极作用;政府还可以从社会公平的角度对原有的政策进行调整,并且制定出符合实际情况、具有可操作性的普遍服务原则。

第二节　普遍服务政策

一、普遍服务的定义及功能

普遍性通常可以被理解为“一个国家能够公正平等、一视同仁地对待其全体公民”。由“普遍性”衍生出的普遍服务，无论是作为一个理念，还是作为一项义务，最早都是在电信领域内出现的。事实上，除电信领域之外，在电力、供水、供热、交通等网络型公用事业，公民有权获得相关产品和服务的普遍服务理念已经被广泛地承认和实践，甚至转化成了国际法和国内法的强制形态。让全体公民享受最基本的普遍服务俨然已成为各国政府的一项极其重要的公共政策。

(一) 普遍服务的定义

美国AT&T总裁西奥多·威尔(Theodore Vail)先生在1907年年度报告中首次提出“普遍服务”的概念，该公司年度报告中提出“一种政策、一个系统、普遍服务”，用意原本是指以同一技术与服务水平，提供全国统一服务的经营目标，以避免市场混乱、用户无法获得公平合理的服务等情况的发生。直到1913年，AT&T公司迫于美国司法部方面的压力，被迫承诺承担在全美普及电话服务，从此“普遍服务”才真正上升为一种公共服务过程中的义务原则和责任规范。1934年，《美国电信法》依法对普遍服务的概念、内容、目的等做出诠释，并成为制定有关网络互连等普遍服务政策或行政命令的授权法源。如今，尽管普遍服务的定义和具体内容都发生了很大变化，但对任何人都要提供无地域、无质量、无资源歧视且能够负担得起的产品服务始终是普遍服务的基本诠释。而这种对普遍服务的诠释已经成为世界多数国家电信、电力、供水、供热、交通等网络型公用事业的义务和社会责任。

目前，最明确且被广泛接受的普遍服务定义来自2006年国际经济合作与发展组织在ICCP报告中对于普遍服务的概念界定：任何人在任何地方、任何时候都能以承担得起的价格享受产品服务，而且服务质量和资费一视同仁。国际经济合作与发展组织还将上述普遍服务的概念分为3个要素，也就是3个层次目标，如图8-1所示。

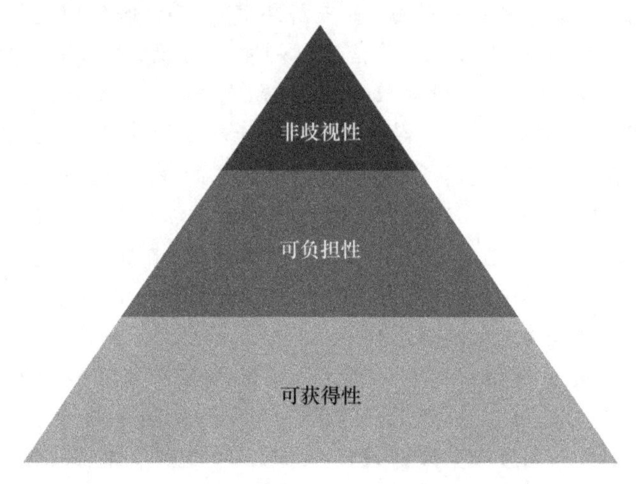

图8-1　普遍服务的3个层次目标

可获得性是普遍服务的第一层目标，即不论何时何地，只要民众有需求，就应该有覆盖全国范围的网络和服务；可负担性是普遍服务的第二层目标，即使用服务不会造成消费者的负担，尤其是社会弱势群体；非歧视性是普遍服务的第三层目标，即实现接入的平等，对所有用户在产品的质量、价格、服务方面做到一视同仁。

（二）普遍服务的功能

政府之所以要求为各地区用户提供普遍服务，是因为从社会整体角度考虑，普遍服务能够带来明显的社会效益。

首先，普遍服务可以作为一种特殊的再分配方式。这里的再分配主要针对低收入阶层，通过定价来影响再分配，可以保证低收入阶层享受到一定的基础服务，减少或避免因资费调整对他们产生的不利影响。从实施效果看，提供普遍服务实质上类似于实行广泛的补贴政策。

其次，普遍服务有助于网络正外部性的发挥。所谓网络正外部性，是指网络的价值随着加入这个网络的用户数量的增加而增加。连接到互联网的人越多，互联网所产生的社会价值和商业价值就越大。由于利益导向，消费者和运营商的任何网络决策或联网行为都会直接影响到网络中其他用户的福利。因此，为了避免市场失灵现象的出现，政府制定了普遍服务政策。

最后，普遍服务可以帮助政府实现整体的地区发展规划。在我国这样一个地区间发展较为不平衡的国家里，普遍服务的公共政策有助于协调地区间的发展，促进各地区产业间或产业内经济的发展，缓解落后地区基础设施的瓶颈问题。

二、我国的互联网普遍服务政策及其运作机制

（一）我国的互联网普遍服务政策

普遍服务政策开启宽带发展新篇章

国务院出台的“宽带中国”战略，明确了宽带网络作为国家战略性公共基础设施的地位，提出将宽带纳入电信普遍服务范围，重点解决宽带村村通的问题。2015 年 10 月，国务院常务会议通过完善电信普遍服务补偿机制的重大决议，这不仅是对“宽带中国”战略的进一步丰富和完善，还使“宽带中国”战略落地有了更有力的抓手。

随着工信部连续四年实施的“宽带中国”专项行动走向深入，利于宽带发展的政策举措相继出台，宽带建设的环境氛围逐渐向好，宽带发展的成果日益凸显。不管是国务院发布的《关于积极推进“互联网+”行动的指导意见》、国务院印发的《促进大数据发展行动纲要》，还是党的十八届五中全会通过的“十三五”规划建议，都提出要建设高速、移动、安全、泛在的新一代信息基础设施。与此同时，整个社会对宽带网络等信息基础设施重要性的认同度大为提高。住建部、工信部联合印发了《关于加强城市通信基础设施规划的通知》，并积极将通信基础设施建设纳入城市规划。工信部与国家发改委共同组织创建了“宽带中国”示范城市，一共评选出 39 个示范城市。不少地方政府也出台了宽带基础设施建设与保护条例，开放公共用地用于宽带建设，明令禁止阻挠宽带建设的行为。

我国的互联网管理政策是将互联网服务纳入电信业务增值服务范围。这一政策揭示了互联网与电信行业的关系。互联网的主要接入方式是通过固化或移动通信方式实现的，互联网接入的普遍服务必然是与电信普遍服务紧密相关的。2007 年 3 月，原信息产业部在制定的信息产业"十一五规划"中首次将互联网服务纳入了电信普遍服务目标，提出"十一五"期间要努力加大乡镇互联网接入能力建设，基本实现"乡乡能上网"。这一目标主要是解决互联网接入层面的普遍服务问题，这依赖于电信普遍服务的发展与完善。电信普遍服务强调的是对任何人提供无地域、无质量、无资费歧视且能够负担得起的电信业务。我国地域辽阔、经济发展不平衡，所以需要政府介入来扩大基础网络的覆盖面、保障和提供最基本的电信服务。

互联网信息层面的普遍服务问题，虽然没有接入层面那么直观，但是如果没有针对农民、低收入阶层网民的信息内容需求的互联网，是谈不上解决普遍服务问题的。互联网内容服务提供领域存在高度充分的竞争，这使得服务提供者往往关注具有较大利润价值的客户，逐利性特点使其不会主动考虑互联网信息内容的普遍服务问题，而是着力进入网络游戏、网络短信和网上广告等高收益领域。互联网信息服务层面的普遍服务问题更需要政府的关注以及政策层面的推动和解决。

（二）互联网普遍服务政策的运作机制

互联网普遍服务政策的运作机制，是通过改变现有服务提供商（垄断企业）提供不同服务的相对价格来实现的。也就是说，服务提供商（垄断企业）在高成本地区的服务项目上有损失，需要在其他服务项目上得到相应的补偿。补偿的具体方式是预先规定好的，一般采取交叉补贴机制，这种机制允许服务提供商（垄断企业）在没有补贴的服务上制订较高的价格。值得注意的是，这种以交叉补贴方式提供的普遍服务并不是从国家的财政支出中获得资金，而是通过行政规定把服务提供商（垄断企业）左口袋里的一部分钱转移到右口袋里去。因此，交叉补贴只是满足服务提供商（垄断企业）自身预算平衡的一种机制。

目前，价格上限的引入使得已经在一些发达国家中普及的交叉补贴发生了很大的变化，甚至使交叉补贴渐渐地淡出了视野。实行价格上限的规定使得垄断企业在一定范围内有了调整相对价格的自由，这样企业就可以运用更加市场化的方式去平衡资费结构。为了在实行价格上限的同时，使企业仍然保持提供交叉补贴的动机，政府管理部门做了许多系统的调整。例如：对价格上限中的权重做出大幅度的调整，以保证企业一旦向规定的低资费用户收取较高的费用，就会相应的受到惩罚；资费调整的速度受到严格限制；运营商需在服务区内实行统一定价；等等。值得注意的是，Internet 基础设施行业的自由化改革真正动摇了交叉补贴机制赖以存在的根基。为了实现交叉补贴，运营商必须在提供补贴资金来源的服务项目上得到足够的利润，然后才能为其他服务项目提供补贴。这种人为造成的价格扭曲使得市场新的进入者只会考虑进入高资费的服务领域。因此，在现存交叉补贴的情况下，竞争引入会导致两个结果：一是市场新的进入者的效率很低；二是原有的普遍服务实现基础遭到破坏，竞争会大幅度降低高资费服务项目的利润。

那么，是否应改革交叉补贴或者引入竞争机制呢？这些问题引起了各界广泛的争议，并已成为普遍服务政策的焦点问题。改革交叉补贴意味着利益格局的重新调整：从消费者层面看，接受补贴的利益方要竭力保留普遍服务，而大型的商业用户则希望取消交叉补贴以享受较低的服务价格;从供应者层面看,原有的基础设施提供商和运营商常常将提供普遍服务当作反对引入竞争的理由,而新的进入者从增加竞争优势的角度出发不愿意分担提供普遍服务的成本。大多数人都认为,竞争是与交叉补贴相矛盾的,因此交叉补贴也会成为引入竞争的障碍。

三、西方国家的互联网普遍服务政策

2000 年 9 月,国务院颁布的《电信条例》规定:电信业务经营者必须按照国家有关规定履行相应的电信普遍服务义务。但是,《电信条例》中对普遍服务的定义比较模糊,范围较宽泛,缺乏普遍服务需遵循的原则和应达到的目标,没有明确普遍服务的资助对象和实施方法,实施中出现问题也找不到适用的法律依据。在这方面,信息化发达国家的一些做法值得借鉴。

以美国为例,1996 年美国新《电信法》的出台重新定义了普遍服务及其目标。从此,普遍服务不再仅限于传统意义上的电话服务,而是"电信服务的动态演进"。这意味着,随着电信和信息技术及业务的发展,电信普遍服务的概念将会不断更新,呈现出普遍服务目标动态化的特点。1997 年,美国联邦通信委员会颁布了普遍服务新法令,并规定:任何一个合格的能够提供普遍电信服务的公司,包括无线业务提供者,不管他们使用的技术如何,只要提供政策规定的普遍电信服务项目,就都有资格接受普遍服务的补贴。其资金支持来自所有提供各州电信服务的公司。为此,美国联邦通信委员会还专门建立了负责从所有的电信服务公司,以业务收入为基数征收普遍服务基金,并对提供普遍服务的电信公司进行补偿的普遍服务管理公司。2005 年 7 月,美国参议员戈登·史密斯(Gordon Smith)等提出了《21 世纪普遍服务法案》,提议修正《电信法》中关于普遍服务的条款。他们认为,美国政府应该为建设全国性的高速宽带互联网提供资助,同时扩展普遍服务目标,增加对宽带互联网的接入补贴。2006 年 2 月,美国参议员康拉德·伯恩斯(Conrad Burns)也提出了《2006 年互联网和普遍服务法案》。该议案的目的是建立具有激励作用的普遍服务基金制度,以保证消费者能够使用高质量的宽带业务与设施。可以看出,美国电信普遍服务的重点逐渐转向宽带互联网,其宗旨是让全体美国国民都能应用到无差别的互联网业务,从而提升美国社会的信息化水平。

当然,各国因其国情不同,做法也不会完全一致。其中,大多数信息化发达国家的做法是把电信(包括互联网接入在内)普遍服务作为社会福利的一部分落实到政府的职责中,并通过法律规定把普遍服务落实为电信运营者的义务。从各国情况看,在垄断经营情况下,电信(包括互联网接入在内)普遍服务主要是通过地区补贴和业务交叉补贴来实现的。在引入竞争之后,通过建立普遍服务基金来发展电信普遍服务是各国普遍服务管制发展的方向。普遍服务基金的收取方式主要有以下几种:一是建立普遍服务基金,从所有电信公司每年的收入中按一定比例收取费用;二是由国家预算筹款,指定提供普遍服务的公司;三是对提供普遍服务的公司提供税收方面的减免;四是在许可证发放中附加普遍服务的条款;等等。这些方法是各国在提供普遍服务中逐渐形成的,各有优缺点,适用的国家、地区及发展条件各不相同。其中,第一种方式发达国家使用的较多,第二种方式发展中国家使用的较多。

四、完善互联网普遍服务的政策建议

我国的普遍服务制度最初是从计划经济体制中逐渐发展起来的。在电信领域引入竞争机制以及互联网领域高度竞争的情况下，普遍服务的政策实施面临着前所未有的挑战和难题。当然，解决难题既要借鉴发达国家的成功经验和做法，又要立足于本国国情；既要体现公平原则，又要体现效率原则；既要在普遍适用的前提下根据不同地区发展的状况和需求差别，制定灵活的普遍服务的目标，又要因地制宜地采取多种形式解决普遍服务问题。具体做法如下。

一是明确界定互联网普遍服务，制定合理、可行的政策目标。明确界定互联网普遍服务的对象范围，将城市贫民、老弱病残等低收入群体和贫困地区、边远地区、政策扶持地区纳入普遍服务对象范围，并将互联网普遍服务纳入国家扶贫计划和地区开发战略，采取国家、地方财政资助、补贴的办法，将互联网普遍服务作为贫困地区、边远地区基础教育、医疗发展的重要手段，尽快制定出具体的阶段性和区域性目标。

二是进一步建立规范化、法制化的政策环境。由于法律具有一定的滞后性，而普遍服务的目标和具体实施方案都必须随经济、技术和互联网的发展而变化，所以在制定《电信法》等相关法律中应当对电信（包括互联网接入在内）普遍服务做出规定。同时，就政策的实施制定配套的实施细则，列明普遍服务基金的收缴方法、程序、普遍服务项目的确定方法、运营商的选择程序、净成本和补贴额的测算方法等。

三是建立普遍服务基金制度。引入竞争机制是电信业及互联网接入服务业发展的必然趋势。在此情况下，必须尽快建立与市场竞争相适应的成本补偿方案，这是构建我国普遍服务新机制的关键。普遍服务基金主要用于解决贫困、偏远地区的电信和互联网接入服务的资金问题、亏损地区运营和维护的资金问题以及相关互联网信息内容服务的补助资金问题。

四是采用新技术和新方法推动普遍服务问题的解决。要解决“村村通”百分之百的覆盖，提供宽带上网，只采用有线通信是不可能实现的。在提供互联网普遍服务方面，要让无线网络发挥更重要的作用。

第三节　知识产权保护政策

一、知识产权及其法律制度概述

“知识产权”一词最早于17世纪中叶由法国学者卡普佐夫（Gapzov）提出，后被比利时的皮卡第（Picardie）所发展，皮卡第将知识产权定义为“一切来自知识活动的权利”。1967年《建立世界知识产权组织公约》签订以后，知识产权一词逐渐被国际社会普遍使用。

知识产权又称“知识所属权”，是指人们就其智力劳动成果所依法享有的专有权利，一般是国家赋予创造者对其智力成果在特定时期内享有的专有权或独占权。人们通常将以非物质财产为对象形成的知识产权称为无形财产权，它在性质上属于民事权利。而知识产权的对象——智力成果，作为具有非物质化特点的无形财产，与房屋、汽车等有形财产一样，都具有价值和使用价值，受国家法律的保护。

(一) 知识产权的范围、内容及特点

1. 知识产权的范围

对于知识产权范围的界定,不同国家和地区、不同的学者都有各自的认识和理解。综合根据我国国内法和《建立世界知识产权组织公约》《与贸易有关的知识产权协定》这两个国际公约,知识产权的范围有狭义和广义之分。狭义的知识产权一般指著作权(或称版权)、专利权和商标权,这也是与日常生活关系最为密切的几类知识产权。广义的知识产权除了包括狭义的知识产权外,还包括科学发现权、厂商名称权、地理标志权等。知识产权的范围不是一成不变的体系,它是科学技术发展的产物,并且随着科学技术的发展而发生变化,呈现出明显的动态性。

2. 知识产权的内容

知识产权包括:(1)专利权。专利权是依法授予发明创造者或单位对发明创造成果独占、使用、处分的权利。(2)商标权。商标是为了帮助人们区别不同的商品而专门有人设计、有意识地置于商品表面或其包装物上的一种标记。商标权是指商标使用人依法对所使用的商标享有的专用权利。(3)著作权。著作权也称版权,是公民、法人或非法人单位按照法律享有的对自己文学、艺术、自然科学、工程技术等作品的专有权。著作权包括人身权和财产权。人身权又包括发表权、署名权、修改权、保护作品完整权;财产权又包括使用权和活动报酬权。

3. 知识产权的特点

知识产权是一种无形财产,它与有形财产一样,可作为资本投资、入股、抵押、转让、赠送等。除此之外,知识产权还具有三大特点:一是排他性,同一内容的发明创造只给予一个专利权,由专利权人所垄断;二是地域性,国家所赋予的权利只在本国国内有效,如要取得某国的保护,必须要得到该国的授权;三是时间性,知识产权都有一定的保护期限,保护期限一旦届满,便会进入公有领域。

(二) 知识产权制度的定义及其发展历程

1. 知识产权制度的定义

知识产权制度是指开发和利用知识资源的基本制度,它通过合理确定人们对于知识及其他信息的权利,调整人们在创造运用知识和信息过程中产生的利益关系,激励创新,推动经济发展和社会进步。知识产权制度属于私法,但同时包含某些公法的内容;知识产权制度属于实体法,但同时包含程序法的内容;知识产权制度属于国内法,但同时包含涉外法的内容。

2. 知识产权制度的发展历程

知识产权制度在世界上有着悠久的历史,各类知识产权中的专利、商标和版权的立法时间最早。知识产权制度的历史发展大体上可以分为 4 个阶段。

第一阶段是萌芽阶段(13 世纪至 14 世纪)。这个阶段出现了由封建王室赐予工匠或商人的类似于专利的垄断特权,它为后来知识产权制度的形成打下了基础。

第二阶段是初创和普遍建立阶段(15 世纪至 19 世纪末)。在这个阶段,世界上第一部专利法、版权法和商标法相继诞生,如威尼斯共和国的《专利法》(1474 年)、英国的《垄断法》(1623 年)、英国的《版权法》(1710 年)、法国的《商标法》(1857 年)等。19 世纪末,绝大多数

西方资本主义国家都建立了自己的知识产权制度(主要指专利制度、商标制度、版权制度)。

第三阶段是进一步发展阶段(19世纪末至20世纪末)。知识产权制度在这一阶段的进一步发展主要表现在纵向发展和横向发展两个方面。

纵向发展,即西方资本主义国家的知识产权制度在原有基础上通过不断修订变得更加完善、科学,尤其是随着国际知识产权制度的建立,各国知识产权制度呈现从“各自为政”“各行其是”到逐步国际化、现代化的特点。在此背景下,各国又签订了数量众多的知识产权国际条约,使得知识产权保护对象逐步增多,知识产权的种类也有所增加。

横向发展,即知识产权制度在除了西方资本主义国家之外的更多国家得以实施。20世纪后期,社会主义国家开始重视知识产权保护制度。苏联和东欧国家也都制定了自己的专利法、商标法、版权法等。此外,第二次世界大战结束后,广大已经取得独立的发展中国家为了发展民族经济也都实行了专利法等知识产权制度。20世纪80年代起,我国也开始制定知识产权法。

第四阶段是知识产权制度与贸易挂钩的阶段(20世纪末至今)。随着科技的发展,国际贸易中商品知识、技术含量的增加,各国尤其是发达国家为了取得和保持市场优势地位,开始重视国际贸易中的知识产权保护问题。一些国家不仅注意提高本国知识产权立法和执法水平,同时还设法利用国内立法以及签订或修改国际公约和条约,迫使其他国家提高知识产权保护水平。此阶段最引人注目的发展是以美国为首的发达国家极力推动订立的《关税与贸易总协定》体系内的《与贸易有关的知识产权协议》。《与贸易有关的知识产权协议》的诞生不仅进一步扩大了知识产权保护对象的范围,还提出了世界贸易组织成员必须达到的最低保护要求,这在相当大的程度上使得原来差异较大的各国知识产权制度统一到了共同的最低保护标准上,对今后世界知识产权制度乃至各国经济贸易关系的进一步发展产生了极其深刻的影响。

制定新一轮知识产权强国战略的思考

在新的时代背景下,党中央、国务院将知识产权保护提升到了前所未有的高度。2018年4月10日上午,习近平总书记出席博鳌亚洲论坛开幕式并发表重要主旨演讲,讲话指出:加强知识产权保护,是完善产权保护制度的最重要内容,也是提高中国经济竞争力最大的激励。李克强总理也曾在政府工作报告中指出:产权制度是社会主义市场经济的基石。

中国是继美国、日本之后第三个国内专利拥有量突破100万件的国家。目前,我国年度发明专利申请量和授权量均居世界第一,有效发明专利保有量居世界第三,有效注册商标量已连续16年位居世界第一。

我国的知识产权发展路径分为三个历史阶段。第一个阶段是从2014年到2020年,深入实施国家知识产权战略,确保完成2020年知识产权战略实施的阶段目标,进一步巩固我国知识产权大国地位,支撑全面建成小康社会,为知识产权强国建设奠定基础。第二个阶段是从2020年到2035年,推动知识产权制度对科技创新、产业发展、对外贸易和文化繁荣的支撑作用充分显现,知识产权强国建设初见雏形,全面支撑社会主义现代化建设。第三个阶段是从2035年到2050年,全面建成能力强、绩效高、环境优的现代化知识产权体系,知识产权综合实力跃居世界前列,成为拥有显著国际影响力的知识产权强国,为建成社会主义现代化强国、实现中华民族的伟大复兴提供不竭的动力和强有力的支撑。

(三) 知识产权制度的作用机制

知识产权制度通过给予智力成果创造者一定的独占权,为人们的发明创造活动提供了一个良好的作用机制。这种机制不仅能够鼓励发明创造的积极性,使知识成果持续生产成为可能,还能使知识成果的利用和传播正常、有序地进行,从而促进知识成果的推广和应用,推动社会和经济的发展。

1. 对创造性劳动的补偿机制和利益驱动机制

只有付出的劳动得到理想的回报,知识成果创造者才有可能持久地维持创造积极性。创造知识资产得到的回报越高,人们就越乐于创造。

2. 知识成果商业化的促进机制

市场是知识成果的"试金石",商业化成功是知识成果的质量、价值及市场优势的准确检验和反映。如果知识成果的应用结果有很大的产品市场或很高的利润,则说明成果具有重要的使用价值。所以,在知识产权制度下,知识成果创造者所追求的并不是表面的荣誉。尽管荣誉能在一定程度上给权利人带来地位和社会的尊敬,但知识成果创造者最根本的目标是获取利润。

3. 商品和技术贸易的保护和促进机制

与知识产权有关的贸易包括两个部分:一部分是包含或涉及知识产权(如专利、商标等)的商品的贸易;另一部分是知识产权本身的直接贸易(如专利权转让或许可、版权许可等)。知识产权制度对二者起着保护和促进作用。

4. 公平竞争的保障机制

在实行知识产权制度的国家里受保护的不是一般的知识成果,而是具有创造性、先进性的知识成果。在公平的竞争机制下,谁能首先创造出知识成果,谁就能优先取得知识产权独占权。这种公平的知识产权创新竞争机制有利于激发人们不断进步,争夺"第一"。相反,如果没有知识产权制度提供的创新竞争机制,必然会造成大量的重复研究,而重复研究又将导致资源浪费,严重影响科技进步。

5. 平衡权利人利益和社会公众利益的机制

知识产权制度本身与社会公众利益之间并不矛盾。虽然法律授予的知识产权是一种私有垄断权,但这种垄断权恰恰激励了人们积极投身科学研究,促进了知识成果的应用,大大加快了科技知识的更新速度,这对社会的进步和社会福利的提高是非常有利的。知识产权制度有助于鼓励发明创造,打破企业间相互保密、封锁知识技术的局面,打通知识流动和信息传播的渠道。

二、知识产权保护

(一) 知识产权保护的定义及在我国的发展历程

知识产权保护是指保护知识产权的行为。知识产权保护是知识产权制度中极为重要的内容,对于有效行使知识产权和维护知识产权人的合法利益至关重要。知识产权保护的发展大致经历了 3 个交错发展的阶段:一是自我保护阶段;二是合同保护阶段;三是专门立法保护阶段。在最后一个阶段，公权力已直接介入保护过程，并扮演着重要角色。在知识产权保护中，无论是在所涵盖的范围、使用的领域方面，还是在对抗侵权时所取得的成效方面，国家公权力都发挥着关键性的作用。

20 世纪 80 年代，中国才开始知识产权保护的法治建设，相对于国外发达国家而言起步较晚。我国知识产权保护的立法体系，是根据国民经济发展的客观需要，并通过借鉴国际公约、条约的规定和其他发达国家在知识产权保护立法方面的先进经验，不断建立和完善的。

1949 年 10 月至 1980 年，我国仿照苏联的做法，规定公民及单位的智力成果属于国家所有，不承认个人的发明创造的私有权利。任何一个企业都可以无偿地使用公民或单位的智力成果。可以说，这一时期是知识产权的荒漠，工业产权、著作权这些知识产权的概念在国人的头脑中几乎是空白的。

1980 年至 1992 年，我国在改革开放的推动下，自觉地按照我国的实际发展情况，适时地颁布了若干重要的知识产权法规，如《中华人民共和国商标法》《中华人民共和国专利法》《中华人民共和国著作权法》等，并申请加入了世界知识产权组织，递交了《国际商标注册马德里协定》加入申请书，并成功成了其会员国。

1992 年至 1994 年，中美知识产权谈判及此后达成的《关于知识产权保护谅解备忘录》，使我国知识产权立法一跃跨入了世界知识产权立法的先进国家行列。这期间，我国修改了专利法、商标法等法律，颁布了《中华人民共和国反不正当竞争法》，并分别申请加入了《保护文学艺术作品伯尔尼公约》《世界版权公约》《日内瓦国际唱片公约》《专利合作条约》等。

1994 年以来，随着知识产权保护范围的日益扩大，为了适应国际知识产权保护的大趋势，特别是适应《与贸易有关的知识产权协议》的需求，我国在 2000 年修订了《中华人民共和国专利法》，在 2001 年修订了《中华人民共和国商标法》和《中华人民共和国著作权法》。这使得我国知识产权的法律保护日益完善，并为知识产权保护逐渐与国际接轨提供了良好的法律环境。

（二）我国知识产权保护呈现的趋势和面临的问题

我国知识产权保护起步较晚、基础较差，面对知识产权制度建设国际协调的要求和新时代发展的需要，必须力争做到高起点、高标准地构建和完善知识产权法律体系，向国际标准靠拢。为此，我国立法机关开展了一系列工作，包括吸收发达国家的立法成果、引进知识产权国际条约的规范与标准。目前，我国的知识产权保护呈现出了新的趋势。

一是保护的客体范围呈现逐渐扩大的趋势。在创新活动蓬勃开展的形势下，新技术、新业态、新产业争相涌现，创新成果接连出现，特别是在互联网领域中，新模式、新应用等新事物层出不穷。同时，由于经济社会的发展，知识的生产速度、传播速度与更新速度也都在加快，创新成果的研发周期缩短，知识产品总量迅速增加。这些新的创新成果都大大突破了现有的知识产权保护框架，使得知识产权制度在短时间内无暇覆盖创新发展的各个方面，知识产权不断受到冲击。可以说，当前的知识产权制度滞后于保护创新成果的要求，知识产权保护的客体范围呈现逐渐扩大的趋势，而创新成果是否应该都被纳入知识产权保护的客体范围，还需进一步商榷与讨论。

二是开放式创新中成果保护方式的选择逐渐多样化。在新的创新范式下，开放与合作在创新过程中的重要性愈发凸显，科学技术领域不断交叉融合，技术的开发与突破也强调合作共享。在开放式创新中,知识产权保护的常见保护措施既包括申请专利和商标,也包括保守商业秘密、缩短研发时间等。对于大企业来说,正式与非正式知识产权保护都有很多办法可以选择,但是对于中小企业来说,知识产权保护的选择就比较有限。由于获得和维持专利的耗费不菲且程序复杂,所以小企业倾向于采取缩短产品上市时间、保守商业秘密等保护措施。

整体上来看,我国的知识产权保护制度还存在着不平衡、不全面等缺陷,这些缺陷就是我国知识产权保护亟待解决的问题。

一是知识产权范围有待拓宽。在我国知识产权保护体系中,仍有很多随着时代发展出现的新情况、新问题没有纳入知识产权的保护范围内。二是知识产权的权利内容需要增加。三是知识产权的法律保护措施尚待健全。四是在损害赔偿、行政程序、过错推定原则等方面的规定还有待完善。五是在立法的程序方面还存在一些问题,尤其是存在保护不平衡的情况。例如:在软件、音像制品方面,盗版依然猖獗;一些地方对保护知识产权的态度不坚决,还存在地方保护的现象。六是知识产权法律、法规还存在着不尽协调的问题,法律的透明度也有待提高。以上这些问题都影响着我国知识产权保护制度的进一步发展,同时也说明我国在知识产权立法方面还有待提高。

(三)我国在知识产权保护方面的政策选择

如今,在创新活动快速发展的形势下,我国需要改进知识产权保护的现有政策机制,优化知识产权政策的制定过程,强化知识产权的保护与运用。在知识产权保护政策体系的完善方面,我国应当进行合理的布局与深入的研究,逐步增强互联网等领域的知识产权保护。同时在知识产权的政策制定过程中,我国应将利益相关方都纳入进来,共同推动知识产权治理机制的建设与完善。为此,我国应做好前瞻性的研究工作,及时有效地应对新问题、新事物。

1. 逐步增强互联网等领域的知识产权保护

对于互联网领域的知识产权问题,目前的管理办法有《关于规范网络转载版权秩序的通知》和《国务院办公厅关于加强互联网领域侵权假冒行为治理的意见》。对于互联网、大数据、人工智能等新兴领域的知识产权保护问题,我国要在深入研究的基础上,加快推进相关规则的制定,逐步增强新业态、新领域创新成果的知识产权保护。为了实现这一点,可从以下几个方面入手。

首先,构建互联网等领域的知识产权保护体系。随着我国互联网相关技术的快速发展,互联网、云计算、大数据、物联网等和其他产业紧密结合,有关技术现已发展到世界前沿。面对互联网最前沿技术的知识产权保护需求,我国已经无法借鉴国外相关的保护经验了,需要自身深入探索并逐步建立适应互联网时代的知识产权保护体系,针对互联网新技术的特点制定相应的保护措施,在不同领域实施以促进发展为前提的差别化保护策略,并由此指导相关的国际知识产权规则的制定。

其次,合理确定不同领域的知识产权保护水平。知识产权保护遵循适度原则,即知识产权保护要与产业的发展状况相适应。因为过高或者过低的保护水平都会产生抑制创新的作用,所以对于不同领域创新成果的保护,应当审时度势,针对互联网经济形态下不同领域知识产权保护的实际情况，设计合理的知识产权保护机制，确定适当的保护水平。同时，我国还要根据不同领域的发展状况，适时地逐步提高知识产权保护水平，以达到既保护创新主体利益又兼顾使用者和社会公众利益的目的。

最后，通过典型判例营造良好的竞争环境。由于法律的制定难以赶上日新月异的技术创新，面对不断涌现的创新成果，知识产权保护应从实际出发，通过一些典型判例来营造一个良好的竞争环境。

2. 将利益相关方都纳入政策制定的框架之中

对于创新发展的未来趋势，新的创新成果何时出现，很难做到提前预知，但可以通过建立相应的机制及时应对。知识产权管理部门把相关的利益方都纳入政策制定的框架之中，以开放合作的形式共同推动应对机制，提出相应的解决方案。

首先，为更好地支持与引导相关产业的发展，知识产权管理部门应当加强与行业协会或领头企业的沟通，及时掌握行业发展动态与技术前沿。这是因为对于新技术、新业态等创新成果的出现，行业协会或领头企业能比知识产权管理部门更早地掌握相关发展情况。

其次，在知识产权系统内部，知识产权局可以创造一个比部际联席会议更加开放的联合商议机制，各有关部门可以在此自由参与无约束力的讨论。同时，知识产权局可以与技术制造方（企业和创新部门）合作，共同商议知识产权保护与管理等工作的前瞻性部署。

最后，以政策目标为导向，对知识产权的权利进行某种重新定义，以强化新领域的知识产权保护。

总之，在日新月异的创新发展形势下，面对新问题、新趋势，应当逐渐完善知识产权保护及其政策，以促进领域发展为前提，适当地强化知识产权保护水平。我们不仅要对当前出现的创新成果进行保护，也要对未来可能出现的创新成果进行保护，构建全方位、战略性和前瞻性的应对机制，从而不断完善并强化现有的知识产权保护政策体系，激发创新主体的活力，促进经济社会的发展。

第四节　互联网经济下的反垄断与政府规制

我国于 2008 年 8 月 1 日正式颁布并实施了《反垄断法》，这标志着我国的反垄断工作进入了一个制度化的进程当中。自《反垄断法》颁布以来，我国政府部门查处、审理了众多反垄断案件，这不仅为政府部门积累了宝贵的反垄断经验，也为我国不断完善反垄断相关制度提供了有力支持。然而，随着科学技术的发展，“互联网＋”时代的到来，《反垄断法》在互联网领域的应用仍旧存在诸多局限性，所以其具体的法律条款亟需根据互联网环境进行适当的更新。基于此，2020 年 1 月 2 日起，国家市场监管总局针对《〈反垄断法〉修订草案（公开征求意见稿）》向社会民众公开征求意见，首次拟将互联网新业态列入，并大幅提高反垄断处罚标准，希望能够将公众对平台经济反垄断的诉求纳入《反垄断法》体系中。2022 年 6 月 24 日，第十三届全国人民代表大会常务委员会第三十五次会议表决通过修改《反垄断法》的决定，自 2022 年 8 月 1 日起施行。下面将以“支付宝”和“微信”为代表的移动支付领域为例，探讨我国当前存在的互联网垄断现象。

移动支付领域的垄断与反垄断

现今，移动支付成了一种普遍的消费现象，各类店面都设置有微信、支付宝或者其他软件的付款二维码。早在1998—2005年，首信易、支付宝、连连支付、快钱、财付通等第三方支付机构便已相继成立，并开始为线上化商业活动提供支付渠道。自2010年起，在网络购物、社交红包、线下扫码支付等不同时期不同推动力的作用下，第三方支付的交易规模快速扩大。2020年，我国第三方移动支付与第三方互联网支付的总规模达到了271万亿元支付交易规模。艾瑞咨询的《2020年中国第三方支付行业研究报告》显示：支付宝和财付通(微信支付)在中国第三方移动支付交易市场中的份额分别为54.4%和39.4%，两者合计93.8%，以较大的优势占据着市场头部地位，市场形成了双寡头垄断格局；而处于第二梯队的壹钱包(1.5%)、京东支付(0.8%)、联动优势(0.7%)、快钱(0.6%)、易宝(0.5%)、银联商务(0.4%)、苏宁支付(0.2%)只占极小的比例，市场竞争力十分微弱。

2021年1月，中国人民银行发布《非银行支付机构条例(征求意见稿)》(简称《条例意见稿》)，以加强对非银行支付机构的监督管理，规范非银行支付机构的行为，防范支付风险，其中最令市场关注的是，中国人民银行将反垄断监管措施纳入了非银行支付领域，这表明监管部门开始重视对非银行支付机构的反垄断规制。据中国人民银行发出的《非银行支付机构条例》(以下简称"条例")规定：非银行支付机构不得开展不正当竞争，妨害市场公平竞争秩序。条例中的部分条款将对微信、支付宝的业务产生较大影响，例如，中国人民银行在条例的起草说明中表示，支付业务将重新划分为储值账户运营业务和支付交易处理业务两类，以满足技术和业务创新需求，有效防止监管套利和监管空白。总之，对于互联网领域的反垄断规制，国家势在必行。

一、互联网经济下的垄断及垄断模式

(一)互联网经济下的垄断

互联网经济作为一种新型的经济运作方式，具有不同于工业经济的特征。另外，此背景下的垄断特征也区别于传统垄断。网络经济下产生的垄断是竞争性垄断，它是由创新技术、远见、品牌及差异等所导致的市场力量，表现为市场竞争过程中独家或少数几家企业凭借产品、服务、技术、质量、价格与效率等手段逐步形成的市场势力，这是处于支配地位的企业在相互竞争和适应环境变化的市场过程中不断努力的结果。互联网经济下的垄断实质是一种在竞争过程中所产生的市场竞争力，所以在很大程度上具有竞争性质。垄断是竞争过程的内在趋势，竞争也具有一定的垄断性质。当然，网络经济下的垄断权势是动态竞争过程的暂时性结果。垄断者不可能在动态竞争环境中长期保持垄断地位，因为在垄断利润的驱使下，技术创新者会陆续进入市场，现有的垄断者会面临新进入者的严峻挑战。

可以说，互联网经济时代的垄断是以技术创新为核心，在争胜竞争和动态竞争中形成的。垄断没有以"价高量低"的垄断产品侵害消费者的利益，也没有消灭竞争、遏制创新，而是在对垄断地位的潜在争夺中促进了经济的增长。

(二) 互联网经济下的垄断模式

在互联网经济下,传统垄断理论似乎并不适用于具有网络外部性的数字信息产品市场的垄断模式。企业垄断市场的方式不一定是限产提价,还可能是依靠产品自身的质量以及正确的市场策略。然而,限产提价的老办法会让企业面临更严峻的竞争。例如,微软的操作系统软件正是借助于网络外部性所产生的正反馈效应才确立了其市场主导地位。我们可以从以下几个理论角度去理解此类垄断模式。

网络外部正效应理论也称为边际效用递增,是指由于网络外部性的存在,一种产品对用户的价值随着采用相同产品或可兼容产品的用户数的增加而增大。在使用网络产品时,每个消费者的效用取决于购买同样产品的其他消费者的人数。例如,如果一个电话网络只有一个用户,那么这个网络是没有意义的。因为用户达不到与人沟通的目的,所以以后每增加一个电话用户,电话网络就能多提供一个沟通对象,网络的效用就会因此增加。在经济学理论里,对最后增加的那位电话网络消费者而言,网络提供给他的效用水平高于任何一个原有网络用户加入时的效用水平;同时,这一新客户的加入也提高了原有用户的效用水平。因此,消费者倾向于选择拥有或将会拥有最多用户的厂商,当使用某种产品的用户超过临界容量时,在网络外部性形成的正反馈的作用下,拥有竞争优势的企业的市场占有份额会急剧增加,甚至形成"赢者通吃"的局面。可以说,由网络外部性引起的正反馈效应对企业之间的竞争产生了极大的影响,赢家通吃和标准争夺的现象是非常普遍的。

(1) 非市场力量理论

一家企业能够限制产量并提高价格,必须是以它不会面临竞争的威胁为前提的。也就是说,对产量的限制只能发生在企业拥有市场支配力之后。以微软公司为例,尽管它已经占据了操作系统市场的主导地位,但它依然面临着来自苹果公司的 MacOS 操作系统、IBM 公司的 OS 操作系统、UNIX 操作系统以及 Linux 操作系统的严峻挑战。竞争的威胁使得微软不可能像传统垄断企业那样限产提价。只有完全消除竞争,才能够使垄断获得超额利润,根据目前的市场竞争状况,没有任何迹象表明微软意欲提高产品的价格。

(2) 规模经济理论

在存在规模经济的情况下,由于固定成本被分摊,产品的平均成本首先会随着产量的增加而降低;当产量超过最优产出时,产品平均成本则会因为效率的下降而上升。但如果只存在固定成本而没有可变成本,那么就会出现平均成本单纯下降的情况。当产品的平均成本呈下降趋势,即规模经济增加的时候,企业要收回其全部成本,至少要使价格等于平均成本(这时的平均成本要高于边际成本)。如果不能保证这种定价方式,企业就不愿意提供这种产品,而市场本身也对此无能为力。

二、反垄断政策的目标和原则

垄断市场经济条件下,政府为了达到促进市场竞争、维护市场公平、提高市场效率的目标,经常要对市场进行行政干预。干预的主要手段就是反垄断法规和管制政策。这些干预措施在提高市场效率、优化资源配置等方面确实起到了一定的积极作用。政府反垄断的目标在于保护市场竞争,因为竞争对经济增长和维护消费者利益都是有利的。但是竞争过程往往会引起市场结构的改变,容易导致个别垄断集团对市场的统治,直到新的竞争者打破这种市场格局。在网络经济下,网络外部性的正反馈效应以及规模经济的存在,使得这种情况更为普遍。

当然,并不是说企业一旦具有垄断力量,就要对其施以反垄断措施的制裁,因为有一些行业或者产品会由于自身的特点而形成单一的竞争局面。在这种存在自然垄断的市场中,取缔垄断、促进竞争并不利于提高市场效率。由于垄断的产生与表现形式变得复杂化,所以政府管理机构在对待市场垄断问题的时候,一定要透过表象抓住问题的实质。在实际执行反垄断法规和管制措施的时候,政府管理机构可以参照以下处理原则。

首先,搞清垄断产生的具体原因。法律界学者一般认为,垄断可以分为自然垄断和人为垄断两种类型。前者是指各种经济力量通过市场竞争后形成的产业自然化集中,属于经济性质垄断的范畴。而后者却指通过限制或阻碍市场竞争后形成的产业授权性集中,属于人为性质垄断的范畴。因而,判断企业获得垄断地位是通过反竞争手段,还是凭借其自身的产品优势(成本优势或者质量优势),是一个关键性问题。

其次,判断一种竞争行为是不是垄断。这其中的关键就是要看这种竞争行为对消费者的福利水平会产生什么样的影响。如果一种市场竞争行为没有减少消费者的福利,甚至还有助于消费者福利的增加,那么就没有充足的理由去制止这种竞争行为。

最后,划分市场垄断的类型。对于比较复杂的市场垄断,要依据一定的市场规范予以划分,然后针对具体的垄断问题采取措施,否则就会妨碍市场经济的正常运行。如果垄断方在市场的优势地位是通过产品本身所建立的,那么没有必要去进行干预,但是它不应该倚仗在该市场中的垄断力量去影响其他产品市场。

三、政府规制过程中不容忽视的问题

近年来,越来越多的政府管制者已经开始意识到市场发挥的作用。一般情况下,如果新兴的产品技术不能通过合理竞争来打破现存的垄断市场格局,就要考虑是否存在与反垄断相关法规相违背的市场行为。在反垄断法规无效的情况下,政府需要以直接管制的方式对垄断市场进行干预。但干预的目的只是恢复市场的竞争活力,而不是把市场置于政府的行政领导之下。因此,一旦市场恢复了原有的生机,政府就应该及时解除管制,让市场自由发展。

为了保证市场机制的正常运行,政府进行管制要适时适度,退出管制要平稳坚决。政府在具体实施管制时要注意以下 3 点。第一,对市场失灵的现象要有明确的认识。如果市场能够平稳运行,就不要进行过度管制。第二,应采取积极的方法使垄断市场逐渐转变为竞争市场,并通过规划措施来促进市场竞争。例如,政府可以向新进入者授予特许经营权,鼓励他们进入垄断市场。但是这种转变的过程只能是渐进的,突然解除管制只会使得恶性竞争和垄断力量再度崛起。第三,管制内容不宜过于具体,最好是集中于行业规范、质量标准、价格限度、市场竞争力量等几个关键角度。

第五节　跨境电子商务税收问题

一、跨境电子商务税收概述

作为互联网发展到一定阶段所产生的新型贸易形态和电子化贸易模式，跨境电子商务是指分属不同海关的交易主体，通过电子商务平台达成交易、进行支付结算，并通过跨境物流送达商品、完成交易的一种国际商务活动。它具有全球性、无形性、即时性和无纸化等特征。跨境电子商务不仅给传统贸易进出口和实体经济带来了新的挑战，也对税收制度、税收政策、税收管理提出了新的要求。

二、我国的跨境电子商务税收

（一）跨境电子商务税收对我国的影响

跨境电商的兴起和发展，使我国传统的国际贸易受到了严重冲击。与传统国际贸易相比，跨境电商贸易更加便捷，且不受时间和地域的限制，其所产生的税收费用也比较低。正因如此，跨境电商才会受到人们的追捧和欢迎。另外，跨境电商税收低的特点还有助于改善我国对贸易的态度。2016 年新的跨境电商税收政策实施以后，我国增加了跨境电商的税收，这使我国的贸易往来在一定程度上受到了限制。我国通过完善相关政策，规范和促进跨境电商的发展，这样不仅是为了提高我国人民的收入、刺激国内消费，还为了促进更多产业与行业的产生（如物流服务行业等）、增加当前的就业岗位、降低失业率等。

（二）我国跨境电子商务的征税难题

近年来，我国跨境电子商务发展迅速，在对外贸易中占据了重要地位，尤其在传统外贸出口乏力的情况下，跨境电子商务发挥着更大的作用。2011 年，我国跨境电商交易规模为 1.7 万亿。经过 7 年的发展，我国跨境电商交易规模已达到 8.8 万亿。每年巨大的跨境电子商务交易额必将产生高额的税收收入，然而由于我国跨境电子商务税收的相关法律法规仍不健全，监管措施仍存在很多漏洞，所以每年的跨境电子商务交易中都会流失很多税收，这对我国总体税收产生了极大的负面影响。因此，如何有效地向跨境电商征税是我国税务工作中的重要一环。

下面列出我国跨境电子商务面临的征税难题。

（1）纳税人难以确定

传统贸易中从事商品销售或提供劳务的单位和个人，拥有固定经营场所且在税务机关有相对应的税务登记，这些纸质化的记录便于税务机关进行税款征收和管理。但是在跨境电子商务中，交易双方在网络上完成交易，不再需要某个固定场所，而且交易双方的身份是虚拟的，有可能使用真实的身份，也有可能使用虚假的身份信息。当税务机关和海关无法确认应纳税人的信息时，就无法对其进行有效的税款征收和管理。

(2) 完税价格难以确定

货物完税价格的确定主要依托合同、发票、报表和凭证等相关资料,税务机关和海关通过审核这些资料的真实性、准确性和合理性进行有效的征管。传统贸易中,这些资料是以纸质形式存在的,有明确的保管地点和期限,且被法律认可,便于税务机关和海关后期的稽查和复核。但在电子商务中,交易双方的合同等资料一般是通过电子化的形式来保存的,而电子化文件很容易被修改和删除,这使得税务机关和海关在确定完税价格时所得到的资料有可能是不真实的、经过修改的甚至是已经被删除的资料。

(3) 新技术会对税收征管产生冲击

跨境电子商务交易全都是借助于互联网完成的,包括交易双方洽谈、合同签订及支付结算。因此,网络安全问题越来越被各方所注意,跨境电子商务平台、第三方支付平台、银行机构等都研发并使用了复杂而严格的信息安全保密系统。这些系统所运用的技术在交易时均有所体现,如身份认证、密码口令等,这些技术虽然保护了跨境电子商务交易的安全,但是也给税务机关和海关部门的稽查和监管带来了困难。第三方支付平台和银行对客户信息的保密使得相关部门无法轻易获取所需信息,同时也难以监控企业或个人的资金流向,因此税务机关和海关的稽查监管能力在很大程度上受到了削弱。

(三) 我国跨境电子商务的特征

目前我国跨境电子商务有 3 个特征:一是交易规模不断扩大,在我国进出口贸易中所占有的份额日趋提高;二是以出口业务为主,出口跨境电子商务延续快速发展态势;三是以 B2B 业务为主,B2C 跨境模式逐渐兴起且有不断扩大的趋势。然而,跨境规模的扩张也滋生了偷税、漏税等税收风险。为了对跨境电子商务交易主体进行法律约束,保证我国财政收入的稳定增长,规范行业发展,稳定市场需求,推进跨境电子商务向健康方向发展,我国正在跨境电子商务税收政策和税收制度等方面做出不懈的努力。

(四) 我国跨境电子商务税收政策的发展历程

据调查,2010 年,主动到地方税务机关缴纳税款的电子商务商家基本没有,大多数电商从业者对此保持沉默。

2013 年 8 月 21 日,国务院办公厅在《关于实施支持跨境贸易电子商务零售出口有关政策意见的通知》中提出,完善跨境电子商务相关税收征管政策,委托财政部和税务总局制定行邮税的相关实施细则。行邮税是进口关税、进口环节增值税、进口环节消费税的综合,对个人非贸易性入境物品征收。在海关规定数额和金额以内的个人自用进境过关物品,免征行邮税;超过规定数额但仍在合理数量以内的个人自用进境过关物品,纳税义务人在进境物品通行前按照规定缴纳该货物的行邮税。

从 2013 年开始,我国海关按照《海关法》向跨境物品征税,但并未涵盖跨境电子商务这一新兴贸易方式的税收征管问题,法律的滞后给税收征管带来诸多困难。从征税对象的角度看,我国《海关法》虽然对传统货物贸易的征税方法做了相关规定,但是跨境电子商务与传统跨境贸易有着本质的区别。因此,利用我国跨境电子商务税收法规上的空白,逃避海关手续与相关税负的情况在所难免。个别企业将货物化整为零,划割成单件物品,并通过物流公司转交给客户,利用货物、物品、货样、广告品的税率差异,最终实现逃避税款的目的。

2016年3月24日，财政部、海关总署、国家税务总局发布《关于跨境电子商务零售进口税收政策的通知》，自2016年4月8日起，将跨境电商进口物品按邮寄物品征收行邮税，改为按货物征收关税、进口环节增值税和消费税。跨境电子商务彻底告别“免税时代”，“跨境电子商务综合税”代替了行邮税。

税收新政的实施，使得之前整体低税负水平的行邮税转变成了税负水平较高的跨境电子商务综合税。这在很大程度上弥补了原先税收的漏洞，使传统贸易方式与跨境电子商务方式之间、国内商品和国外商品之间的税负水平达到了同一起跑线，公平性更加突显。税收新政实施后，因行邮税政策漏洞所产生的“拆单”“分包”等常用逃税手段难以实现，极大程度地减少了国家在跨境电子商务上的税收流失。另外，此次税收新政还取消了在试点城市的税收优惠，改为在全国范围内试用。这一举措使得国内各城市又回归到了同一起点。

三、国外跨境电子商务税收发展经验对我国的启示

（一）国外跨境电子商务税收的发展经验

1. 欧盟的跨境电子商务增值税规则：注重公平，兼顾效率

早在1998年，欧盟委员会就确立了电子商务增值税征收的原则：一是保持原有的税种不变，继续征收增值税；二是对互联网的增值税征收必须维持税收中性原则，与商业经营原则相适应，线上线下的商品和服务交易都必须征税，强调征税公平；三是确保互联网税收的征收效率，并实行无纸化的电子发票。

2003年7月1日，欧盟开始实施电子商务增值税新指令，成为世界上第一个对电子商务征收增值税的地区。2015年1月1日，欧盟开始实施对电信、广播和电子服务的新增值税规定。依据新规定，从2015年1月1日起，无论服务商是否在欧盟境内，也无论欧盟境内的消费者是不是欧盟增值税纳税人，服务商提供的电信、广播和电子服务应始终适用消费者所属国的增值税税率。2015年之后，欧盟以及非欧盟的提供商都必须选择直接在各消费国进行增值税注册，或者选择迷你一站式注册机制。

欧盟电子商务制定新规的目的之一是防止电子商务公司利用卖方属地征收增值税，通过在增值税低税率国家或地区进行商业运营而避税。欧盟的跨境电子商务征税规则一直强调必须把公平放在首位，对于利用跨境电子商务避税的行为，欧盟一直持严厉打击态度。同时，欧盟的跨境电子商务征税规则也强调不要对经济活动造成干预，影响经济发展。

2. 美国的跨境电子商务征税规则：注重效率，兼顾公平

作为电子商务发源地，美国对电子商务一直采取积极的扶持政策。美国作为典型的判例法联邦制国家，其对电子商务的征税规定受到司法和各个州的具体规定限制。美国存在著名的商事条款，州政府只能对与本州有“关系”或者在本州有“实体场所”的卖家征收州销售税与使用税。而在网购情况下，卖家在网络上进行销售，而且其网站服务器所在地、发货地、收货地等可能在不同的地方，因此网购出现了大量的税收豁免。同时，美国法院的司法判例一直坚持税收的法定原则，对征收电子商务税持谨慎态度。

在立法上，美国1998年10月通过的《互联网税务自由法》指出，虚拟商品（如软件、音乐等）不应该被征税，但一般商品则需按照实体经营标准纳税。而由于电子商务交易的迅猛发

展，迫于财政的压力，2013 年美国国会参议院通过了开征在线销售税的《市场公平法案》，但是该法案也仅授权相关的州对所有每年在美国远程销售（跨州销售的商品或服务）总收入超过 100 万美元的卖家征税。同时，该法规定只有在本州具有实体场所的代理人才可以征收税款，这就达到了对大量的小电商免税的效果，促进了跨境电子商务发展。总体上，无论是司法还是立法，美国对于跨境电子商务征税的态度是消极的，限制了征税规则从实体贸易扩展到网络贸易，这与美国电子商务在世界的优势地位息息相关。

总之，欧盟和美国的跨境电子商务规则各具特色，但目的都是鼓励和促进跨境电子商务的发展。欧盟强调不可以通过网络达成避税的效果，注重公平。而美国则强调税收的法定，不可以因为网络存在逃税问题就制约跨境电子商务的发展。

（二）国外跨境电子商务税收发展经验对我国的启示

1. 参与区域内贸易规则的制定

对于区域贸易规则的制定，我国应积极地参与其中，这样的主要目的是能够在规则的制定上拥有一定的话语权。跨境电商的税收问题不仅关系到交易双方的利益问题，还是两个国家在贸易上的较量与博弈。对外贸易的协定也是促进我国对外贸易进一步发展的助力。我国可以借鉴美国在跨境电子商务方面的关税政策，采取比较自由的税收限制，开放跨境电商的贸易空间，以参与贸易规则制定的途径获取国际上关于电商税收的更多相关信息。

2. 发挥市场在跨境电商中的作用

在一些发达国家，政府和市场有着明确的分工。政府的主要作用是营造良好的跨境电商贸易环境，并提供税收制度、法律、设施等方面的保障，从而规范和引导跨境电商行业的发展。我国政府还应充分利用其所拥有的各项职能，完善对跨境电商的税收制度，借鉴国外在税收方面的政策，为跨境电商提供税收方面的便利。例如：发挥市场在跨境电商中的作用；避免出现政府对跨境电商行业的直接干预；降低不适当干预对跨境电商所产生的一些不良影响；等等。

3. 重视产业之间的协同发展

跨境电商的交易模式改变了产业间的界限，使产业实现了多方位资源的整合。我国相关政府部门应充分发挥电商行业的优势，在部分电商领域实施新型的税务政策，将针对跨境电商的税收制度电子化。税务部门也可以制定标准的电子发票，这样不仅便于电商在销售过程中的贸易往来，还便于税务部门进行税务检查以及税务征收。新的税收形式能提升我国企业在配置和优化资源等方面的能力，从而形成产业之间深度融合的、先进技术和标准等要素全方位协调发展的跨境电商模式。

第六节　数字货币的政府监管

随着移动互联网、云计算、区块链技术的应用以及金融创新的推进，全球范围内的支付方式正在不断地升级转型，由此推动了货币形态的巨大变化，加快了货币的数字化进程。数字货币的发展逐渐引起全球关注，越来越多的政府、企业、学者开始重视数字货币监管的立法研究和实践对策。

一、数字货币监管的必要性

数字货币颠覆了货币的定义，打破了原有的商业模式，是对金融市场等方面有诸多影响的一项突破性创新。首先，数字货币利用算法构建货币，突破了法定货币的通胀与通缩风险，打破了法定货币的地域限制。其次，数字货币是信用货币进化的阶段产物，各国法定货币的信用来源于中央银行体系和国家法律体系的强制力，各国信用货币并没有内在价值。虽然信用货币的生产成本较低，避免了黄金等自然货币的数量限制问题，但是供给的较大弹性会导致币值不稳定，易于侵犯国家信用货币持有人的权益。因此，为了弥补信用货币体系自身的缺陷，比特币等数字货币应运而生。

然而，数字货币之所以引起各国政府的关注甚至干预和监管，源于其潜在的巨大影响。首先，数字货币改变了传统的金融基础设施。传统货币体系运行需要耗费大量经济成本，而数字货币能够降低摩擦，特别是小金额、大范围与长距离交易。其次，数字货币会对货币供给和需求产生潜在影响。就比特币而言，目前其还不足以完全替代任何一个主权国家的货币进行流通。但是，如果比特币的需求和规模不断扩大，那么，其自身独有的运营系统会对国家货币流通产生影响，甚至可能撼动法定货币的地位。从货币需求视角看，比特币的存在会导致法定货币的交易媒介作用受到一定的削弱。比特币使用范围的扩大，必然会导致货币流通的测量不再准确，从而使货币政策的立场变得模糊，加大货币政策的制定难度，甚至使得非法机构逃避银行系统的监管。比特币的匿名性与去中心化使其成了很多非法网站上犯罪资金的主要载体。就金融监管而言，几乎所有国家都借助于银行系统查验交易资金的进出情况，然而比特币系统却巧妙地避开了这种监管。

二、数字货币的风险

比特币等数字货币具有商品属性，并且这种商品属性与货币这样的特殊商品的商品属性相近。此外，它还是具有货币属性的私人货币。就货币功能而言，数字货币具有承担相应作用的潜力。因此，数字货币最大的问题是无法成为法定货币，但我们仍然需要重视数字货币的监管问题，并将整个数字货币的监管体系纳入金融监管体系当中。

数字货币因时间短、速度快、效率高、费用低等特点，大大提高了市场效率，推动了经济更快发展，并在一定领域内执行了货币的价值尺度和流通手段职能，具有近似货币的性质。但与传统货币相比，数字货币的交易平台比较脆弱，监管环节比较薄弱，一旦出现问题，连锁反应必然会导致一系列的金融风险。

（一）市场操纵风险

数字货币可以通过组建“矿机”挖取，若在某数字货币尚未红火之时，投入大量资金开采数字货币并在市场上逢低吸纳，那么当其在市场上占有一定比重（如15%以上）时，便可能操纵整个市场。相对于股票市场中的小盘股而言，操纵一个新兴的数字货币市场更为容易。普通投资者在这样的市场中赚钱的难度极大。因此，避免市场操纵风险的应对之策就是建立行业自律机制。一旦出现大批量吸入数字货币的行为，平台应予以警示甚至停止交易，谨防数字货币依靠资金来操纵市场。但考虑数字货币本身所倡导的互联网精神，平台做到这一点极其困难。另外，当前各个平台均是非官方机构，平台间信息共享非常困难，且很难通过身份验证、银行账号锁定等方式来判断是不是同一集团在进行建仓及操纵市场。

（二）金融犯罪风险

比特币等数字货币的核心支撑技术是区块链技术。区块链的去中心化、可追溯性与验证性、可编程性、匿名性与安全可信性等技术特性，数字货币的易用性、即时性、可靠性与不可逆性，为洗钱、恐怖活动、毒品交易等网络犯罪提供了便利。这种便利是指整个数字货币生态圈便于网络犯罪的形成。首先，比特币通常被用来转移非法资产，即先用本国货币买入比特币，然后在国外交易平台将其卖出，最后以美元取出。根据《中华人民共和国反洗钱法》，我国数字货币交易中心建立了身份识别、客户身份资料和交易记录保存制度，但是，用户利用虚假身份进行信息注册以及客户仅提供货币即可购买数字货币的情形依然存在。其次，比特币等数字货币还在传销活动中被当作诱饵。再次，比特币等数字货币在暗网中大行其道，为资金流转双方提供身份掩护。总体上，以比特币为代表的数字货币在反洗钱和反恐融资方面的行为并未受到充分监管和规制。

（三）财产安全风险

财产安全风险一方面源于提供存储数字货币的供应商的技术缺陷，另一方面源于数字货币自身的特殊性。

以比特币为例，数字货币交易所或者独立的技术供应商提供的钱包主要有在线钱包、桌面钱包和移动钱包 3 类。如果数字货币的数据处理技术和相关传输标准无法达到安全线，数字货币就会很容易被截获、窃取、篡改。2016 年 8 月，香港比特币交易所 Bitfinex 受到黑客攻击，将近 12 万个比特币被盗。

数字货币自身的特殊性增加了潜在的财产安全风险。首先，数字货币存储介质是计算机硬盘或者 U 盘，一旦这些介质遭到破坏，数字货币将会永远丢失。目前，尽管数字货币平台提供保管和交易账户的加密服务，但是也常常受到黑客攻击。其次，数字货币本身没有内在价值，只具有极强的投机性和流动性。

（四）平台风险

目前，数字货币平台基本上都需要先将资金存入，再进行买入或卖出。有些平台为了吸引投资者加入，往往会提供手续费免费的优惠条件。但有些免费的平台风险较大，例如，2013 年 10 月，一家在香港注册的比特币交易平台以“遭黑客攻击”为由突然跑路，高管们全部失踪。据估算，本次事件造成了大约 3 000 万元人民币的损失。因此，投资者应在确定自己是否投资数字货币、具体投资哪种数字货币后，对平台进行考察和甄别，不要受手续费低的影响，尽量选择实力强、声誉好的平台进行交易。另外，投资者还应关注自己所投资平台的各类消息，做好对其声誉变化的观测工作。同时，监管机构应将数字货币交易平台纳入监管范围，要求其缴纳准备金及保证金。

(五) 流通风险

货币的根本职能之一就是在商品流通过程中不断地充当购买手段,实现商品的价格。迄今为止,只有少部分商家接受将数字货币作为支付手段进行流通。换言之,在当前数字货币投资的参与者中,绝大部分都以博取差价为目的,只有一小部分是将其视为未来的货币来进行提前贮藏的。因此,为了解决数字货币的流通问题,必须增加市场上愿意接受数字货币作为支付手段的商家数量。

(六) 法律主体风险

数字货币目前仍处在法律和监管的灰色地带,面临着合法化的挑战。2013 年 12 月 5 日,中国人民银行会同工信部等印发了《关于防范比特币风险的通知》,声明比特币应该是一种特定的虚拟商品,不具有与货币等同的法律地位,不能且不应作为货币在市场上流通使用。美国国税局发布的 2014 年第 21 号通告称,比特币及其他虚拟货币将被视作财产而不是一种货币。从互联网精神来看,去中心化的比特币模式是最优的,因为其发行权不可能集中在某一家机构。但从文化和习惯上说,数字货币能否为广大消费者所接受,还是一个未知数。总而言之,确立数字加密货币的法律主体地位仍有很长一段路要走。

此外,数字货币未实名的账户存在安全隐患。由于各国货币主管部门对比特币的态度还未确定,所以比特币交易处于监管之外,暂时不需要纳税,但如果任其进一步发展,可能会威胁到传统货币的利益,并给现行的金融法律制度带来冲击,同样也会给各国的宏观经济调控带来困扰。因此,各国政府对比特币的合法性探讨可能还会经历较长的时间。

三、数字货币给监管带来的挑战和数字货币的监管经验

(一) 数字货币给监管带来的挑战

数字货币给监管带来的挑战主要表现在以下 3 个方面。

1. 数字货币没有中心化的管理机构

在一般的监管法规中,一个核心的内容即监管机构对中心机构提出合规性要求,中心机构依据合规要求开展业务活动。但是,没有任何中心机构去发行和维护数字货币,这就需要监管制度不断创新,而且一旦参与数字货币交易的消费者遭受损失,中心机构的缺失就会导致损失无法追溯。

2. 数字货币具有匿名性

传统金融机构需要执行严格的客户识别程序,以避免客户参与非法金融活动。因此,其他常用金融交易形式(除现金外)都和客户信息相关联。而数字加密货币具有匿名性,这使得非法行为更容易藏匿。

3. 数字货币系统易受攻击

数字货币协议规定,交易一经确认就不能取消。例如,2014 年 3 月,有报道称 818 485.77 个比特币(价值为 502 081 166.11 美元)被盗。而这类数字货币盗窃问题层出不穷,不仅个人计算机的使用者遭遇了盗窃问题,一些从事比特币交易的商业机构也遭遇了盗窃问题,如

MT. GOX 公司。

综上，数字货币的政府监管还处于非常初级的阶段，远远落后于技术创新。2014 年，美国一项关于 40 多个国家比特币监管的调查显示，目前各国对比特币的监管措施大致分为 4 类：有 31 个国家没有针对数字货币的监管；有 6 个国家制定了税收政策但没有进一步的监管；有 3 个国家禁止或限制数字货币的使用；有 3 个国家将数字货币视为货币的一种形式，并制定了相应的监管措施。显然，各国监管机构普遍缺乏适用于数字货币的监管体系。

（二）数字货币的监管经验

1. 立法规范

加拿大拟通过立法对比特币交易进行监管，并将可以监管的范围界定在金额超过 10 000 美元的交易。美国财政部金融犯罪执法网络于 2013 年发布了指引，该指引对私人生成、持有、分配、交易、接受和流通虚拟货币的行为及主题界定进行了解释。欧洲央行也提出加强虚拟货币监管的国际合作。

2. 明令禁止

俄罗斯司法检察部门禁止匿名网络货币的流通。美国证券交易委员会禁止未经注册的公司从事以虚拟货币计价的网上证券交易活动。

3. 警告与风险提示

德国联邦金融监管局、法兰西银行、荷兰中央银行对比特币可能引发的洗钱与恐怖主义融资发出公开警告。欧洲银行业管理局于 2013 年发布报告，提示消费者虚拟货币存在的诸多风险。

4. 监管与登记许可

瑞典从 2012 年开始要求，与虚拟货币有关的交易必须在金融监管机构进行登记。法国金融审慎监管局要求机构在获得政府授权后才可以为比特币流通买卖提供服务并赚取收益。德国联邦金融监管局和丹麦金融监管机构提出，虚拟货币机构在为使用者提供服务时需要获得监管机构的授权。

四、我国对数字货币的监管策略

我国对虚拟数字货币的管理原则是：只准用真实货币购买虚拟货币，而不允许将虚拟货币反过来转换为真实货币。2013 年 12 月 5 日，中国人民银行等 5 个部委印发了《关于防范比特币风险的通知》，宣布比特币在中国政府监管范畴内，将不被视为有效的交易结算工具。2014 年 3 月，中国人民银行向各分支机构下发了《关于进一步加强比特币风险防范工作的通知》，禁止国内银行和第三方支付机构替比特币交易平台提供开户、充值、支付、提现等服务。然而，虽然我国连续出台了加强比特币监管的相关条例，但并未完全禁止比特币，重点仍然在有效控制、化解比特币投机风险上。对于数字货币全面、有效的监管，我国不仅要基于基本国情、金融市场和金融监管，还需采取全球协调的方式，与其他国家共同进行全方位监管。

（一）完善数字货币交易平台的法律制度

完善数字货币交易平台的法律制度主要包括两方面。

第一,数字货币交易平台实行实名制。就我国金融市场发展的初级阶段而言,建立实名制能够增强投资者信心,填补数字货币监管的空白。交易平台存在诸多风险,实名制能够降低这些风险。监管机构对交易平台采取较为严苛的实名制管理,这样不仅能够控制数字货币投机行为,还可以低成本规范数字货币流转,对征税数据进行监控和整理。

第二,建立数字货币交易管理系统。当前,数字货币交易平台没有一个统一的监管机制。从当前金融市场实际的发展阶段来看,建立一个专门的监管机构不具备可行性,但是建立一个数字货币交易管理系统则具有一定的可操作性。这种数字货币交易管理系统的职能包括:增强互联网数字货币信用,要求交易平台做好数字货币持有者信息的保密工作;利用最小成本管理数字货币的发行、交易和流转。

(二) 保障数字货币金融消费者权益

保障数字货币金融消费者权益的措施包括以下几点。

第一,明确数字货币金融消费者权益保护的管理部门。当前,由于数字货币发展极为迅速,具有极强的跨行业、跨地区、跨市场的交叉特性,因此,需要相关部门建立良好的协调机制,构建以央行为主且商务部等多部门协同共治的监管体系。

第二,以行为监管为主,监测货币发行机构和交易平台的风险状况并进行必要评估。监管部门应构建以行为监管为主、审慎监管为辅的监管体系,重点管控机构挪用或占用客户资金的行为。

第三,建立风险预警和信息披露制度。国家金融监管部门应该及时对消费者发布风险预警,数字货币发行机构和经营平台应当履行提示与信息披露义务,同时,信息披露应做到语言简明、及时、准确和全面。

(三) 强化数字货币反洗钱监管

强化数字货币反洗钱监管包括以下几点。

第一,将数字货币纳入反洗钱监管范围。在调查比特币犯罪时,执法部门面临的最大的法律漏洞是缺乏可直接适用的法律条款。世界各国对比特币法律地位的态度存在巨大差异,而且其中许多国家的看法一直在变化。总体来看,绝大部分国家没有将使用比特币界定为违法行为(孟加拉国、玻利维亚、厄瓜多尔和吉尔吉斯斯坦除外)。对于是否专门监管比特币、是否将比特币定义为货币、是否支持比特币支付以及是否对比特币交易征税等问题,各个国家的态度不同,表现为不同程度的鼓励或者限制。我国《关于防范比特币风险的通知》要求提供比特币登记、交易等服务的互联网履行反洗钱义务,并且要求央行分支机构加强对比特币的监管。但是,这些规定没有考虑数字货币犯罪的特点,存在过于笼统、操作性不强等问题。因此,我国亟须制定有针对性和操作性的法律法规,对数字货币等支付产品和服务提供商的反洗钱和反恐怖融资义务予以具体规定。鉴于数字货币能够跨境使用,我国应当建立统一的数字货币监管制度,防止犯罪分子利用国际漏洞逃脱监管。

第二,提升收集和分析电子证据的能力。数字货币的使用主要依赖于互联网技术,很多数字货币交易都涉及计算机技术和数据处理技术。纸质追踪文件一般只存在于数字货币与法定货币转换的情形之中,并且有限的追踪范围在犯罪追踪中的调查作用极其有限。2012 年修订的《刑事诉讼法》第 48 条将“电子数据”作为法定证据之一,而在数字货币非法使用领域，犯罪证据全部是电子证据。因此，执法机构以及金融情报机构应该树立电子证据在犯罪调查和起诉中具有重要地位的理念，并且针对相关工作人员进行培训，以提升他们收集和分析电子证据的能力。同时，政府部门还应加大在设备及其他资源方面的资金投入，提升相关工作人员的取证水平和分析电子证据的能力。

（四）征收金融交易税

数字货币尤其是加密货币可以在很大程度上作为一种逃税手段，这是因为使用人无须披露身份就可进行点对点交易，甚至进行跨境交易。实践中，作为价值储存或者交换的媒介，数字货币在一定程度上执行着经济功能，但这会对税收产生影响，从而出现税收处理方面的问题。数字货币税收处理的关键在于数字货币是否以财产形式（非货币）或者货币形式进行配置。对数字货币交易征收金融交易税不仅有利于提高市场效率、防范市场剧烈波动，还可以有效抑制短期投机行为。此外，征收金融交易税还可以减少数字货币交易中的非法交易，从而降低系统性风险。

第七节　从电子政务到维基政府建设

21 世纪是一个以计算机技术、网络技术和现代通信技术为核心的信息化时代。随着计算机技术和网络技术的高速发展，特别是互联网的全球化应用，电子政务已经成为世界诸多国家和政府衡量行政工作效率的工具。电子政务以其异于传统政务的特点和优势大大提高了政府的行政效率和政府信息的公开透明度，在为民众提供便利的同时督促政府成为“负责、开放、高效、民主”的人民政府。在如今信息共享的大数据时代，民众的公共参与热情大大提高，呼吁民主合作和高效行政的呼声日益增强，正是在民众日益增强的民主意识和公共参与行为的影响下，政府着眼于如何进一步提高政府效率和行政效能。

本章主要介绍电子政务的发展历程、维基政府的概念和基本特征等内容。

一、电子政务的发展历程

（一）电子政务的内涵和特点

在国民经济社会信息化和政府管理改革浪潮的双重推动下，电子政务应运而生。从字面上来看，电子政务就是依靠信息技术和网络技术进行的政务活动。随着对电子政务研究的不断深入，各界基于不同的视角对电子政务得出了多元化的认识：电子政务是国家各级政府部门以计算机技术为基础，基于互联网平台将其管理和服务职能进行集成，超越时间、空间与部门分隔的制约，整合政府结构、重组工作流程和完善行政职能，全方位地向社会提供优质、透明、符合国际标准的交互性管理和服务，实现公务、政务、商务、事务的一体化管理和运作的一种管理模式。

为了避免理解上的偏差，可以从以下几个方面理解电子政务的内涵。

首先，电子政务的依托载体是信息技术。在全球信息化发展的背景下，电子政务的实施需要借助于网络平台，离不开信息基础设施和相关软件技术的发展。

其次，电子政务的核心是政务。尽管信息技术在政府管理中发挥巨大的作用，但技术只是辅助手段，对政府工作进行重新整合才是重点。所以，电子政务的核心是政府借助于网络技术为公众提供公开透明的信息和服务。

再次，电子政务是政府业务流程的优化模式。电子政务促使政府组织和职能重新整合，公共部门的组织结构变成了扁平式、无中心式的网络结构，使得政府办公的程序和流程变得更加便捷、简明和统一。

最后，电子政务涵盖与政务有关的公共管理和服务工作。政府的基本职能在网络环境下不变，政府行政机关在电子政务环境下依然按照基本职能开展行政工作。

电子政务的核心是实现行政的业务流程的集约化、标准化和高效化。如表 8-1 所示，与传统政务相比，电子政务具有很明显的特点和优势，可以说，电子政务是一场革命。

表 8-1　电子政务与传统政务的区别

	传统政务	电子政务
基本特征	实体性	虚拟性
协同程度	区域性	全球性
管理理念	管理控制	公开参与
运作方式	层层审核	在线通畅

（二）国外电子政务的发展状况

面对全球范围内的国际竞争和知识经济的挑战，电子政务作为现代政府管理观念和信息技术相融合的产物，被许多国家政府提升到优先发展战略层面。从国外电子政务的发展状况来看，美国是较早发展电子政务的国家，1993 年，克林顿政府在建立“国家绩效评估委员会”时，就提出了通过应用先进的信息网络技术来克服美国政府在管理和提供服务方面所存在的弊端，构建“电子政府”成为政府改革的一个重要方向。欧盟及其成员国在电子政府发展方面也取得了长足的进步，其中，欧盟制定了信息社会行动纲领，各成员国也分别制定了本国的信息社会行动计划和电子政务规划，并积极付诸行动。亚洲的日本、新加坡等国家电子政务的发展步伐也比较快：日本政府于 2000 年 3 月正式启动了“电子政府工程”；新加坡从 20 世纪 80 年代起就开始发展电子政务，现在已成为世界上电子政务最发达的国家之一。

电子政务是一项非常复杂的工程，它涉及从政府到社会的方方面面。经过近几年的发展，全球的电子政务正在逐步走向成熟。联合国经济和社会事务部 2010 年全球电子政务调查显示，全球各国投资建设政府网站已建成规模，世界电子政务指标平均水平持续上升，大部分国家都有了本国的电子政务政策、法律和政府网站。目前，各国的电子政务都具有以下特点：统一制定以社会和公众为中心的服务模式、规划和技术标准；利用互联网实现资源共享和集成。

（三）我国电子政务的发展历程

中国的电子政务兴起于 20 世纪 80 年代的办公自动化建设，它是现代政府管理理念与信息技术相融合的产物。纵观我国的电子政务，其发展历程围绕“办公自动化—专业领域信息化—政府上网工程—全面建设和理性发展电子政务”这条主线，大致经历了 4 个发展阶段，如图 8-2 所示。

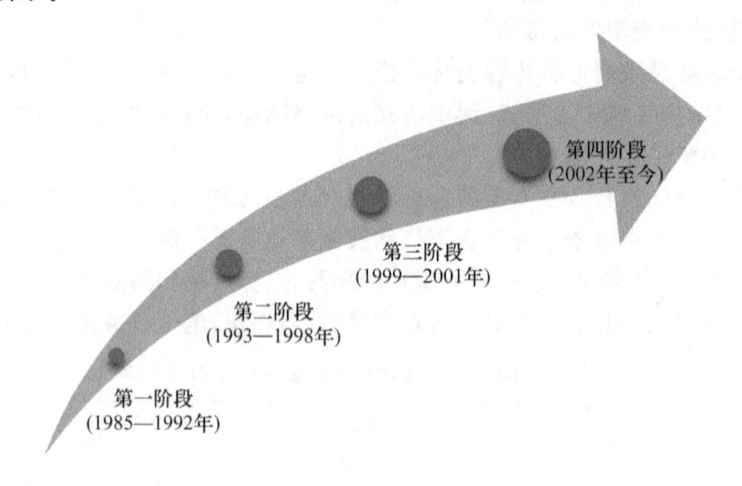

图 8-2 我国电子政务的发展历程

1. 第一阶段：1985—1992 年

第一阶段为办公自动化。在这一阶段，政府通过使用现代办公设备（如计算机、打印机、复印机等）以及现代技术（如计算机技术、通信技术、网络技术等）协助处理信息，从而提高办公效率和质量。

2. 第二阶段：1993—1998 年

第二阶段为专业领域信息化。在此阶段，为了推动国民经济信息化和社会发展信息化，政府鼓励计算机联网，鼓励专业领域的应用工程。这些应用主要表现为金字工程建设。金字工程即起步于 1993 年的“三金工程”，三金即金桥、金关、金卡，现在已经发展到十二金甚至更多，如金税、金财、金盾、金审、金贸、金农、金保等。

3. 第三阶段：1999—2001 年

第三阶段为政府上网工程。1999 年 1 月 22 日，中国电信和国家经贸委联合四十多家部委办局共同召开“政府上网工程启动大会”，标志着我国正式启动政府上网工程，我国电子政务由此进入实质性建设阶段。截至 2002 年年底，各级政府在 gov. cn 上注册的域名数量达 4 722 个，已经建成的政府门户网站数量达 3 200 个。国家各部、委、办、局以及地市级以上的地方政府都已建起了自己的网站，而且一些经济中心城市的政府网站也已初具规模。

4. 第四阶段：2002 年至今

第四阶段为全面建设和理性发展电子政务。2002 年 8 月，《国家信息化领导小组关于我国电子政务建设指导意见》对十五期间我国电子政务的指导思想、建设原则、目标、任务和措施等做出了具体部署，我国电子政务开始以战略性的地位纳入政府行动计划。2003 年，国家信息化领导小组第三次会议讨论通过了《国家信息化领导小组关于加强信息安全保障工作的意见》，进一步提出要抓紧推行电子政务，按照统一规划、突出重点、整合资源、统一标准、保障安全的原则，逐步建成电子政务体系的基本框架。2004 年，我国电子政务在办公自动化和重点业务系统建设方面取得了一定的成绩，并在此基础上进入了统筹规划、整合创新、稳步推进的阶段。《中国信息化发展报告 2005》明确提出，2005 年中国电子政务建设的重点任务是构建国家电子政务总体框架,明确现阶段中国电子政务的战略定位、中国电子政务在未来国家行政体制改革中的作用以及两者之间的关系,明确中央与地方在电子政务建设中的关系原则,厘清电子政务运行管理体制。业内人士将 2006 年称为“电子政务务实年”,我国电子政务建设也由此进入了一个相对平稳和理性发展的阶段。

二、维基政府的概念和基本特征

(一) 维基

维基(Wiki)一词来源于夏威夷语,原本是“快点快点”的意思,被译为“维基”或“维客”。维基的概念由沃德・坎宁安(Ward Cunningham)于 1995 年提出,其最初的意图是建立知识库工具,目的是方便社群的交流。维基是一种支持面向社群协作式写作的网上开放超文本编辑技术。维基百科是一个基于维基技术的多语言百科全书式的协作计划,被称为“创新 2.0 时代的百科全书”“人民的百科全书”。维基模式作为一种新型的开放参与和知识管理合作模式,有助于激发群体智慧,增强社会凝聚力,推动基于开放知识管理的可持续创新,是典型的创新 2.0 模式。作为面向知识社会、以用户为中心、以社会为舞台、以人为本的下一代创新形态,维基模式已被国内外先行政府管理者所关注,管理者们正在尝试在政府治理中采用维基技术,以提升工作效率,深化公共参与,提升公共服务能力,如美国专利和商标局的专利审核以及北京城管基于政务维基的开放知识管理。

(二) 维基政府

新一代信息技术及创新 2.0 模式的交互作用与广泛运用不仅给传统政府治理带来了前所未有的挑战和机遇,还推动了政府治理形态的变革。而维基政府就是支撑多人协同创作的一种新型政府治理形态。由于支持社群协同创作的开放文档编辑技术,维基在政府治理中的应用便于公民的集体协作及公民与政府之间的协同互动,这样可使民主参与更加多样化,社会协作生态更趋网络化,众人之智的汇聚过程更趋便利化。

维基政府代表着一种更加灵活、协作、高效、与时俱进的制度安排。通过运用技术手段,政府可以在解决当今复杂的社会和经济问题方面变得既公开又高效。维基政府是开放的、敏捷的政府,其运作的宗旨是服务于公民。维基政府通过保障投票、协作等程序及公民权利,与公民共同寻找解决问题之路。在此过程中,维基政府还肩负激励、调解、协调、裁决的角色,这不仅能使政策方案的产生更符合公正和公平的要求,还能保障程序的执行。在程序执行过程中,维基等大众协作技术、社交工具扮演了重要的角色,开放设计平台和可视化技术让政府内部与政府之间、企业和公民之间的合作更方便,积分、荣誉奖励及社交工具的应用可以更有效地激发公民的自豪感和社会责任感,实现更高质量的治理产出。

维基政府的基本特征主要包括以下几点:一是“以公民为中心”,强调平等的民主自荐和参与;二是开放决策,打破原有相对封闭的政府管理模式,认同散落在社会各个角落的智慧和力量,鼓励决策过程中的外部合作与参与;三是合作治理,强调营造良好的社会协作生态,形成政府、市场、社会等多元主体协同治理的新格局;四是大众创新,即对大众参与的知识产生、收集、管理、共享模式进行创新，从而形成群体智能，推动公共决策、公共治理能力的持续提升。

三、维基政府：从协商到协作

信息通信技术的融合与发展，推动了信息共享与知识流动。知识流动的创新特性催生了创新2.0，而创新形态的演变又作用于民主本身的发展，重塑了创新2.0时代的合作民主，实现了基于新技术的协同合作以及群体智慧和公共价值的塑造，为更广泛和深入的民主参与提供了新的契机。

(一) 民主范式和政府形态的演变

伴随网络社会的崛起、移动技术的融合发展和民主化进程的创新，工业时代以生产为中心的创新1.0模式正进化到知识时代以服务为中心的创新2.0模式，作为传统的改变世界力量的主体，国家、企业的作用有缩小的趋势，而个人的作用正在进一步增强，社会形态正在从工业文明向信息文明转变，政府正在进一步超越传统电子政府模式，进入移动政府、流畅政府、智慧政府、维基政府等模式。下面将在信息社会及社会拓扑学等相关研究的基础上，以三代信息通信技术的发展及其在政府组织的应用为脉络，分析政府形态和民主范式与3种社会拓扑(地域、网络、流体)的关系，如表8-2所示。

表8-2　政府形态和民主范式与3种社会拓扑的关系

社会拓扑	地域	网络	流体
特征	边界	关系	变化和转型
信息通信技术的应用	主机、局域网	个人计算机、电话、互联网	移动技术、泛在网络(物联网、云计算、大数据、维基、微博等)
全球化	国家	企业	个人
政务模式	科层制	电子政府	移动政府、维基政府、智慧政府
服务提供	官僚制、基于办公室	信息的标准“交易”	用户中心、行动导向、开放、协同、实时
政府形态	政府1.0(生产范式)—以用户为中心、以人为本、大众参与—政府2.0(服务范式)		
创新形态	创新1.0(精英范式)—以用户为中心、以人为本、大众参与—创新2.0(大众范式)		
民主范式	直接民主—选举民主—协商民主—合作民主		

(二) 创新2.0时代的合作民主

随着社会、经济和政治的发展，民主发展经历了不同的阶段。最初的民主形式是直接民主，是一种人们直接投票所决定的政府政策制度，决策的权力直接由公民行使，如古希腊城邦。随着人口的增加、疆域的扩展以及社会事务复杂性的增加，直接民主不可避免地让位于选举性的代议制民主，即公民通过选举自己的代表来行使各种政治职能。20世纪80年代以来，协商民主成为西方学术界的理论研究热点，它主张全体公民可以平等地参与协商讨论，并可以在协商讨论中表达自己的观点，但面对各种利益的较量和博弈，协商民主还需要多样化的方式及制度化的探索。互联网与电话技术的发展为协商民众中的公众沟通提供了技术支撑。随着维基等新一代信息技术工具在大众协作中的广泛应用，以及 Living Lab、创客、开源、众包等创新 2.0 模式的兴起，创新 2.0 时代的合作民主概念也应运而生。所谓合作民主是指通过信息技术的应用以及创新制度的设计来引导民众进行深度协作，有效吸纳集体智慧，以形成群体智能，实现政府、公众、社会组织等多元主体的合作共治。

合作民主具有用户创新、开放创新、协同创新、大众创新等特点，它更加注重公众的有效参与和公共价值的塑造。合作民主不仅在一定程度上解决了选举民主对边缘文化和少数群体利益漠视的问题，还解决了协商民主在大众参与决策过程中忽视知识和能力的问题。当然，合作民主并不主张精英完全被群众所取代，而是更加注重优势互补，充分利用和吸纳各界精英浩瀚而分散的专业知识储备，真正实现举众人之力，集众人之智。

总之，合作民主为社会管理创新提供了新的视野，有助于提高公民的积极性，增强决策的透明度，促进行政的民主化。

经典案例：数字货币 LUNA 币的断崖式崩盘

截至 2022 年 5 月 16 日，被誉为“币圈茅台”的 LUNA 币的价格已经跌到了 0.000 197 2 美元，趋于 0。而在 2022 年 4 月 5 日，1 枚 LUNA 币还值 119.18 美元，一个多月的时间，缩水超 60 万倍，引发了一场币圈“大地震”。一个市值曾高达 410 亿美元、在海外受到几十万人追捧的虚拟货币，突然毫无征兆地连续断崖式暴跌，仅用了几天时间，价格就从接近 90 美元跌至不足 0.000 15 美元。几百亿美元的资产灰飞烟灭，投资者血本无归，币圈千币齐跌。如今，这一切的“始作俑者”——LUNA 币创始人、Terraform Labs 联合创始人 Do Kwon 被韩国法院批准逮捕。

一、“币圈茅台”的神话崩盘

被誉为“币圈茅台”的 LUNA 币的暴跌，出乎所有人的意料。

LUNA 币也称露娜币，还有人叫它“月亮币”“币圈女神”。LUNA 币所属的 Terra 生态系统是来自韩国的稳定币项目，由斯坦福大学计算机系毕业的 Do Kwon 和 Terraform Labs 共同创建。据媒体报道，Terra 曾是币圈中排名前十的项目，获得了许多币圈投资者的关注。2020 年 3 月 12 日，LUNA 币仅值 0.120 1 美元，之后一路涨到 2022 年 4 月 5 日的 119.18 美元的高点，虽然中途偶有回落，但由于上涨逻辑简单，且长期持有可以获得丰厚的价值回报，所以被币圈玩家称为“币圈茅台”。

投资者们都没想到“币圈茅台”会这么快落下神坛：LUNA 从将近 120 美元跌至 87.78 美元，用了一个月时间；从 87.78 美元跌到 0.003 385 美元，只用了一周；其中的断崖式暴跌发生在 2022 年 5 月 11 日至 12 日的 48 小时内。货币行情平台的统计数据显示，目前全球持有 LUNA 币的地址数超 26 万，如果每个用户都只有 1 个持币地址，那么意味着超过 26 万个玩家投资了 LUNA 币，其中还包括一部分中国投资者。

LUNA 币“跳水”也带动了其他虚拟货币的价格一起下跌。仅 2022 年 5 月 12 日，币圈就有将近 40 万人爆仓。随后，LUNA 崩盘持续发酵，并凭借一己之力引发“币圈雷曼危机”：银行挤兑、对冲基金清算、虚拟货币券商破产。面对币价的大幅缩水，Do Kwon 曾在社交媒体发声表示:他在崩盘中没有出售任何 LUNA 币,同时对此次事件受害者道歉。团队目前正在梳理储备与使用情况,并已在社区中提出关于重建的新提案,以尝试保护社区与开发者,找到 LUNA 币的重建之路。

二、法院发出逮捕令

2022 年 9 月 13 日,首尔南部地方检察厅调查组称正在参考海外案件,判断 LUNA 的证券属性。检察机关不仅调查了金融监督院等金融当局的立场,还传唤了虚拟资产专家作为证人进行调查,并且正在听取各种意见。

2022 年 9 月 14 日,据媒体报道,韩国法院对 Terraform Labs 联合创始人 Do Kwon 发出逮捕令。韩国首尔南区检察厅下属 5 名检察官组成的调查小组,向首尔南部地方法院申请了对 Do Kwon、TFL 创始成员 Nicholas Platias 等滞留在新加坡的 7 名相关人士的逮捕令。针对他们的主要指控是违反了韩国的《资本市场法》。据悉,检方认为虚拟货币 Terra 和 LUNA 属于该法规定的“投资合同证券”。

目前,关于 LUNA 的调查正以欺诈嫌疑的证明为中心进行。但如果其证券属性得到认可,则能够以违反《资本市场法》的嫌疑,起诉其通过操纵行情等方式进行不公平交易。受此消息影响,BINANCE 行情显示,LUNA 币应声大跌,24 小时跌幅超过 33.75%。

三、LUNA 币崩盘和庞氏骗局

庞氏骗局是对金融领域投资诈骗的称呼。这种骗术是一个名叫查尔斯·庞兹(Charles Ponzi)的投机商人“发明”的。1919 年,庞兹开始策划一个阴谋,骗人们向一个事实上并不存在的企业投资,许诺投资者将在 3 个月内得到 40%的利润回报。之后,庞兹把新投资者的钱作为快速盈利所得支付给最初投资的人,以诱使更多的人上当。由于前期投资的人回报丰厚,庞兹成功地在 7 个月内吸引了 30 000 名投资者。这场阴谋持续了一年之久,后人称之为“庞氏骗局”。

根据 Terra 团队的设计,LUNA 为 Terra 的平台代币,目的是吸收 UST 的波动性。而 UST 是一种所谓的算法稳定币,是强行与美元以 1∶1的比例挂钩的加密货币。通过设置一种特殊的机制,Terra 团队将 UST 价格稳定在 1 美元左右。

LUNA 币自被推出以来,口碑一直处于两极化。LUNA 币接近零抵押的特点,使 UST 在加密市场中成为市值排名第三的大型稳定币。而 Terra 上构建的 Anchor Protocol 协议允许用户存入 UST,并获得稳定的 20%高年化存款利率,这让不少人质疑这是个“庞氏骗局”。但 LUNA 币的拥护者对该项目极度看好,甚至贷款投资。所以,LUNA 币的断崖式崩盘究竟是不是一场庞氏骗局呢?

案例讨论题:

LUNA 币的断崖式崩盘究竟是不是一场庞氏骗局?目前,世界范围内对于数字货币的政府监管还存在哪些漏洞?

本 章 小 结

本章主要介绍了互联网经济环境下的政府职能。本章第一节介绍了 Internet 基础设施的公共政策，包括 Internet 基础设施面临的难题、发达国家的解决方案以及中国 Internet 基础设施产业面临的问题与对策。本章第二节介绍了普遍服务政策，包括普遍服务的定义与功能、我国的互联网普遍服务政策与运作机制以及完善互联网普遍服务的政策建议等。本章第三节介绍了知识产权保护政策，包括知识产权及其法律制度概述、知识产权保护面临的新问题。本章第四节介绍了互联网经济下的反垄断与政府规制，包括互联网经济下的垄断及垄断模式、反垄断政策的目标和原则、政府规制过程中不容忽视的问题。本章第五节介绍了跨境电子商务税收问题，包括对跨境电子商务税收的概述、我国跨境电子商务税收政策发展历程以及国外跨境电子商务税收发展经验对我国的启示。本章第六节阐述了数字货币政府监管的相关内容，从数字货币监管的必要性出发，阐述了数字货币的法律属性与风险、所面临的监管挑战以及我国对数字货币的监管策略。本章第七节讨论了电子政务的发展历程、维基政府的内涵和模式特征。

思 考 题

1. 数字服务的跨境电商具有隐蔽性、虚拟性等特点，这使得我国对境外数字服务电商的税收管辖权产生了更大的不确定性，那么，目前我国数字服务的跨境电商仍面临哪些挑战？如何尽可能地减小税收损失？

2. 央行数字货币是传统支付方式在信息时代逐渐向数字化转型的典型代表，但其在发行与流通过程中仍然面临较大的网络安全风险。那么，在央行数字货币发行及流通的过程中，可能存在的网络安全风险有哪些？政府应该采用什么样的措施去应对这些风险？

3. 互联网技术给数字环境下版权的确权、用权、维权带来了新的挑战与机遇。那么，互联网技术保护提供了哪些关于知识产权的新思路与新模式？

本章参考文献

[1]　于刃刚，王道平，等. 网络经济[M]. 石家庄：河北人民出版社，2000.
[2]　潘灵娴. IT 基础设施供给中存在的问题与对策[J]. 中国经济问题，2003(4)：77-80.
[3]　李创军. 电力普遍服务监管：本源、任务与方法[N]. 中国经济时报，2008-07-08(5).
[4]　陈建华. 新电力体制改革下普遍服务的内涵与外延探讨[J]. 商业经济，2015(11)：47-50.
[5]　人民邮电网. 普遍服务政策开启宽带发展新篇章[EB/OL]. (2016-01-15)[2022-10-20]. http://www.cnii.com.cn/broadband/2016-01/15/content_1681145.htm.
[6]　林杰，张铭洪. 普遍服务原则与 IT 基础设施[J]. 经济管理，2002(11)：19-20.
[7]　刘培刚. 网络经济学[M]. 上海：华东理工大学出版社，2014.
[8]　何宁. 中外电信普遍服务的研究与分析[J]. 通信管理与技术，2006(3)：4-7.

[9] 李秀丽,刘海.知识产权挖掘与申报[M].北京:北京理工大学出版社.2016.

[10] 张瑛.知识产权保护与专利制度运用[M].石家庄:河北科学技术出版社,2014.

[11] 高山行.知识产权理论与实务[M].西安:西安交通大学出版社,2008.

[12] 张铭洪.网络经济学[M].北京:科学出版社,2004.

[13] 刘振艳.我国跨境电子商务税收征管研究[J].对外经贸,2017(7):77-78.

[14] 赵紫剑.互联网金融[M].重庆:重庆大学出版社,2016.

[15] 樊云慧,栗耀鑫.比特币的法律属性探析[J].证券法律评论,2015(0):465-476.

[16] 田俊东.浅析数字货币时代的发展与影响[J].冶金财会,2018,37(3):40-43.

[17] 何振.电子政务基础[M].长沙:湖南大学出版社,2014.

[18] 苏新宁等.电子政务理论[M].北京:国防工业出版社,2003.

[19] 龚亚麟.制定新一轮知识产权强国战略的思考——在2018年知识产权南湖论坛上的主题发言[J].专利代理,2018(2):3-6.

[20] 宋刚,万鹏飞,朱慧.从政务维基到维基政府:创新2.0视野下的合作民主[J].中国行政管理,2014,352(10):60-63.

[21] 艾瑞咨询.2020年中国第三方支付行业研究报告[EB/OL].(2020-04-07)[2022-10-29].https://www.iresearch.com.cn/Detail/report?id=3552&isfree=0.